技术创新
对中国生态福利绩效的影响研究

王朝阳 ◎ 著

中国财经出版传媒集团
经济科学出版社
Economic Science Press

·北京·

图书在版编目（CIP）数据

技术创新对中国生态福利绩效的影响研究/王朝阳著. -- 北京：经济科学出版社，2025.8. -- ISBN 978-7-5218-7028-2

Ⅰ.F124.5

中国国家版本馆 CIP 数据核字第 2025XC7634 号

责任编辑：顾瑞兰　许洪川
责任校对：杨　海
责任印制：邱　天

技术创新对中国生态福利绩效的影响研究

王朝阳　著

经济科学出版社出版、发行　新华书店经销
社址：北京市海淀区阜成路甲 28 号　邮编：100142
总编部电话：010-88191217　发行部电话：010-88191522

网址：www.esp.com.cn

电子邮箱：esp@esp.com.cn

天猫网店：经济科学出版社旗舰店

网址：http://jjkxcbs.tmall.com

固安华明印业有限公司印装

710×1000　16 开　15.25 印张　250000 字
2025 年 8 月第 1 版　2025 年 8 月第 1 次印刷
ISBN 978-7-5218-7028-2　定价：62.00 元
(图书出现印装问题，本社负责调换。电话：010-88191545)
(版权所有　侵权必究　打击盗版　举报热线：010-88191661
QQ：2242791300　营销中心电话：010-88191537
电子邮箱：dbts@esp.com.cn)

前　言

随着我国经济逐步转入高质量发展阶段，可持续发展问题已成为社会高度关注的热点话题。长期以来，我国经济增长高度依赖对自然资源的高消耗，虽带来了经济系统内的高产出，但生态系统逐渐由"空的世界"转入"满的世界"，自然资本已开始变得稀缺，人类福利的提高受到限制。因此，依靠自然消耗来提高人类福利的经济发展模式已不再适用当前社会，提高生态福利绩效是实现经济、社会和生态可持续发展的重要途径。而坚持创新驱动发展，将技术创新作为经济社会全面发展的关键抓手，对于推动生态文明建设，提高民生福祉具有重要意义。本书在生态文明建设和创新驱动战略实施背景下，对技术创新和生态福利绩效的相关文献进行梳理总结，构建了技术创新影响生态福利绩效的理论分析框架；采用均方差权值法和比值法分别对技术创新和生态福利绩效进行了测度与分析；综合运用固定效应模型、系统 GMM 模型、空间杜宾模型、机制检验模型及面板门槛模型等研究方法，深入探究了技术创新对中国生态福利绩效的影响问题。

本书主要研究内容和结论如下。

（1）基于技术创新驱动的运行机制，搭建以"关系逻辑—动力逻辑—影响逻辑"为主线的技术创新与生态福利绩效的逻辑关联，形成"直接影响—间接影响—门槛效应"的作用机理，构建了技术创新影响生态福利绩效的理论分析框架。具体地，对于直接影响，技术创新投入对生态福利绩效的影响体现在要素利用上，技术创新产出对生态福利绩效的影响体现在技术进步上，技术创新环境对生态福利绩效的影响体现在效率提升上。对于间接影响，技术创新可通过产业结构升级、能源结构优化及消费结构升级等传导路径间接影响生态福利绩效。对于门槛效应，在不同市场化程度、环境规制和财政分权条件下，技术创新对生态福利绩效的影响程度存在差异性。

（2）运用均方差权值法和比值法测度技术创新水平和生态福利绩效。从技术创新的测度来看，2001~2020年我国技术创新水平及各项分指标呈现不断上升趋势；地区间技术创新水平有明显差异，呈现东高西低的"梯度分布"；区域技术创新格局具有经济依赖性特征，在空间分布上呈现集聚现象。从生态福利绩效及相关指标来看，2001~2020年我国自然资源消耗水平与地区经济发展呈反向变化，经济发达地区自然资源消耗水平低，经济不发达地区自然资源消耗水平高；我国人类福利水平整体呈现上升趋势，且地区间的差距逐渐缩小；我国生态福利绩效水平整体呈现上升趋势，但增长速度较慢，且存在空间不均衡性，东部地区生态福利绩效远高于中西部地区，且差距有增加趋势，二元结构严重。

（3）实证检验了技术创新对生态福利绩效的影响作用。首先，通过固定效应模型、系统GMM模型及空间计量模型实证检验了技术创新对生态福利绩效的直接影响。从总样本看，技术创新及各个组成部分对生态福利绩效具有显著正向影响；时间异质性检验表明，随着时间积累，技术创新对生态福利绩效的影响愈发显著；区域异质性检验表明，相较于中西部地区而言，技术创新对东部地区生态福利绩效的提升效果更为突出；空间效应检验表明，技术创新和生态福利绩效具有显著的正向空间相关性，技术创新及各个组成部分对本地区及相邻地区的生态福利绩效均具有显著的促进作用，且技术创新所发挥的空间外溢效应远大于本地效应。其次，通过构建机制检验模型，运用最小二乘法（2SLS）实证检验了技术创新对生态福利绩效的间接影响。从总样本看，技术创新可通过产业结构升级、能源结构优化及消费结构升级等路径间接影响生态福利绩效；从区域看，东部地区的技术创新通过以上三种传导机制对生态福利绩效的提升效应大多优于中西部地区。最后，通过面板门槛模型实证检验了技术创新对生态福利绩效的门槛效应。从总样本看，在市场化程度门槛下，技术创新对生态福利绩效的影响存在递增性的单门槛效应；在环境规制门槛下，技术创新对生态福利绩效的影响存在边际效率递增的双门槛效应；在财政分权门槛下，技术创新对生态福利绩效的影响存在先增强后减弱的双门槛效应。从区域看，东部与中西部地区技术创新对生态福利绩效的影响存在门槛差异性。

本书的主要创新点包括三方面内容：一是基于"强可持续发展"范式，打破传统生态效率指标仅以 GDP 产出为导向的局限性，从发展的最终目的是人类社会福利提高的角度，创新性采用生态福利绩效概念来检验技术创新的影响，有助于更加客观和全面地评估创新驱动作用，对于实现生态文明目标具有重要的参考价值。二是基于技术创新驱动的运行机制，从直接影响、间接影响及门槛效应三个层面系统地分析了技术创新对生态福利绩效的作用机理，构建了技术创新与生态福利绩效关系的理论分析框架，在一定程度上丰富了技术创新影响生态福利绩效的研究文献。三是运用多种计量方法检验了技术创新对中国生态福利绩效的影响机制。基于静态面板、动态 GMM 及空间杜宾模型考察了技术创新对生态福利绩效的影响，避免了由于忽略时间滞后效应和空间效应而造成分析结果不合理的情况；基于两步机制检验模型考察了技术创新对生态福利绩效的传导机制，以更加全面地验证可能存在的机制；基于面板门槛模型对全样本、分地区的门槛效应进行检验，揭示了技术创新影响生态福利绩效的复杂性，有利于避免"一刀切"结论。

目 录

第1章 绪论 ··· 1
    1.1 研究背景与研究意义 ·· 1
    1.2 国内外研究综述 ·· 6
    1.3 研究思路与研究方法 ·· 18
    1.4 研究内容与技术路线 ·· 20
    1.5 本书创新点 ·· 23

第2章 概念界定与理论基础 ·· 25
    2.1 基本概念界定 ··· 25
    2.2 技术创新相关理论 ··· 29
    2.3 生态福利绩效相关理论 ·· 34
    2.4 本章小结 ·· 40

第3章 技术创新影响生态福利绩效的理论分析框架 ················ 41
    3.1 技术创新驱动的运行机制 ·· 41
    3.2 技术创新与生态福利绩效的逻辑关联 ························· 46
    3.3 技术创新对生态福利绩效的影响机理 ························· 47
    3.4 本章小结 ·· 71

第4章 技术创新与生态福利绩效的现状分析与水平测度 ········· 73
    4.1 技术创新的现状分析与测度 ······································· 73
    4.2 生态福利绩效的现状分析与测度 ································ 91
    4.3 本章小结 ·· 112

第 5 章 技术创新对生态福利绩效的直接影响分析 ············ 114

5.1 模型构建及变量说明 ············ 114
5.2 实证结果与分析 ············ 118
5.3 进一步分析：空间溢出效应 ············ 132
5.4 本章小结 ············ 142

第 6 章 技术创新对生态福利绩效的间接影响分析 ············ 144

6.1 检验方法选择 ············ 144
6.2 模型构建 ············ 146
6.3 实证结果与分析 ············ 149
6.4 稳健性检验 ············ 161
6.5 本章小结 ············ 167

第 7 章 技术创新对生态福利绩效影响的门槛效应分析 ············ 169

7.1 面板门槛模型原理 ············ 169
7.2 面板门槛模型构建 ············ 171
7.3 实证结果与分析 ············ 174
7.4 稳健性检验 ············ 187
7.5 本章小结 ············ 190

第 8 章 结论与对策建议 ············ 192

8.1 研究结论 ············ 192
8.2 对策建议 ············ 195
8.3 研究不足与展望 ············ 203

参考文献 ············ 205

附　录 ············ 226

第 1 章 绪 论

1.1 研究背景与研究意义

1.1.1 研究背景

1.1.1.1 客观层面：经济增长遭遇生态环境和人类福利的"双门槛"

工业革命以来，世界各国不可避免地以污染环境和破坏生态为代价来换取快速的工业化发展，即"黑色发展"。"黑色发展"为人类发展带来机遇的同时也潜藏着环境和福利危机，生态足迹已远远超过地球承载能力而出现生态赤字，经济社会也已出现低福利增长现象。全球生态足迹网络的统计资料表明，2008年的人类生态足迹已达到大自然承载能力的1.5倍，环境压力远远超过地球承载能力，全球生态系统处于严重赤字，若这种经济发展方式持续下去，大约在2050年人类可能需要3个地球才能满足自然资源消耗的现实需求。① 在有限的生态系统供应能力下，绝大多数国家的自然资源消耗已超过地球承载力上限，经济增长已经遭遇到"生态门槛"，人类福利并不伴随着经济增长的提升，而是出现衰减或停滞状态，经济增长同时遭遇到"福利门槛"。

近年来，我国经济实力大幅提升，经济增长速度令全世界瞩目，经济总量已高居世界第二。然而，与世界大多工业化国家一样，快速的经济增长必然伴随着资源和其他生态能源的大量消耗，经济奇迹的背后是巨大的资源和环境代

---

① 世界自然基金会. 地球生命力报告2012 [R]. 世界自然基金会报告，2012.

价，人与自然之间无法形成和谐共处的局面，这也意味着人们生活质量将会不断降低。根据相关统计数据，2015年中国人均收入在188个国家及地区中排名第82位，人类发展指数排名第90位。面对日益严重的环境问题，联合国开发署于2020年首次将碳排放纳入人类发展指数中，我国在189个国家中排名第85位。[①] 为评估世界各国生态安全和环境健康，2018年世界经济论坛、美国哥伦比亚大学及耶鲁大学联合发布了《全球环境绩效指数》，我国的自然承载力和生态价值评分较低，环境绩效在各国家中位列倒数。[②] 若继续采用粗放的资源开发策略大规模开发国土，那么我国的社会经济系统和生态系统将处于严重失衡状态，当下，我国须高度关注和反思工业文明下的资源非理性运用和生产生活方式的非理性行为，最终实现经济增长、生态环境和社会福利三大系统的匹配与融合。

1.1.1.2 主观层面：人们对"经济—生态—福利"全面发展的迫切需求

中国经济在改革浪潮的推动下已经取得了较为稳健的发展，文化、医疗、教育等服务能力不断提升，综合经济实力和创新驱动能力逐渐增强，居民生活水平不断提高。当前，人们的需求已从基本生存转向美好生活，从"有没有"转向"美不美""好不好"，完成了温饱到小康的转变，所追求的不再仅局限于物质财富的传统经济福利，而对经济、社会、环境协调发展，人与自然和谐共处的生态福利的追求更为重要。党的十九大报告明确指出，我国当前的主要矛盾已经转变成"人民日益增长的美好生活需要和不平衡不充分的发展之间的矛盾"[③]，经济社会已迎来了"新常态"下的发展机遇。新的矛盾旨在纠正长期以来盲目追求经济增长的高速度，重点指出了人们对美好生活的向往，将改善生态福利置立于发展目标的核心。

生态文明建设事关民族未来和人民福祉，这是中华民族可持续发展的长远大计。党的十八大把政治、经济、文化和社会建设与生态文明建设融为一体，

---

① 联合国开发计划署. 人类发展报告2020 [R]. 联合国开发计划署报告, 2020.
② 国家足迹账户报告 [R]. 全球足迹网络报告, 2018.
③ 习近平. 决胜全面建成小康社会 夺取新时代中国特色社会主义伟大胜利 [R]. 中国共产党第十九次全国代表大会报告, 2017.

开创中国特色社会主义生态文明的新时代,进一步明确了生态文明建设的战略地位,从战略高度推进生态文明建设。党的十九大报告指出,"增进民生福祉是发展的根本目的,必须多谋民生之利、多解民生之忧,在发展中补齐民生短板、促进社会公平正义"。习近平总书记指出,"生态文明建设是维护中华民族永续发展的关键"①"良好的生态环境是最公平的公共产品,是最普惠的民生福祉"②。"十四五"规划提出,要积极推动新发展理念的贯彻落实,始终坚持高质量发展道路,推进生态文明建设,以满足人民的美好生活需求为根本,促进人民福祉迈上新台阶。所以,从根本上来讲,促进社会福利最大化、实现环境危害最小化是经济社会发展的最终目标,"经济—生态—福利"的协同发展已成为全社会迫切需求。

1.1.1.3 现实层面:技术创新已成为经济发展转型的核心动力

当前我国经济已进入新的阶段,由要素驱动转向创新驱动,创新是一种以知识和技术为特征的新动力,是经济发展的根本推动力。党的十八大从国家战略层面明确了创新驱动的地位,肯定了创新驱动作用在转变经济发展方式的贡献。党的十九大提出要加快建设创新型国家,建设世界科技强国。在创新驱动背景下,技术创新是发展关键,应加强创新过程中企业的主体作用,形成以大型企业为引领、中小型企业共同参与的开放格局,不断激发研发机构的创新活力,共同推进技术创新成果的市场化,加快国家协同创新体系的构建。随着我国深入实施创新驱动发展战略,国家研发投入规模稳步提升,科技创新成果也不断涌现。2020年,我国研究与实验发展(R&D)经费投入达到24393.1亿元,比上年增加2249.5亿元,增长10.2%,在全球排名第二,全国R&D人员投入达523.4万人,比上年增加43.4万人,增速达9.03%,位居全球第一。从投入强度上看,2020年,我国R&D经费投入强度达到2.40%,较2019年上升0.16个百分点,提升幅度创近十年来新高。③随着我国科技创新的基础设施和科技创新环境不断优化,技术创新成果也日益增加。2020年,我国专利

---

① 2018年5月,习近平总书记在全国生态环境保护大会上的讲话。
② 2013年4月,习近平总书记在海南考察时的讲话。
③ 资料来源:国家统计局网站。

申请受理数达到519.4万件，较2019年增长18.58%，表明我国技术创新活动日渐活跃。

技术创新是实现国家动力转换的重要源泉，是维系经济持续和稳定增长的核心驱动力。技术创新能够协调好经济发展中生态、经济和社会之间的关系，有利于实现三者的协同发展。虽然要素驱动和投资驱动的发展模式可在短期内实现经济规模的快速扩张，但在边际生产率递减规律下，这种粗放型发展模式是不可持续的。因此，在追求增长速度而忽略发展质量过程中必然会加剧经济增长与资源环境之间的矛盾，也造成了经济增长与社会福利的严重错位。而技术创新带来的技术进步既可发挥促进产业结构调整的积极作用，也可减少自然资源的使用及提高资源的利用效率，减低环境污染，从而实现缓解人地矛盾，促进经济、社会、环境协调发展的目的。可以说，技术创新已经成为推动经济发展的新动能。所以，提高技术创新能力、减少自然资源消耗、增进社会福利，对实现可持续发展至关重要。

基于以上背景，经济发展不能依靠更多的自然消耗来提升人类福利，那么，如何处理好经济增长、自然资源消耗与人类福利三者之间的关系，使之与生态环境承载力相协调，是各国政府面临的重大课题。生态福利绩效是指单位自然资源消耗带来的福利价值量的提升，涵盖了生态环境、经济发展、民生福利等内容，对经济发展与社会福利的逐渐"脱钩"进行了质的回应。因此，生态福利绩效的研究为破解新时代社会主要矛盾指明了方向，成为了新的时代课题。在创新驱动发展战略背景下，技术创新作为一国或一地区实现经济绿色转型和高质量发展的重要途径，是推动经济、社会、环境协调发展的核心驱动力。基于此，本书以生态福利绩效和技术创新相关理论为依据，从增强可持续发展视角探讨技术创新对生态福利绩效的影响，最终提出当前和未来中国提高生态福利绩效的对策建议。

1.1.2　研究意义

1.1.2.1　理论意义

技术创新是国家和地区持续提高竞争力的核心动力，生态福祉的全面提升是经济社会发展的根本目的，探索技术创新对生态福利绩效的影响是极为重要的，不仅符合当前该领域的研究和发展趋势，也有助于进一步丰富相关理论体系。

第一，丰富了现有技术创新和生态福利绩效理论的研究内容。党的十八大提出创新驱动发展战略以来，关于技术创新的学术研究在广度和深度上逐渐增加，出现了技术创新测度、技术创新驱动因素等研究热点，关于生态福利绩效的研究也经历了从概念到实践的研究过程，其相关理论已较为成熟。但现有研究往往关注技术创新对企业、产业或是对经济发展某一方面问题的影响，如技术创新对企业绩效、产业结构、环境污染等方面的研究，而缺乏基于福祉视角扩展生态福利绩效的理论和实证研究。在经济新常态下，技术创新在改善生态福利绩效方面发挥着重要作用，但学术界对技术创新如何影响生态福利绩效尚无定论。本书探讨技术创新和生态福利绩效之间的关系，对于相关理论体系的完善有重要的理论意义。

第二，构建了技术创新影响生态福利绩效的理论分析框架。将技术创新和生态福利绩效放在同一框架内进行研究，需合理呈现二者之间的机理。本书系统整合了研究技术创新和生态福利绩效领域的理论、方法和工具，全面梳理了技术创新理论、内生增长理论、可持续发展理论、生态经济学理论和福利经济学理论，运用定性分析的研究方法，从直接影响、间接影响和门槛效应三个层面系统分析了技术创新对生态福利绩效的影响，形成了层级递进和较为完整的技术创新影响生态福利绩效的理论体系。以此为基础，本书通过构建面板模型运用定量分析的研究方法实证考察了技术创新对生态福利绩效的现实影响，通过实证检验佐证理论分析，为后文的对策建议提供理论依据。

1.1.2.2 现实意义

第一，为评价发展水平提供了一个新的衡量指标。生态福利绩效是将生态消耗转化为人民福利的效率，描述了自然资源和生态环境等能源投入在多大程度上改善了社会福利和人民福利，可以反映生态文明建设的效果。因此，全面提高生态福利绩效是实现环境友好、经济增长与可持续发展的根本途径。通过构建生态福利绩效指标体系并对省域生态福利绩效进行测算，不仅为评价可持续发展水平提供一个新的衡量指标，还可以全面地量化其变化趋势及地区差异，对于指导生态福利绩效的提升有着重要参考价值。生态福利绩效是综合性较强的量化指标，不只涵盖经济收入，还包含教育与健康等方面，地区生态福利绩效的测算结果对区域性评价具有指导性意义。因此，可以把提高生态福利绩效作为制定经济政策的目标，促使地方政府部门从单一追求 GDP 增长转变为追求生态福利绩效的提高。

第二，为创新驱动背景下的可持续发展道路提供依据。新常态背景下，创新驱动发展的重要性与日俱增。深入研究技术创新对生态福利绩效的影响，有利于保障经济发展的持续动力，解决经济发展过程中出现的资源环境恶化、产业结构失衡等问题。本书对技术创新与生态福利绩效的关系进行了系统分析，所得结论不仅明确了技术创新对生态福利绩效有直接影响，还验证了技术创新可通过产业结构升级、能源结构优化及消费结构升级等传导机制间接影响生态福利绩效。同时发现，在异质性情境下，不同的政策制度对技术创新影响生态福利绩效的过程中存在不同的门槛作用。这些研究结果为推动地区的技术创新建设体系提供了新思路，便于政府和行业管理者在不同时期、不同环境下，制定有针对性的、更加细化及精准的促进生态福利绩效提升的政策。因此，在当前资源环境约束和创新驱动发展战略实施背景下，探究技术创新对生态福利绩效的影响，并根据定量研究结果提出相关建议，对实现新旧动能的平稳过渡，推动经济可持续发展具有一定的现实意义。

1.2　国内外研究综述

1.2.1　关于技术创新的研究

经济学家约瑟夫·熊彼特最早提出创新理论，1991 年在《经济发展理论》一书中将生产要素和生产条件的新组合引入生产系统中的过程定义为技术创新，即技术创新是"一种新的生产函数的建立"。而后，在熊彼特创新理论基础上产生了新的研究成果，即"新熊彼特主义"，并发展出制度创新和技术创新两大经济学派：制度创新经济学派在研究技术创新与经济效益的关系时考虑了制度因素在两者之间的作用，强调了政策制度与环境因素对经济发展的重要性；技术创新经济学派将新古典经济理论与熊彼特的创新理论相结合，主要研究技术创新、组织创新、生产方式创新、产品创新等行为。在各种创新形式中，技术创新无疑是被重点关注的对象。国内外关于技术创新的研究文献比较丰富，相关研究涉及技术创新过程、技术创新路径、贸易等方面对技术创新的影响。本节在借鉴国内外创新理念的基础上，重点介绍了技术创新的内涵、技术创新的测度、技术创新经济效应等相关研究文献。

1.2.1.1 技术创新内涵研究

熊彼特（Schumpeter，1912）首次提出创新概念后就被视为创新理论发展的起点，自此之后技术创新得到了大量研究。经济合作与发展组织（OECD，1981）定义技术创新是实现社会服务所必需的科技、金融和商业步骤或为商业使用所成功开发且销售的新产品（包含改造品）、新工艺及新设备。达曼普尔（Damanpour，1991）认为，技术创新的特性主要表现为分阶段的、渐进的、产品的、行政的、过程的或技术的。阿马比尔（Amabile，1998）指出，技术创新是一个成功在组织中实现创造性的新的想法。蒂德等（Tidd et al.，2001）从过程角度定义技术创新，认为其是将机会转化为新想法并且付诸实践的过程。波塔宁等（Poutanen et al.，2016）从微观视角将技术创新看作是不同主体之间知识创造、互动合作最终形成协同关系的过程。国内学者傅家骥（1998）认为，技术创新是企业家为实现商业利益，根据市场上捕捉的潜在盈利机会，重新组织生产要素和改变生产条件，构建起高效率、低成本的生产经营模式，从而创造出新产品的一系列综合过程，而这一系列创新活动主要包括科技、金融、商业和组织。《中共中央 国务院关于加强技术创新，发展高科技，实现产业化的决定》于1999年明确提出技术创新的含义，是指企业采用新的经营方式和管理模式，充分利用新的知识、工艺和技术，开发及生产新的产品、提供新的服务，不断提高产品的质量，最终达到实现产品市场价值及提高市场占有率的目标。邹新月（2001）认为，技术创新是技术和市场的融合，新产品和新工艺的研发是在市场的背景下进行的技术创新，所以要以市场的潜在需要为导向，以保证新产品投入到市场中会带来经济利益。陈进等（2006）从企业管理角度出发，认为技术创新是从新思想的萌发，到知识创造、科技研发和生产，再到产品价值实现的全过程。杨德林等（2009）指出，技术创新是产生社会和经济效益的商业化过程，该过程是从新的技术理念到科学研究和开发，再到实际应用。

1.2.1.2 技术创新测度研究

国内外学者关于技术创新的测算方法主要有以下三种。

一是单一指标法。现有研究大多采用单一指标衡量技术创新，多集中于创新投入和创新产出等方面。在投入法方面，测算技术创新水平时通常选用R&D经费投入（Brown et al.，2012）或R&D人员投入（Czarnitzki and Lopes-Bento，2013）等指标。唐未兵等（2014）选用两种方法作为技术创新的替代指标，分别是R&D人员投入占总就业人数比和R&D经费总支出占GDP比。郭玉晶等（2016）使用R&D经费内部支出占GDP比作为技术创新的代理变量。也有学者（Aghion et al.，2013）认为，用创新投入来反映地区的技术创新水平是不完全真实的，技术创新的起点不一定是研发活动。因此，学者们开始从产出角度选取指标，并使用更加微观和精细化的专利数据作为技术创新的代理变量（Harhoff and Hall，2012；Acharya and Xu，2017；程广斌和侯林岐，2021；唐松等，2022）。也有学者采用新产品销售收入（Czarnitki et al.，2014）和技术市场成交额（马文聪，2019；曹星星，2020）来衡量技术创新产出水平。

二是构建指标评价体系法。徐建中等（2010）按照创新评价准则构建了技术创新水平的综合评价体系，主要包括技术创新投入、技术创新产出和技术创新效益（包括经济、社会和生态效益）三个方面，对我国的技术创新水平进行衡量和评估。刘中文、姜小冉（2010）将指标体系划分为技术创新投入、支撑、扩散、产出和可持续创新能力，并提出了改进的模糊积分评价方法。赵玉林（2019）从创新投入和创新产出两方面建立了衡量技术创新水平的指标体系，其中技术创新投入主要包括研发经费支出和研发人员投入，创新产出选择专利申请数量代表。宋德勇等（2022）根据内外两种途径将技术创新分为两大类作为二级指标，一类是自主创新，另一类是技术引进，并利用熵值法计算各地区技术创新综合水平。

三是数据包络分析和随机前沿分析法。胡志强、喻雅文（2017）基于投入产出角度，利用随机前沿模型测度并分析企业层面的技术创新效率，并将其作为技术创新的替代指标。程虹、陈文津（2019）选取 R&D 投入强度、新产品销售额占总销售额的比重和获批专利量，采用数据包络分析法对技术创新效率进行测算，并作为技术创新的替代指标。闫雅芬（2021）从创新过程出发，将技术创新划分为研发创新和产品创新两个环节，选取 DEA 数据包络法对各个阶段创新效率进行测度，并进行对比分析从而找出技术创新发展的薄弱环节，最后选用技术创新总效率来衡量技术创新水平。司秋利等（2022）采用三阶段 DEA 模型，剔除环境因素和随机因素导致的投入冗余来测算技术创新效率，可以更准确地反映技术创新的真实水平。

1.2.1.3 技术创新的经济效应研究

技术创新推动产业结构优化升级。在《经济发展理论》一书中，熊彼特指出创新的过程伴随着产业结构的不断演进，意味着旧产业的消亡和新产业的兴起，并提出"创造性破坏"理论。安德森和塔什曼（Anderson & Tushman, 1990）指出，技术创新是一个循环过程，在技术突破和领先设计下推动产业实现了跨越，并在此基础上构建了技术变革循环模型。格伦兹（Greunz, 2004）研究欧洲国家工业结构的影响因素，发现技术创新是影响工业结构的关键因素。国内学者也一致认为，技术创新在产业结构升级中发挥着重要作用。张晖明和丁娟（2004）从供需两侧探究技术创新和产业结构之间的关系，并指出技术创新是推动产业结构升级的内源性动力。付宏等（2013）指出，技术创新在促进技术进步的同时，也带来了管理效率的提升、新市场的开拓及制度环境的优化，促进产业结构超前发展。昌忠泽等（2019）通过实证分析，发现技术创新对产业结构升级的影响存在地区差异性，在东部及东北地区表现出显著的推动作用，而在中、西部地区不明显，原因在于地区间技术创新存量的发展不均衡。吴振华（2021）通过实证分析发现技术创新所包括的投入、产出、扩散以及环境四个部分对于产业结构升级均具有显著的促进作用。

技术创新推动能源结构优化转型。在生态环境日益严峻和生态文明建设的背景下，技术创新对能源结构影响的相关研究日益深入，主要包括降低能源消耗强度（Liu and Li, 2018）、减少二氧化碳排放（Chen and Lee, 2020）和提高能源效率（Wang, 2020）等视角。王俊松和贺灿飞（2009）研究发现，技术创新可有效降低中国能源强度，尤其对高耗能产业（如化工冶炼业）部门表现出强大的抑制作用。姜磊和季民河（2011）、李强等（2014）选取研发投入衡量技术创新，并实证检验技术创新可显著提升能源效率，从而实现了能源消费的节约。冯烽（2015）研究发现，通过技术创新缩小能效范围，能降低能源消费强度，促进能源结构优化升级，进而节约能源。蒋雪梅和祝坤福（2017）分析我国内外资企业的能耗强度差异，发现内资企业技术创新水平达到外资企业水平时，能有效降低能源使用过程中的碳排放量，促进工业节能。温馨等（2021）认为，技术创新可以促进能源结构的不断优化，主要体现在能源生产结构和能源消费结构上，既可加速煤电落后产能淘汰，又不断增加清洁能源生产量。殷贺等（2020）认为，低碳技术创新的产生可促进新能源的研发和产生，提高新能源占比，同时降低新能源使用成本，优化能源结构。

技术创新有助于消费结构升级。茨威米勒（Zweimuller，2000）指出，随着经济增长进入高级阶段，收入差距呈不断收敛趋势，在此过程中技术创新将刺激消费增长，产品创新程度与消费购买欲望呈正相关。泰罗等（Tero et al.，2004）认为，消费的棘轮效应会被技术创新所打破从而形成新的购买决策，他们利用技术接收模型模拟了消费者对电子银行业务的接收程度，进一步验证技术创新有助于消费结构升级。王莉（2007）认为，技术将通过消费意识和消费能力等途径改变人们的消费结构，如当绿色技术进入实际生产过程中，消费者将偏好绿色产品和服务从而实现经济和环境的和谐共赢。郝宏杰和付文林（2015）认为，消费结构的升级取决于人力资本的提高和技术创新，技术禀赋可通过技能溢价效应和生产效率提升效应促进生活服务的增长。刘奕杉（2016）认为，技术创新可促进传统消费行为合理化和科学化，不断丰富人们的物质、精神生活需求，深刻改变人们的消费方式。高波（2020）认为，技术创新是消费主导型经济增长的重要驱动力，技术创新可以更好地满足居民个性化、多样化及差异化的高品质消费需求，不断提升居民消费能力。谢晓芳（2020）认为，消费者购买决策会受偏好异质性、信息不对称等因素的影响，而技术创新可解决这些问题并为消费者提供新型购买模式，带来全新消费体验，进而提升居民消费效率，改善消费结构。

1.2.2 关于生态福利绩效的研究

1.2.2.1 生态福利绩效内涵及测度研究

生态福利绩效的内涵。戴利（Daly，1974）首次提出生态福利绩效理念，他认为资源消耗转化为社会福利的能力是评价经济体可持续发展水平的关键指标，该指标可通过服务量与吞吐量的比值进行测量。其中，服务量是指人类直接或间接从生态系统中得到的福利或效用，吞吐量是指人类从生态系统中获得的低熵能量和物质与最终排入生态系统的废弃物之和。然而，他没有将自然资源消耗程度和福利水平进行量化。里斯（Rees，1992）在戴利研究基础上，提出吞吐可由生态足迹替代计算，于是就有了基于服务与生态足迹之比的计算方法。里斯认为，在研究生态福利绩效时可采用生态足迹作为资源消耗的替代指标。在理论改进基础上，瓦克纳格尔（Wackermagel，2013）进一步明确了生态足迹的定义，认为生态足迹是在生产过程中人类对资源的消耗和对废弃物的吸收所需要的水资源量和生产土地总面积。在戴利研究基础上，国内学者诸大建（2008）将生态福利绩效定义为自然消耗转换为人类福利的效率。杨爱婷（2012）认为，生态福利绩效是一种经济效率，主要包含经济增长路径和经济增长价值两方面，前者体现在自然资源转化为经济增长的能力，后者体现在经济增长转化为社会福利的能力。臧漫丹（2013）认为，生态福利绩效主要反映了经济绿色转型的发展质量，将其量化为社会福利价值量与资源消耗量之比。冯吉芳（2016）进一步引申生态福利绩效的含义，认为生态福利绩效涵盖社会、经济和生态三个因素，以人类的全面发展为最终目标，突破弱可持续理论，成为强可持续发展理论中衡量经济健康增长的新指标。

生态福利绩效的测度。生态福利绩效的测度方法主要有两种，分别是比值法和数据包络分析法（DEA）。第一，比值法。马克等（Mark et al.，2006）将幸福生活年限与人均生态足迹的比值表述为"幸福星球指数"（HPI）。康芒（Common，2007）采用快乐生活寿命与人均生态足迹之比来表示生态福利绩效，其中快乐生活寿命为人均寿命和快乐指数相乘。迪茨等（Dietz et al.，2012）构建了人类福利的环境绩效模型并采用平均寿命和人均生态足迹之比来表示。臧漫丹等（2013）采用出生时预期寿命和人均生态足迹指标构建了生态福利绩效指标。诸大建等（2014）将生态福利绩效表述为人类发展指数与生态足迹的比值。付伟等（2014）、冯吉芳等（2016）用人类发展指数（HDI）与人均生态足迹之比表示生态福利绩效。徐昱东等（2017）认为，生态福利绩效可用人类发展指数（HDI）与生态资源消耗的比值表示。第二，数据包络法。郭炳南（2018）以长江经济带110个地级及以上城市为研究对象，利用SBM超效率模型测度并分析了各城市的生态福利绩效。方世蛟（2019）使用DEA模型测算了2005～2016年中国各地区的生态福利绩效，发现中国生态福利绩效的分布格局呈现"由东向西递减"的态势。林木西等（2019）利用SBM超效率模型测量中国省域生态福利绩效，并利用核密度估计法、空间马尔可夫（Markov）链、MLD指数分解法分析中国各省生态福利绩效发展的空间不平衡及其动态变化。肖黎明（2019）运用随机前沿引力模型（SFA）分别测算中国各地区的绿色创新效率和生态福利绩效，并利用系统耦合模型分析了二者的耦合协调度。邓元建等（2021）采用SBM模型测算了我国29个省区市的生态福利绩效，发现中国生态福利绩效整体水平下降幅度明显，并呈现"东强、中次、西弱"的空间格局。

1.2.2.2 生态福利绩效的影响因素研究

不同学者选择不同的变量来研究生态福利绩效的影响因素。一些学者特别关注经济增长和生态福利绩效之间的关系。康芒以各个国家2001年截面数据为样本，讨论了经济水平和生态福利绩效之间的关系，发现二者之间呈反向关系，即国家经济水平越高，生态福利绩效值越低。诸大建等（2014）以124个国家数据为基础研究生态福利绩效与经济增长之间的关系，发现在经济增长早期时，生态福利绩效随经济增长而提升，但当人均收入到达转折点时，生态福利绩效随经济增长而下降，可以看出二者呈倒"U"型关系。龙亮军等（2017）通过构建Tobit模型研究经济贡献率与生态福利绩效的关系，结果表明二者呈反向关系，与康芒研究结论一致。除经济增长因素之外，影响生态福利绩效的因素还有人口密度、经济开发度、城市化水平、环境监管、产业结构等方面。奈特和罗莎（Knight & Rosa，2011）研究发现，经济发展、气候、政策制度等是影响生态福利绩效的主要因素。龙亮军等（2017）通过构建面板模型对生态福利绩效的影响因素进行研究，发现技术进步、城市绿化、经济外向性、人口密度对生态福利绩效表现出正向影响，而产业结构、城市紧凑度和经济贡献率表现出负向影响。刘国平等（2017）以长江经济带 11 省市为研究对象，通过构建随机效应模型识别出影响生态福利绩效的关键要素，发现产业结构、教育水平与全要素福利绩效呈正向关系，而能源强度与其呈反向关系。郭炳南（2018）研究发现，城市绿化水平和人口密度对生态福利绩效的影响不显著，而城市规模与生态福利绩效显著正相关。肖黎明等（2019）认为，生态福利绩效受技术效应、贸易效应、制度效应和消费效应的影响。李成宇等（2019）研究发现，中国省际生态福利绩效的主要影响因素有技术进步、绿化程度、社会性支出、医疗水平、城镇化、产业结构和环境规制。王兆峰等（2021）以长江经济带 11 省市为研究样本，通过构建向量自回归模型分析生态福利绩效的影响因素，发现规模效应、结构效应和技术效应能在一定程度上影响生态福利绩效。李莉等（2022）主要研究了财政分权和环境规制对生态福利绩效的影响，发现投资型环境规制有助于提升生态福利绩效，而财政分权和收费型环境规制对其有抑制作用，同时城市化、绿化程度及研发投入等控制变量有助于提高生态福利绩效。

1.2.3　关于技术创新与生态福利绩效关系的研究

1.2.3.1　技术创新与生态环境的研究

格罗斯曼等（Grossman et al., 1991）认为，经济增长与环境污染之间并不是简单的线性关系，而是呈现显著的倒"U"型特征，即经济增长或技术进步对环境污染的影响是先负后正，以此为基础提出环境库兹涅茨假说（EKC）。布劳恩和维尔德（Braun & Wield, 1994）认为，技术创新能够降低环境污染、减少能源损耗、改善生态环境，并首次提出绿色创新概念。科普兰和泰勒（Copeland & Taylor, 1995）认为，发达国家绿色发展具有相对优势的原因主要在于社会各界高度重视绿色生产技术的研发，研究成果较为丰富，最终使得绿色发展理念深入人心，进而形成发展优势。赫尔斯特罗姆（Hellstrom, 2007）和拉尔森（Larson, 2000）研究了基于可持续发展理念的企业技术创新和生态环境之间的关系，并提出可持续创新发展是技术创新在生态环境领域内的具体表现。纳塔拉贾（Nataraja，2011）认为，发展中国家应尽早淘汰那些效率低下、环境污染严重的传统技术，不断追求节能环保、低碳循环的高效发展方式，从而实现绿色可持续发展。马科沃（Makower，2012）认为，在日益严重的环境问题和绿色转型背景下，人类必须接受绿色低碳理念，大力开发新能源技术以适应未来发展变革。阿里科（Arico，2014）认为，实现可持续发展需要多方面、全方位的努力，技术创新可有力应对自然灾害、全球变暖等重大环境问题。安德森等（Anderson et al.，2016）主要研究了技术创新在改善环境污染方面的程度，发现技术创新可以有效缓解环境污染的产生，促进污染损害的减少。国内学者刘燕娜（2005）认为，技术创新不仅能保护生态环境和修复生态系统，还在生态建设中起到关键作用，可促进生态建设过程中的产业结构优化升级。李斌等（2011）以我国工业企业为样本，通过实证研究发现二氧化硫排放的降低主要归因于生产技术的进步。黄娟（2013）认为，技术创新是转变生产方式、优化经济结构、提高资源利用率的重要驱动力，可有效解决我国经济发展过程中的资源瓶颈问题，有利于形成生态环境保护的新理念和新格局。徐兴珍（2014）科学论证了技术进步与生态文明建设之间协调共进的关系，二者展现出和谐统一、互利共生的鲜明特质，主要表现在技术进步有利于解决生态危机和实现生态平衡，而生态文明理念又可为科技创新指引方向。傅为忠等（2015）利用 SEM 和 DEA 模型验证了区域技术创新对环境绩效的正向影响作用。鄢哲明等（2017）运用省级数据从技术进步方向检验了技术创新对生态环境的作用。石大千等（2018）认为，技术创新可为环境污染治理带来新思路，改善了企业环境治理模式，是推动环境治理升级的重要手段。杨秋明（2021）认为，技术创新与生态环境之间存在着密不可分的联系，技术创新绿色化已成为保护生态环境的一种重要方法。

1.2.3.2　技术创新与社会福利的研究

舒伯特（Schubert，2013）认为，创新意味着"破旧立新"，在某种程度上可以作为评判福利水平的重要依据。宾德（Binder，2013）指出，主观福利（SWB）可被视作评价创新型变革的重要指标和基准，但并未构建出可以反映创新与主观福利之间关系的模型。以斯旺（Swann，2009）提出的"创新和财富创造的复杂交互"模型为基础,恩格尔布雷希特(Engelbrecht,2014)构建了创新与主观福利关系的一般研究框架,原因在于斯旺模型中的财富包括主观和客观两方面,比较接近生活福利这一标准。马尼卡等(Manyika et al.,2013)认为,创新意味着对以往技术的颠覆,将改变原有的商业模式从而降低企业员工存在的心理问题,进而增加福利。埃里克等(Erik et al.,2019)指出,由技术创新带来的新产品和新工艺会催生更多的就业岗位,从而创造出新的劳动力就业需求,技术创新具有一定的社会福利效用。此外,技术创新会进一步提高人类平均寿命。19 世纪末世界平均寿命大约为 40 岁,到 1997 年世界平均寿命已达到 62.27 岁,而到 2016 年已经增长到 72 岁。我国人均寿命也从新中国成立前的 35 岁增加到现在的 77 岁或更高,很大原因归功于现代科学技术的提高改善了人类生活水平。因此,在技术创新的快速发展下,医学和生命科学已成为发展最快、最具创新性和影响最深远的创新领域之一。国内学者王竹君(2014)认为,技术创新对福利变化与成果分配、国民经济素质的影响是非常显著的。岳经纶等(2016)认为,技术创新和应用较发达的城市,福利水平较高且福利治理的风险防范功能较强。朱金生等(2019)以高技术行业和清洁行业面板数据实证验证了技术创新在环境规制和就业之间的中介作用,认为技术创新弥补了由环境监管造成的部分就业损失。何兴邦(2019)基于省级面板数据验证了技术创新可改善社会福利,主要体现在技术创新提高居民私人物品数量、增加居民消费选择和推动政府提高公共产品供给量三个方面。胡美娟等(2021)通过对长三角城市"福利门槛"效应的研究,发现技术创新对福利提升的影响最强,技术创新与进步对居民生活质量和状态具有积极影响。李宝琴(2021)选取 2001~2019 年中国省级面板数据,把福利分成经济福利、社会福利和生态福利三个维度,分析了技术创新对于福利的影响,结果表明技术创新对三种福利均具有促进作用。宋德勇(2021)利用我国 285 个地级市面板数据实证分析技术创新能够实现环保和就业的"双重福利"。

1.2.3.3 技术创新与生态福利绩效的研究

冯吉芳(2017)认为,生态福利绩效是评价绿色发展的有效工具,运用人类福利与自然消耗之比测度中国各地区生态福利绩效,并从理论和实证层面探讨了生态福利绩效的创新驱动机制,发现技术创新与生态福利绩效之间存在协同演化关系。韩瑾(2017)基于投入产出法测度宁波市生态福利绩效,通过构建 Tobit 模型探讨技术进步与生态福利绩效之间的关系,研究结果表明技术进步可显著提升地区生态福利绩效。肖黎明等(2019)从强可持续理念出发,通过 SFA 模型对中国 30 个省份生态福利绩效和绿色创新效率进行测度,通过构建耦合模型研究二者之间的协调发展程度,结果表明现阶段中国生态福利绩效与绿色创新效率处于高耦合但不协调阶段。杨旭等(2020)运用 SBM 模型测度中国各省市生态福利绩效,通过构建联立方程模型实证检验了经济增长与生态福利绩效的内在关系,研究结果表明技术创新对生态福利绩效水平的提升有促进作用。肖黎明等(2020)以黄河流域 79 个城市为研究对象,实证分析技术创新对下游生态福利绩效增长的影响显著为正,但对上游却显著为负。林克涛等(2020)以福建省为研究对象并运用两阶段 SBM 模型对其生态福利的总效率与分阶段效率进行测度,并实证检验技术创新可通过提高生产要素使用率提升地区生态福利绩效。郭炳南等(2021)基于空间视角实证分析了环境规制、技术创新与生态福利绩效的关系,研究结果表明环境规制对技术创新存在"波特效应",应采取措施激励企业增加研发投入,引导企业绿色清洁生产,从而实现生态福利绩效的提升。程广斌等(2022)采用比值法对生态福利绩效进行测度,并利用空间杜宾模型实证分析技术创新对生态福利绩效的促进作用,且这种促进作用在东部地区表现得更加明显。

1.2.4 文献简评

本节系统梳理和总结了与技术创新和生态福利绩效相关的文献,发现大量文献围绕技术创新与经济增长、结构升级、环境污染、社会福利等方面进行了广泛而丰富的研究,形成了一批有价值的研究成果。近年来,越来越多的学者关注到,考虑资源、环境和社会福利因素的生态福利绩效是评价经济发展效果更科学的指标,已逐步成为研究可持续发展和高质量发展相关问题的核心指标和关键内容,文献集中针对技术创新的内涵及测算、生态福利绩效的测算及影响因素等方面进行了分析和探讨,总体上发现,鲜有文献针对技术创新与生态福利绩效之间的关系进行相关的研究,因此现有文献还可以有一些值得深入研究的方面。

第一,学者们界定生态福利绩效的内涵尚未达成共识。近年来,学术界对生态福利绩效进行了各种研究,并具有相当的研究基础。然而,与生态环境研究相比,文献数量和研究成果相对较少。生态福利绩效作为新兴发展概念,学术界对其定义口径尚未统一,一些文献将其与绿色经济、可持续发展等环境概念作对比,在对比中定义生态福利绩效,也有文献将环境、社会以及经济混合在一起来定义生态福利绩效,隐含的假设是经济和社会系统的自然资源和人造资本可以相互替代,没有明晰需要在生态环境的限制下,实现福利水平的提高。不同定义方式都具有符合社会发展规律的特点,但现有研究重点关注生态环境问题,还处在弱可持续的研究范式,很难引导该地区实现强劲的可持续发展。因此,本书从人类福利的实现目标出发,对生态福利绩效进行了界定,认为经济和社会系统的扩张受到生态系统的限制。当经济增长到一定程度时,可能会出现"福利门槛"。区域发展的最终目标是实现人类福利水平的提高,实现对生态经济弱可持续理论的突破。

第二,关于技术创新对生态福利绩效影响的研究几乎是空白。从文献数量上可以看出,目前针对生态福利绩效的测度及影响因素的研究已成为学术研究的热点话题。生态福利绩效的测算方法较成熟,在影响生态福利绩效的因素中,常见的影响因素有经济增长、城市绿化、产业结构、环境规制,也有技术创新活动等,但是技术创新仅仅是诸多影响因素中的一部分,未能从技术创新角度单独作出较为深入和系统的研究。在借鉴技术创新驱动的内涵及测度方法上,学者们开始对技术创新的两大影响效应——环境效应和福利效应进行深入解读。目前,关于技术创新的环境效应主要体现在资源消耗、污染排放等方面,技术创新的福利效应主要体现在经济总量或绩效上。由此看来,学者们研究技术创新的两大影响效应时,往往忽略了二者的有机统一,也就是说,仅停留在研究环境效应或福利效应单一方面。而生态福利绩效反映了单位生态消耗的福利产出水平,将环境效应和福利效应视为经济可持续发展的重要组成部分。因此,本书基于福祉视角探讨技术创新对生态福利绩效的影响,为未来进一步提高生态福利绩效水平指明方向。

第三,未能系统探讨技术创新对生态福利绩效的影响机理与实证检验。现有文献仅存在有限数量的研究涉及技术创新和生态福利绩效,缺乏有关影响机制的理论分析和规范的实证检验,导致在对技术创新与生态福利绩效关系的认识上存在偏差。因此,在理论方面本书结合技术创新与生态福利绩效相关理论,基于技术创新驱动的运行机制,通过构造二者之间的逻辑关联,将技术创新和生态福利绩效放在同一框架内,从直接影响、间接影响及门槛效应三个方面清晰地揭示技术创新对生态福利绩效的影响机制。另外,在实证方面,现有文献将技术创新作为影响生态福利绩效的因素之一,并采用传统的面板Tobit模型、随机或固定效应模型进行分析,忽略了变量之间反向因果关系导致的内生性问题,还缺少空间视角下技术创新影响生态福利绩效的探讨,从而导致估计系数出现偏差。因此本书采用静态面板、动态GMM模型和空间计量模型,既能缓解遗漏变量偏误等导致的内生性问题,又能深入研究技术创新对生态福利绩效的空间溢出效应;既拓展了空间视角的研究内容,也更有利于研究结论的准确性。进一步,在我国经济发展向创新驱动转型的趋势下,本书以经济结构优化为主要传导机制,并结合创新驱动的制度保障作用,利用机制检验模型和面板门槛模型进行规范的实证检验,力图建立起技术创新、生态福利绩效理论与实证相结合的完整体系。

1.3　研究思路与研究方法

1.3.1　研究思路

本书紧扣技术创新对生态福利绩效的影响这一研究内容,按照"提出问题—文献梳理—理论机制—实证研究—结论建议"的基本逻辑,综合运用技术创新理论、内生增长理论、可持续发展理论、计量经济学、空间经济学等基本理论和方法模型,从理论与实证角度诠释了技术创新对生态福利绩效的影响机制。

本书的研究思路是:首先,系统梳理和总结国内外关于技术创新与生态福利绩效的相关文献研究成果,在此基础上界定技术创新和生态福利绩效相关概念,总结了技术创新与生态福利绩效的经典理论,构建了技术创新对生态福利绩效影响的理论分析框架;其次,对我国技术创新发展及生态福利发展的基本现状进行系统分析,并基于省域面板数据,通过构建综合评价指标体系,测算我国 30 个省份技术创新与生态福利绩效水平;再次,综合运用计量经济学分析工具,通过构建静态面板模型、动态 GMM 模型、空间计量模型、机制检验模型和门槛面板模型等,实证检验了技术创新对生态福利绩效的直接影响(包括空间分析)、间接影响和门槛效应;最后,结合实证结论进行全文总结,并提出促进我国生态福利绩效提升的对策建议,以期为各地方政府制定科学合理的技术创新政策、绿色发展政策提供有益借鉴。

1.3.2 研究方法

(1) 文献研究法。一方面,全面阅读与研究课题相关的经典著作,梳理国内外相关文献,夯实本书的知识基础,掌握技术创新与生态福利绩效的前沿研究成果,找出现有研究存在的问题,理清技术创新与生态福利绩效的内涵特征和逻辑关联,进而构建本书的研究框架。另一方面,积极收集本书所需的统计数据,主要包括《中国统计年鉴》《中国环境年鉴》《中国科技统计年鉴》《中国能源统计年鉴》以及省市统计年鉴和统计公报,为本书的实证研究提供完整的数据。

(2) 总结归纳法。以明确技术创新和生态福利绩效等基本概念为前提条件,结合技术创新和生态福利绩效的相关理论和基本原理,运用归纳和总结的方法,系统阐述技术创新影响生态福利绩效的内在机制,并从直接影响、间接影响和门槛效应三个层面依次展开具体分析,从而构建技术创新影响生态福利绩效的理论分析框架。

(3) 实证分析法。本书主要采用以下五个实证方法:第一,运用均方差赋权法和比值法分别测度技术创新综合水平(包括子系统)和生态福利绩效水平;第二,运用面板数据回归法,构建静态固定效应模型和动态系统 GMM 模型,考察技术创新对生态福利绩效的直接影响,并利用随机效应模型、最小二乘法等估计方法进行稳健性分析;第三,运用空间杜宾模型,考察技术创新对生态福利绩效影响的空间溢出效应;第四,运用机制检验模型,考察技术创新对生态福利绩效的传导机制;第五,运用面板门槛模型,考察技术创新对生态福利绩效影响的门槛效应。

1.4 研究内容与技术路线

1.4.1 研究内容

全文围绕着技术创新与生态福利绩效这一核心主题，从理论和实证两个层面进行了有益探讨，首先，总结了国内相关文献和理论基础，构建了技术创新对生态福利绩效影响的理论分析框架；其次，利用均方差赋权法和比值法测算了省级尺度的技术创新水平和生态福利绩效水平；再次，通过构建静态及动态面板模型、空间杜宾模型、机制检验模型和门槛面板模型来检验技术创新是否影响、如何影响生态福利绩效及影响的程度；最后，提出了研究结论和相关政策建议。本书分为如下八个章节。

第1章，绪论。从当下中国经济面临的创新和生态文明建设两大问题出发，确定了技术创新与生态福利绩效为本书的研究主题。介绍了研究背景、意义、国内外研究现状、研究思路、方法和创新点。

第2章，概念界定与理论基础。这一章主要为本书研究的理论基础，共分为四个小节。第一节对核心概念进行了界定；第二节对技术创新理论、内生增长理论等相关理论进行了回顾；第三节对生态福利绩效相关理论进行了回顾；最后一节进行总结。

第3章，技术创新影响生态福利绩效的理论分析框架。本章基于技术创新驱动的运行机制，搭建以"关系逻辑—动力逻辑—影响逻辑"为主线的技术创新与生态福利绩效的逻辑关联，充实理论基础，形成"直接影响—间接影响—门槛效应"的理论体系，回答了技术创新如何影响生态福利绩效的问题，并提出理论假说，为后续的实证检验提供了理论依据。具体地，对于直接影响，技术创新投入对生态福利绩效的影响体现在要素利用上，技术创新产出对生态福利绩效的影响体现在技术进步上，技术创新环境对生态福利绩效的影响体现在效率提升上。对于间接影响，技术创新可通过产业结构升级、能源结构优化及消费结构升级等传导路径间接影响生态福利绩效。对于门槛效应，技术创新对生态福利绩效的影响受市场化程度、环境规制及财政分权的约束，即在不同制度条件下,技术创新对生态福利绩效的影响是不同的。

第4章,技术创新与生态福利绩效的现状分析与水平测度。本章分别对我国的技术创新和生态福利绩效的发展情况进行了详细解析。在技术创新的发展层面,首先,对技术创新活动现状的进行初步概况;其次,采用均方差赋权法从技术创新投入、创新产出、创新环境三个方面测算我国各省市技术创新综合指数及子系统指数,并在此基础上从时间演变、空间分布和区域差异三个方面对地区技术创新水平的特征事实进行了分析。在生态福利绩效层面,首先,从资源、环境和社会福利方面了解我国生态福利的发展现状;其次,采用人均生态足迹测量自然资源消耗,采用人类发展指数测量人类福利,运用比值法测度生态福利绩效,对中国省域自然消耗、人类福利和生态福利绩效水平进行评估和分析,同样从时间演变、空间分布和区域差异三个方面对各省域生态福利绩效的特征事实进行了分析。

第5章,技术创新对生态福利绩效的直接影响分析。首先,基于2001～2020年我国省际面板数据,选取相关变量构建静态和动态面板模型,分别运用固定效应模型、系统GMM模型等计量方法,实证检验技术创新对生态福利绩效的直接作用,并在此基础上进行了模型的稳健性检验及异质性分析;其次,基于变量之间的空间相关性,本章进一步运用空间杜宾模型验证技术创新对生态福利绩效的空间溢出效应,增强实证结果的可靠性。

第6章,技术创新对生态福利绩效的间接影响分析。本章在第5章直接影响的基础上,利用传导机制检验模型,采用工具变量法(2SLS)以产业结构、能源结构及消费结构为中间变量,运用省级面板数据实证检验了技术创新对生态福利绩效的间接影响,并在此基础上进行了模型的稳健性检验及异质性分析。实证结果表明,技术创新可通过产业结构升级效应、能源结构优化效应及消费结构升级效应间接影响生态福利绩效。

第7章,技术创新对生态福利绩效影响的门槛效应分析。本章在第4章、第5章直接和间接影响分析的基础上,首先,利用汉森(Hansen,2000)提出的门槛面板回归模型,检验制度门槛效应存在的合理性和真实性,并构建技术创新对生态福利绩效影响的面板门槛模型;其次,选用市场化程度、环境规制及财政分权作为门槛变量,利用面板数据分别进行门槛效应检验,并在此基础上进行了模型的稳健性检验及异质性分析;最后,根据门槛效应检验结果对技术创新与生态福利绩效之间的非线性关系形成原因进行分析。

第8章，结论与对策建议。这一章对全书进行了归纳总结，梳理了主要研究结论，提出相关对策建议，同时也总结了研究的不足，展望了未来可进一步研究的方向。

1.4.2 技术路径

本书研究的技术路径如图1-1所示。

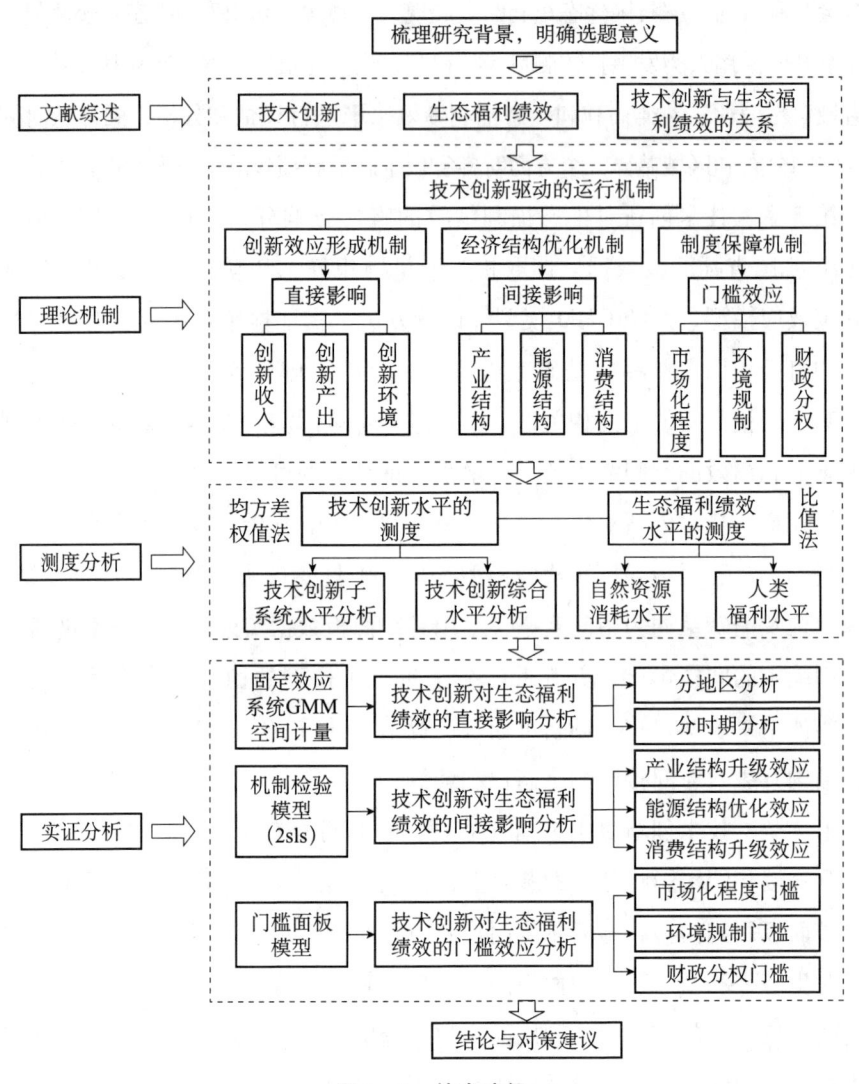

图1-1 技术路径

1.5 本书创新点

本书在我国大力实施创新驱动发展战略和生态文明战略的背景下，立足于我国的实际情况，在已有研究成果的基础上，系统探讨了技术创新对我国生态福利绩效的影响，以期为新时期促进我国生态福利绩效的提升寻找新动能。与现有研究相比，本书的创新点主要体现在以下几个方面。

第一，研究视角新——基于"强可持续发展"范式。采用生态福利绩效的概念，为创新驱动发展提供新视角。鉴于现有文献仍局限于"弱可持续发展"视角，探讨技术创新对经济增长、环境污染或资源消耗的影响。而创新驱动能否真正有助于经济合理发展，则应当多方面综合考虑。本书着眼于"强可持续发展"理念，打破传统经济增长观，从发展的最终目的是人类社会福利提高的角度，创新性采用生态福利绩效概念来检验技术创新的影响。生态福利绩效是指单位生态投入转化为福利产出的效率，作为"强可持续发展"理念的重要延伸，其突破了如生态效率等指标仅以 GDP 产出为导向的局限性，将经济、社会、福利等综合因素纳入范畴。所以，从生态福利绩效的视角出发，重新评价和认识技术创新的影响作用，有助于更加客观和全面地评估创新驱动作用，这对实现生态文明目标具有重要的参考价值。

第二，研究内容新——构建了技术创新影响生态福利绩效的理论分析框架。主流文献中，创新和绿色增长的概念上存在着广泛的联系，然而缺乏基于福祉视角的生态福利绩效的相关研究。本书结合技术创新与生态福利绩效相关理论，从创新效应形成机制、经济结构优化机制和制度保障机制三个方面，搭建技术创新与生态福利绩效的逻辑关联，最终形成技术创新对生态福利绩效的影响机理，包括直接影响、间接影响和门槛效应三个层面。其中，在直接影响中，分别分析了技术创新投入、创新产出和创新环境对生态福利绩效的影响；在间接影响中，基于经济结构优化机制，重点分析了技术创新通过产业结构升级、能源结构优化及消费结构升级等路径影响生态福利绩效的传导机理；在门槛效应中，基于制度保障机制，将制度因素投射到技术创新对生态福利绩效影响的运行关系中，深入探讨技术创新对生态福利绩效的影响及其有效性在不同制度因素下的差异。因此，通过构建技术创新与生态福利绩效关系的理论研究框架，并较为系统地分析技术创新对生态福利绩效的影响机制，可在一定程度上丰富技术创新影响生态福利绩效的研究文献。

  第三，研究方法新——运用多种统计及计量方法保证分析结果精准性。首先，基于均方差权值法从技术创新投入、创新产出及创新环境三个方面构建技术创新综合指标体系，对我国各地区技术创新综合指数及二级指标指数进行测度和比较分析，克服了以往单指标带来的片面性。其次，基于生态福利绩效的内涵，构建了涵盖自然消耗—福利水平的概念结构，利用比例法从人类发展指数和生态足迹两方面构建生态福利绩效指标并进行测度评价，超越了以 GDP 为主导的传统发展观的局限性，从而形成量化的真实评价。在实证分析中，运用多种计量方法系统检验了技术创新对中国生态福利绩效的直接影响、间接影响及门槛效应。在直接影响检验中，本书同时采用静态固定面板、动态系统 GMM 及空间计量模型进行分析，避免了由于忽略时间滞后效应和空间效应而造成分析结果不合理的情况。在间接影响检验中，本书采用两步机制检验模型来检验技术创新对生态福利绩效的间接影响，以更加全面地验证可能存在的机制。在门槛效应检验中，本书采用面板门槛模型对全样本、分地区的门槛效应进行检验，揭示了技术创新影响生态福利绩效的复杂性，有利于避免"一刀切"结论。

第 2 章　概念界定与理论基础

2.1　基本概念界定

2.1.1　技术创新

熊彼特（1934）的"创新"理念开启了技术创新的思想，他认为"创新是一种生产要素的重新组合，并建立新的生产函数的过程"，即将新的生产要素增加并融合到原有生产体系中。由此可见，熊彼特创新理论的核心就是技术创新。随着创新理论的发展，技术创新的内涵和外延不断丰富。伊诺恩（1962）通过对石油加工的研究，首次界定了技术创新的含义，他认为技术创新就是在保证资本收入的基础上重新招聘创新人才、选择发明对象、建立组织架构、制订方案计划，进而开拓新市场的综合结果。傅家骥等（1998）认为，技术创新是企业为了实现更高的经济利益，将生产要素重新组合，组建起更高效的生产经营组织模式，在获得新的原材料供给来源的基础上创造出新产品和新工艺、开拓新市场等一系列活动的综合过程。在《中共中央 国务院关于加强技术创新，发展科技，实现产业化的决定》中，明确了技术创新的定义：技术创新是指利用新技术、新工艺，采用新的生产方法和商业盈利模式，将新知识转化为新产品和新服务，同时提高产品和服务质量，最终占领市场并实现市场价值的一个过程。该定义可从以下三个方面进行解释。

（1）创新投入是技术创新的基础和前提。创新投入是技术创新生态系统形成的物质基础，也是企业提高技术创新水平的基本前提。从实物形态上来看，创新投入可分为有形投入和无形投入。其中，有形投入主要包括人力资源、基础设施、资金等实物方面的投入。一般来说，这些投入与企业自身在技术创新活动中的实力密切相关。无形投入主要包括关系、知识、技能、权利等无形资本。一般情况下，无形资本可以通过模仿或复制产品本身的价值来实现价值增值。在当今知识经济时代，在企业生产过程中发挥重要作用的资本是知识资本，如专业知识、经验总结、技能和诀窍等。因此，一般情况下创新投入主要包括三个要素：一是资金投入，为确保资金的正常供应，企业需通过技术创新战略规划和战略目标制定，规划出技术创新所需资金。需要注意的是，资金投入不仅要关注资金的绝对额，还应平衡内部创新、研发外包及联合研发的资金结构；二是人员投入，企业在实现技术创新战略规划和战略目标的基础上，确定好所需的专业人才数量及结构；三是设备投入，机器设备的投入为技术创新提供硬件支持，企业应根据技术创新所需，在技术创新开展过程中提供必要的基础设施。

（2）创新产出是技术创新的最终目标。创新产出是指一定的创新投入所带来的创新成果，并将其应用到现实生活中。企业通常通过知识产权制度或其他强有力的手段来保护其创新成果。衡量创新产出的指标可以是专利产出，也可以是非专利产出。专利产出是指企业为提高生产效率，对技术创新成果申请专利保护，从而在一定期限内形成对技术创新成就的事实垄断，提高企业的市场竞争力。通常来看，无论是原始性、基础性还是独创性创新，都会导致专利产出的增加。随着知识经济的到来，中国越来越重视知识产权的保护。在立法层面，国家还颁布了大量保护知识产权的法律，极大地促进了企业对技术创新的兴趣，并在行业中营造了良好的技术创新氛围。非专利产出是指企业将技术创新成果及时转化并应用于新产品的生产，或将其应用于新的高科技项目的建设。由此可见，非专利产出主要针对应用层面的技术创新，往往表现为技术生产过程的创新，可以在极短的时间内将技术创新成果应用到实际生产中，从而达到提高企业利润的目的。

（3）创新环境是技术创新的稳定器和转化器。企业不仅要关注技术创新的投入和产出，还要看到创新环境的保障在整体技术创新中所发挥的作用。根据企业划分界限，创新环境保障可分为内部保障和外部保障。内部保障是指在日常经营活动中企业对技术研发和创新部门给予足够的重视。这不仅涉及资金支持,还涉及让领导者认识到技术创新对企业可持续发展的重要性,特别是在当前技术快速升级的环境下,应重视技术人才,为其营造出主动参与、快速反应、授权及学习的创新环境,从而在企业内部形成研发优先的良好氛围。外部保障贯穿在宏观层面监督和指导企业技术创新的全过程。政府应在政策和资金方面大力支持技术创新,政府的支持始终是企业进行技术创新的定心丸。还要充分发挥行业组织的主观能动性,制定一些行业法规,充分引导企业技术创新的正确方向,提高企业参与创新的积极性,形成行业内创新的良性竞争。

综上所述,结合研究需要,本书认为技术创新是一种综合创新水平,是对可获取并能够加以利用的知识、资源及外在环境等要素进行整合,在一定条件下创造出新的物品或理念,或者在原有事物的基础上进行改造,最终从中受益的综合活动。

2.1.2 生态福利绩效

2.1.2.1 绩效概念

理解和梳理绩效的相关概念是界定生态福利绩效概念的基础。绩效是一种由多维因素构成的效率评价,不同的观察测量角度会导致不同的评价结果。绩效最初是在经济领域用于评估投资项目的可行性,现今已扩展到企业管理领域,它经常用于企业根据自身或集团的职责范围和战略目标对员工进行评估,以确定他们是否完成了既定的工作任务或对企业作出贡献的程度。随着绩效内涵的不断丰富,它已逐渐应用于多个领域。与生态环境相关的绩效是指生态系统投入和福利系统的产出,这里的投入是指土地资源、水资源和能源等生态系统的消耗,产出是指社会经济、教育和健康等福利系统的有效输出。

2.1.2.2 生态福利概念

社会处于不同的发展阶段,"福利"一词有不同的含义。在社会经济相对落后的时期,人们有更多的物质需求,福利主要是指政府采取的一系列生活保障措施,如教育、医疗卫生、经济发展等方面的制度实施。进入21世纪后,随着中国经济快速增长,人们的生活条件和福利水平大大提高,生态环境也发生相应改变，给人们的生活带来了巨大影响。此时，在人类对协调发展的不断重视下，福利指标发生了变化，人们对福利的追求不再局限于满足物质需求，而是更加重视生态系统带来的惠益，于是生态福利的概念应运而生。经济和生态两大系统的和谐共存强调人与环境的互动和联系，而社会福利旨在改善所有社会成员的生活质量，增进他们的社会福祉。生态环境与人类的安全和健康密不可分，它为人类提供了物质基础，如食物、水、资源等，是人类生存和发展的重要支撑（樊雅丽，2009）。随着福利内涵和外延的拓展以及生态质量的融合，生态运动和绿色环保行动的产生和发展为福利内涵注入了新的血液，彻底改变了传统的福利观念，由仅满足物质生活财富的理念转向寻求人与自然、社会和谐共存与同步推进的生态福利理念（武扬帆，2010）。因此本书认为，生态福利是社会福利内涵的拓展，是生态系统在与自然和谐共处中所带来的令人满意的反馈。

2.1.2.3 生态福利绩效

福利经济学的研究重点是如何提高人类福利，而资源消耗是提高福利水平的重要源泉和手段。因此，若想在生态限度内实现较高水平的社会福祉，必须提高资源消耗转化为人类福利的效率。生态福利绩效被国内外学者用来讨论生态系统和人类发展之间的关系，学者们对于生态福利绩效的内涵虽有不同理解，但蕴含的内容基本相似，主要涉及资源、环境与福利水平的关系。生态福利绩效的提出是建立在戴利（Daly，1974）稳态经济的基础上的，戴利提出单位自然消耗所带来的福利水平（即服务与资源生产能力的比率）可以反映一个国家或地区的可持续发展水平。但他只是从理论角度提出了这一概念，并没有对这一指标提出具体的、可操作的量化方法。因此，生态福利绩效的概念并未在学术界得到广泛推广。里斯（Rees，1992）提出了一个量化人类对自然空间的占用以及由此造成的环境污染的指标，即生态足迹概念，这一概念在以上研究基础上有了很大的发展，并得到了学术界的广泛认可和应用。诸大建（2008）等国内学者在前人研究的基础上，提出了生态福利绩效概念，并将其表述为自然消耗转化为人类福利的效率，在一定程度上反映了生态投入与福利产出之间的关系，是衡量一个国家或地区可持续发展水平的关键指标。臧曼丹等（2013）认为，生态福利绩效是对绿色经济和社会福利的综合评价，强调自然资本的"边界性"和生态系统的"公平性"。这一指标不仅反映了资源约束下自然消费所带来的福利水平，也反映了包括经济、社会和生态三大系统在内的社会福利和生态资源消耗的相对变化趋势，可将其量化为社会福利价值与资源消耗的比值，是同时考虑生态因素、经济因素和社会因素的综合量化指标。此外，社会福利指标同时体现了生态"公平性"和绿色经济理念，突破了传统理念下追求生态经济效益的弱可持续发展模式。

本节结合生态福利的定义，明确了生态福利绩效的内涵是将生态资源转化为人类福利的评价，在资源和环境的约束下寻求福利的最大化，实现地区的可持续发展。因此，生态福利绩效以强可持续性为研究范式，力求在生态产品投入最小化的条件下实现福利水平最大化。生态福利绩效围绕三个基本目标展开：（1）加强资源消耗的过程管理，增强生态系统的活力；（2）减少环境污染对人类健康的危害，提高环境质量；（3）增进社会福利，提高人们的生活质量和福利水平。

2.2 技术创新相关理论

2.2.1 创新理论

奥地利经济学家约瑟夫·熊彼特在他的著作《经济发展理论》中首次提出了"创新"的概念，将其描述为"生产要素的重新组合"，这种新的组合集成了以前没有的生产要素和生产条件，并将其引入生产系统中。经济发展需要在社会生产中实现这种新的组合，企业家创新和引进这种新的组合是经济发展的动力源泉。企业创新的主要目的是获得更多的经济效益，而正是这种不连续的创新导致了经济周期的波动。因此，创新是经济增长的动力，经济发展离不开创新。"创新"可以有五种方式：第一，在产品中引入一种新的特征，或采用一种新的产品；第二，采用一种不以科学研究为基础的新的生产方法，这种生产方法也可以不通过制造业的检验；第三，开拓一个任何制造业都无法进入的新市场；第四，控制一种新的供应来源，其中可能包括半成品或原材料的供应；第五，建立一个新组织，新组织的实现可以形成或打破垄断地位。

熊彼特的创新理论包含六个基本观点。第一，创新是生产过程中所固有的。尽管资本和劳动力是重要的生产要素，但它们不是唯一的要素。我们需要建立一个新的理论，这个理论的发展不是外部强加的，而是内部的变化，这就是创新。第二，创新带来的变化是"革命性的"。熊彼特曾经说过，你不能用马车和邮车来建造铁路。这是一个根本性的、不连续的经济问题，而这正是革命性变化出现的地方。第三，创新是一种破坏行为。在激烈的市场竞争环境中，新产品、新技术的出现代表着对原有生产方式和技术的否定，也代表着对原有组织的淘汰。不同的经济社会都存在着破坏和创新，随着经济的发展，创新将转化为内部的自我更新。第四，创新创造新价值。所谓发明，就是指随着经济的发展，出现了新的组织和新的方式。如果发明没有实现其应用价值，它将是无用的，不会产生任何经济效果。创新是对发明的应用，因此，只有能够产生新价值的组织和方法，才能发挥自身的经济作用。第五，创新是经济发展的本质。经济变化分为两种，一种是经济增长，另一种是经济发展。经济增长只是指 GDP 的提高，而经济发展不仅需要实现经济增长，还需要社会其他方面的变化，它需要实施一种新的组合，并产生一种新的现象，既是一种扰乱平衡，也是实现创新。第六，创新的主体是企业家。新组合、新技术的采用需要发挥人的主观能动性，这需要企业家发挥这一作用。并不是所有的企业管理者都是企业家，他们的职能不是生产和管理，而是能否在面对市场变化时作出决策，实施这种新的组合，进而实现新的突破。

熊彼特的创新理论指出，创新是一种"革命性"的变化，是对原有技术的否定和淘汰。熊彼特阐释了创新的重要性，尤其强调了技术创新在经济发展中的推动作用。在此基础上，学术界对创新进行了大量研究，形成了许多独特的创新理论的经济学解释，创新理论的研究也逐渐丰富，为本节研究技术创新提供了重要的理论基础。

2.2.2 技术创新理论

尽管熊彼特是创新概念的开拓者，其研究的创新既包括技术创新，也包括非技术创新，如组织和管理模式，但他从未准确界定"技术创新"的内涵和外延。熊彼特的创新理论虽然承认了个别制度因素（如研发制度）在技术创新中所扮演的重要角色，但它并没有研究政府部门、大学和企业研发之间的关系，而是在研究技术创新对经济增长的影响时，将其视为一个独立的变量。由于熊彼特创新理论的不足，技术创新理论经历了长期的缓慢发展时期，在对其进行继承和改进后，技术创新理论逐渐形成了四个学派，分别是新古典学派、新熊彼特学派、制度创新学派和国家创新体系学派。

新古典学技术创新理论认为技术创新是经济增长的内生变量，以索洛为代表，他认为技术创新是随时间变化的，被纳入到经济增长模型中，是决定经济增长的因素。索洛不仅提出了建立技术创新的两个条件，而且设计了一个量化模型来衡量技术进步对经济增长的贡献率，这就是著名的索洛模型。然而，新古典主义理论是在对新古典主义生产函数研究的基础上提出来的，而技术创新过程被视为一个"黑箱"，其内在机制无法得到认识。

在熊彼特创新理论的基础上，以施瓦茨（Schwartz）、曼斯菲尔德（Mansfield）、卡米恩（Kamien）等人为代表的技术创新学派关注技术创新的过程。通过熊彼特的创新理论，明确认识到"企业家是推动创新的主体"，因此新的熊彼特技术创新理论学派将关注影响"黑箱"内部运作的机制，并认识到影响技术创新的因素，如基础创新的前提和环境，以及市场主体的组织行为。曼斯菲尔德阐述了技术创新中的技术扩散问题，系统地提出了一项新技术首次应用于行业内大多数其他企业所需的时间和影响因素，并从技术模仿和推广的角度弥补了熊彼特创新理论的不足。曼斯菲尔德认为，一项新技术的推广有三个基本因素和四个补充因素，其中模仿率、相对利润率和所需投资额是基本因素，而淘汰旧设备的年限、设备更换速度、一定时期内销售量的增长、一家企业首次采用新技术的年份和其他企业随后采用新技术之间的时间间隔是补充因素。由此可见，技术扩散的条件是苛刻的，因此该理论解释经济增长的能力有限。阿罗（Arrow）通过研究市场结构发现，市场结构对技术创新有影响。他的研究表明，完全垄断和完全竞争的市场结构对技术创新的影响无法达到社会预期的最佳状态。在此基础上，卡米恩和施瓦茨（Kamien & Schwartz）提出，垄断和完全竞争市场之间的垄断竞争市场结构是最适合技术创新的市场结构类型。在垄断规则下，大企业没有竞争对手，没有创新的激情和动力，而在充分竞争的市场中，中小企业没有价格定价权，缺乏资本，缺乏技术创新所需的保障。然而，垄断竞争市场结构不需要考虑上述两个方面，因此对技术创新是最有效的。

新制度经济学以诺斯（North）和戴维斯（Davids）为代表，该学派将制度理论引入创新理论中，他们倾向于使用新古典范式下的方法对技术创新的外部环境进行制度分析。制度创新学派认为，技术创新不能只靠市场"这只看不见的手"来引导，技术创新的基础应该是制度创新。制度变革和技术变革是相辅相成的，一方面，制度变革导致新事物、新知识的出现，而新事物和新知识的出现导致了技术变革；另一方面，从需求的角度来看，技术创新为制度创新者提供了可靠的资金来源，降低了制度创新的交易成本。由此可见，技术创新和制度创新处于相互作用的逻辑框架中，只有把二者结合起来，才能形成一个具有完全创新能力和创新动力的创新环境。总之，制度创新学派认为，制度创新是推动技术进步发展的关键力量，也认为技术进步会对制度产生反作用，导致制度演变，从而产生与新技术相适应的新制度。

国家创新系统学派的技术创新理论以英国的纳尔逊（Nelson）和弗里曼（Freeman）为代表。在熊彼特创新理论的基础上，他们在研究不同资本主义社会的创新活动时采用实证研究方法，寻找影响创新活动的共同因素，他们认为由企业和其他组织等创新主体、国家创新系统和关系网络构成的综合体系及协同运行机制是推动技术创新、技术应用和技术扩散的重要力量。在这样一个综合系统中，创新主体在系统的影响下相互作用，从而带动国家技术创新和技术进步。弗里曼（Freeman）从覆盖范围上将国家创新体系分为狭义和广义，狭义的国家创新体系是指与创新活动直接相关的制度，广义的国家创新体系包括在经济中参与新产品、新工艺、新制度引进和扩散的一切制度。美国学者纳尔逊（Nelson）在《将技术变革理解为一种进化过程》一书中研究了美国的技术变革。他在《国家创新体系》一书中进一步强调，国家经济发展的核心动力是创新。在充满不确定性的科技发展过程中，国家创新系统是由政府、企业、科研机构和中介机构组成的弹性系统。

2.2.3 内生经济增长理论

内生经济增长理论也称为新经济增长理论。阿罗（1962）在《干中学的经济含义》（*The Economic Implications of Learning by Doing*）的研究中首次提出了"干中学"理论，这是第一个将技术进步作为内生变量来解释经济增长的理论。他认为，技术进步是某种知识或技能水平的提高，为内生经济增长理论的发展奠定了基础。新古典经济增长理论认为资本和劳动力是促进经济增长的主要因素，而内生经济增长理论则认为经济的长期增长并不是由外部因素决定的，企业生产的核心在于"内生技术变化"，技术创新所带来的技术进步、人力资本提升等才是长期经济增长的主要推动因素。在20世纪80年代，以卢卡斯（Lucas，1988）和罗默（Romer，1986）为代表的学者们提出过该理论，他们是在新古典经济增长理论的基础上提出的内生经济增长理论。

舒尔茨（Schultz）于1959年提出了人力资本理论，卢卡斯（Lucas）以该理论为基础，并将其与索罗模型相结合。他认为人力资本积累是技术进步的重要形式，并提出了人力资本溢出模型。他指出，在实践中学习的环境有利于人力资本的形成，而人力资本的溢出是全球经济体系外部性的原因。罗默于1986年提出了知识溢价模型，他认为知识本身是非常重要的生产要素，本质上是内生变量，进一步拓展了内生经济增长的研究内容。同时，他将生产要素分为四类，即非熟练劳动力、物质资本、人力资本、新知识和新技术，而经济增长的核心是技术和知识。

以卢卡斯和罗默为代表的学者认为，技术进步可有效提高生产效率，是经济持续增长的动力。同时，他们指出生产投入中的劳动力不再是单纯的投入数量的增加，而是受到良好教育的高素质人力资本。因此，经济系统的内部因素促进了经济增长，内生经济增长理论朝着两个方向发展。一个方向是将资本视为经济增长的关键因素，另一个方向则认为知识积累是经济增长的动力来源。此外，以罗默为代表的内生经济增长理论学者认为，由于市场外部性的存在，社会效率很难达到帕累托最优状态，因此他们非常重视政府在资源配置中的作用。他们提出，政府应为市场提供良好的创新合作机制，不断增加基础研究和开发活动的财政支出，鼓励大学、科研机构和其他主体参与科学研究，在企业将新知识转化为新技术并实现其价值的基础上创造更大的创新收益。同时，政府应合理干预产业结构和经济发展，而不是简单地采取宏观经济政策来调节周期和逆周期。该理论提出后，技术创新和人力资本因素越来越受到经济学家和政府的重视，进一步加大了各国的创新投资规模。

2.3 生态福利绩效相关理论

2.3.1 可持续发展理论

可持续发展理论具有很强的系统性，已在国际社会的相关领域内得到高度认可。可持续发展的概念最早是在1980年联合国环境规划署发布的《世界自然保护纲要》中提出的，主要强调三个方面：一是必须延续主要的生态过程和生命维持系统；二是确保遗传多样性得到保护；三是必须确保生态系统中生物物种的可持续使用。世界环境与发展委员会（WCED）于1987年发表了《我们共同的未来》报告。报告指出，可持续发展是一种能力发展，其本质是"满足当代人的需求，而不损害后代满足需求能力的发展"。该理论主要包括五层含义。第一，可持续发展强调发展的重要性。发展是解决一切社会矛盾的根本出路，是人类普遍的、共同的权利。第二，可持续发展强调发展与可持续的辩证统一，即发展是实现可持续的前提，可持续是发展的重要基石。第三，可持续发展强调当代人和后代人之间的公平发展。一方面，每个人都有发展权，他人的发展权不能因为个人发展而受到损害；另一方面，当代人的发展不应以剥夺子孙后代的利益为代价，导致后代人"无路可走"。第四，可持续发展是一种动态平衡的发展方式。可持续发展追求的是一种新的平衡，主要强调自然、经济和社会的和谐统一。第五，可持续发展需要与时俱进。随着社会的发展，新技术应运而生，我们应该采用新技术来解决环境问题。另外，可以通过知识教育提高生态保护意识。总之，可持续发展就是协调人与自然之间的矛盾，强调"发展"是核心而不损害生态系统，最终实现经济效益、社会效益和生态效益的统一，以满足人类不断变化的综合需求。

随着研究的不断深入，可持续发展理论逐渐得到了完善和改进，已成为独立于新古典经济学的重要分支。学术界将可持续发展分为两种类型。一种是弱可持续发展（Atkinson & Peace，1996），其目标是最大化 GDP 产出。随着社会经济的发展，出现了大量的人造资本。在自然资本可以被人造资本替代的情况下，自然资本逐渐变得稀缺，人造资本的增加在一定程度上弥补了自然资本的不足。因此，经济增长没有边界限制，可以在不受自然资本限制的情况下实现无限扩张。显然，这种发展模式是不可能实现的，也不适用于当前受自然资本约束的经济系统。弱可持续发展概念认为，生态系统、经济系统和社会系统处于平行关系，不存在相互包容的关系。只要这三个系统产生的总价值随着时间的推移是正的，我们就认为这是有利于社会发展的模式。在这种发展模式下，我们默认了资源和环境承载能力的负担，只要物质资本持续增加，即使达到生态极限，就仍然被认为是可持续发展。另一种是戴利（Daly，1989）、维克托（Victor，1998）和科斯坦萨（Costanza，2009）等学者和其他相关组织提出的强可持续发展概念。与弱可持续发展理论相反，他们认为经济、环境和社会系统之间存在一种包容关系，其中生态系统是最具包容性的，经济系统和社会系统是其子集。他们认为自然资源绝对稀缺，自然资本和人工资本之间没有替代关系，经济增长不能以破坏生态系统为代价。以强可持续发展概念为基础，社会系统、经济系统和生态系统并不是并列关系，而是一种相互制约的包容体系，经济系统要受到社会系统的制约，而社会系统同时要受到生态系统的制约。图 2-1 是可持续发展的圆圈包容模式，对比了强可持续和弱可持续发展的系统包含关系。

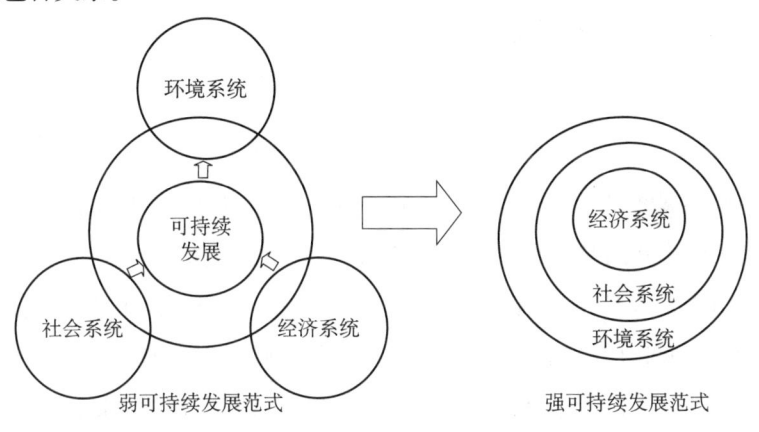

图 2-1　可持续发展的圆圈包容模式

强可持续性发展理念认为，人类追求的最终目标是提高福利水平，经济增长是提高福利水平的重要手段。经济增长是连接资源环境消耗与福利水平的桥梁，因此，经济增长的"源泉"和福利水平的提高将以资源和环境的消耗为代价。强可持续发展理念将经济系统视为生态系统的一个子系统，生态边界必然制约着经济系统的扩张。同时，经济系统在"源"和"汇"两个层面都严格依赖于生态系统（如图2-2所示）（Dodds, 1997; Daly, 1968, 2010, 2013）。从人类社会发展史来看，经济系统的运行需要从生态系统中获得低熵物质和能量，并向生态系统排放高熵废物。生态系统不是无限制地接受资源的消耗，而是有一定的边界，这个边界就是生态承载力，经济系统的运行将受到它的限制。当经济系统超过这个边界时，我们将不再关注经济增长问题，而必须转化为经济发展理念，不仅要实现物质财富的增长，还要从质量上提高人类福利水平，这一过程必然伴随着人类财富和收入的公平公正分配及科学技术的创新（Daly, 1987, 2013; 张帅, 2017）。

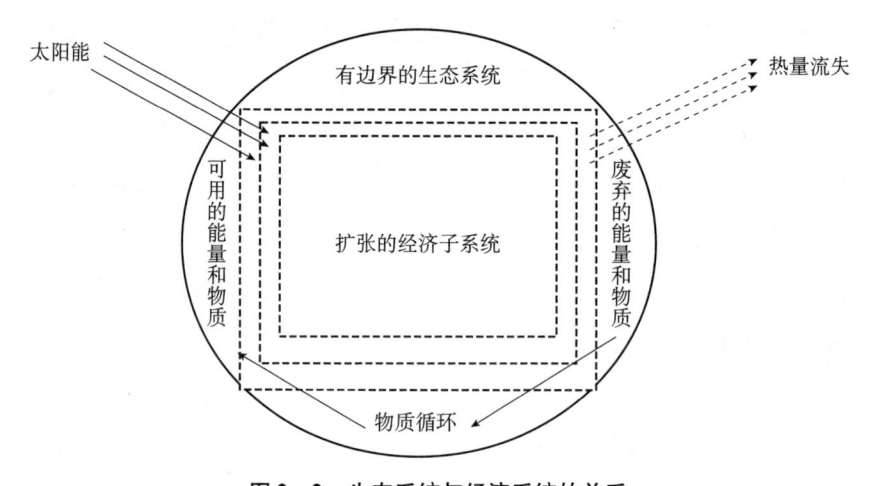

图2-2 生态系统与经济系统的关系

可持续发展经济学家戴利对自然资本和人工资本有一个明确的结论：人类已经从人工资本相对稀缺的"空的世界"过渡到自然资本绝对稀缺的"满的世界"（如图2-3所示）。在"空的世界"中，自然资本是丰富的，而人工资本和劳动力资源是稀缺的，经济发展水平较低。随着人工资本和劳动力资本的不断积累，经济可以无限增长，人类福利可以随着经济增长而提高，此时的生态系统并不是限制经济增长和阻碍人类福利提升的原因。在"满的世界"中，生态系统已被经济系统完全占据，随着社会水平的提高，自然人口也在不断增加，生态系统的承载能力已经达到了边缘，自然资源已无力应对巨大的废物排放，无法满足现有的经济生产和消费需求，自然资本变得绝对稀缺，这反过来又限制了经济增长和人类福利的提升（诸大建等，2014）。

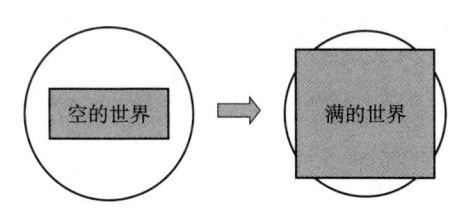

图 2-3　"空的世界"和"满的世界"的转变

因此，从上述理论中可以发现，可持续发展不仅追求数量的变化，而且追求质量的提高。经济发展的目标是将资源和环境的消耗控制在生态承载力范围内，并努力实现更高水平的福利。本书所研究的生态福利绩效是以强可持续发展理念为基础的，提高生态福利绩效是促进可持续发展的必要条件。

2.3.2　生态经济学理论

随着全球经济的发展和人口的增加，当前世界生态环境问题日益突出，人类面临着生存和发展的严峻挑战。生态经济学的提出为解决这一问题提供了新的思路。早在李嘉图时期，土地资源的稀缺性就已经被提出，当土地资源的使用达到一定限度时，不仅会制约经济增长，还会导致生态环境问题。目前，这一理论已成为生态经济学的一个有用的分析工具（Costanza，1997）。英国生态学家坦斯利（Tansley，1935）提出了生态系统的概念，为生态经济学的出现奠定了理论基础（曹彩虹，2016）。20世纪60年代，卡尔森出版的《寂静的春天》和波尔丁的文章《未来宇宙飞船地球经济学》开创了生态经济学理论的研究。该理论的主要观点是质疑生态资源约束下的可持续经济增长观。它认为经济系统应纳入生态系统中，并在物质、能源消耗和污染排放方面与生态系统协调。如果我们忽视生态系统的承载能力，盲目追求经济增长，最终将导致灾难性后果。经济系统依赖于生态系统，因此经济增长应考虑生态问题，基于生态成本的考虑，经济产出的边际成本在增加，而只有当边际收益大于边际成本时，这种经济增长模式才能被认可。与仅强调经济增长的新古典经济学不同，生态经济学更关注生态福利的增加。生态经济学认为经济增长不仅是市场价值的增加，而且是物质吞吐量的增加，这里的物质吞吐量包含了对生态成本的考察，重点关注经济增长过程中物质和能源在生态系统中的投入和使用。此后，生态经济学的发展与强可持续发展的理念保持一致。

生态经济学认为，经济增长面临两大门槛：一是受生态系统的限制，即"生态门槛"；二是受社会系统的限制，即"福利门槛"，生态系统服务是促进社会福利可持续增长的驱动力（Dodds，1997）。生态门槛认为，当生态环境和资源被消耗到一定程度时，生态系统将受到不可逆转的破坏，如物种灭绝、能源枯竭等。因此，制约经济增长的限制因素是自然资本。如果一个国家或地区的经济发展存在生态门槛，那么该国家或地区在发展中必须考虑到生态环境因素，将经济发展和福利水平的增加作为第一要务，且要高于生态环境和自然资源的消耗，以确保在生态承载力范围内促进社会福利水平的提高，使人们能够享受经济发展的成果，促使幸福指数与经济发展同步增长（Cobb，1994）。福利门槛认为，经济增长是以环境破坏和资源消耗为代价的，当经济增长超过生态系统的极限时，如果经济再次增长，社会福利水平将受到影响，社会福利水平不会随着经济的持续增长而继续增加。在粗放型经济增长模式下，由于资源和能源的大量消耗，自然投入与福利产出不匹配，转化效率低，因此经济增长对福利水平的提高呈现边际效应递减的规律。此外，人们越来越关注生活环境，环境的过度污染会对人类的生命和健康造成一定的威胁。因此，当经济增长超过生态系统的边界限制时，它将抑制人类福利的改善（萨缪尔森，1947）。

从上述生态经济学理论可以看出，经济系统与生态系统之间不存在平行关系，而是一种相互制衡的关系。如果经济增长在生态系统的边界内，它可以导致人类福利的改善，但如果经济扩张不加控制，它会导致人们生活质量的下降和社会福利的减少。因此，生态经济学改变了主流经济学的研究方向，将研究重点转向如何在"生态门槛"内实现"福利门槛"的跨越，即在资源承载能力的基础上促进社会福利的提高，这将为本书研究生态福利绩效奠定理论基础。

2.3.3 福利经济学理论

追求幸福是人类行为的最根本需求，福利经济学研究的问题就是如何改善人类福利。传统福利经济学以庇古为代表人物，他认为物质福利是个人福利的具体表现，社会福利是个人福利的横向加总，福利经济学追求的目标就是实现社会福利最大化。庇古的思想主要基于功利主义哲学，其基本主张是国家应以增加国民收入和社会福利为基本目标。尽管庇古将经济福利与非经济福利区分开来，但随着经济社会的发展，传统的福利经济学已无法充分解释经济福利和非经济福利之间的矛盾。

在对旧福利经济学批判的基础上，阿玛蒂亚·森对福利经济学有了新的看法。他的关注点已经从物质利益转向人的全面发展，认为福利不仅应包括物质财富的生产和分配，还应涵盖人权、自由和能力，并关注人类的可持续发展。他还将经济与制度相结合，认为制度可以保障人们的各种权利，政治和经济制度是决定人们自由程度的重要因素。此外，阿玛蒂亚·森还对阿罗的不可能定理进行了反驳和重新论证。他将伦理学和经济学结合起来，提出了"森的帕累托自由悖论"。该理论认为，道德理性和经济理性也是福利经济学的重要内容，伦理学中要实现的个人自由与经济学中的帕累托最优原则之间存在着冲突和矛盾，该理论导致了社会选择理论的重大突破。在社会分配方面，他提出收入分配的评价标准不应仅仅是基于效用的社会福利函数，效用最大化不是评价的最终目标，而应更加关注人均收入水平和收入分配的公平性。森对贫困的理解后来在《人类发展指数》（*Human Development Index*）中得到认可，他认为贫困不仅仅是低收入，而是缺乏创收机会和能力。阿玛蒂亚·森批评了当时普遍存在的平等观念，他认为权利的缺失是饥荒的根源，并在对贫困与饥荒的研究中提出了能力平等的思想。综上所述，阿玛蒂亚·森的福利经济学有三个贡献：研究收入分配和贫困理论、通过经验研究重新解释饥荒、改进和创新社会选择理论。

总之，阿玛蒂亚·森的福利经济学将收入、健康生活、环境等方面纳入人类福利，这种综合福利概念是支撑生态福利领域研究的重要理论。此外，联合国开发计划署（UNDP）根据阿马蒂亚·森的"能力方法"理论构建了人类发展指数（HDI），用以衡量各国的人类福利水平和社会经济发展水平，这也为本书的生态福利绩效衡量提供了方法。

2.4 本章小结

本章首先界定了技术创新和生态福利绩效这两个核心概念，在此基础上，介绍了技术创新与生态福利绩效的相关理论，为下文的理论分析框架提供了一定的依据。

第一，概念界定。本章对技术和生态福利绩效的概念进行了界定。首先，本章认为技术创新是一个综合创新水平，至少应包含三层含义：创新投入是技术创新之基石；创新产出是技术创新之目标；创新环境是技术创新之保障。其次，生态福利绩效是自然资源消耗转化为人类福利的能力，可将其定量表述为人类发展指数与生态足迹的比值，主要围绕三个目标展开：一是加强资源消耗管理；二是减少环境污染危害；三是增加社会福利。

第二，对基础理论进行了梳理。在技术创新理论的梳理方面，主要介绍了熊彼特的创新理论、技术创新理论的不同学派及内生经济增长理论，指出随着创新理论的不断发展，技术创新的内涵和外延在不断扩大，强调技术创新在国家经济发展中的核心动力作用，该理论为第3章技术创新驱动的运行机制奠定基础。生态福利绩效的相关理论方面，主要梳理了可持续发展理论、生态经济理论以及福利经济学理论，指出在自然系统约束下，应如何增进社会福利和改善人类生活水平，该理论拓展了生态福利绩效的内涵，为第4章生态福利绩效指标体系的构建打下坚实基础。总之，该章节为本书后续研究工作提供了理论支撑。

第3章 技术创新影响生态福利绩效的理论分析框架

生态福利绩效是近年来政府和学术界研究的热点问题。相关文献研究表明，技术创新会对生态福利绩效产生一系列重要影响。然而，技术创新如何促进生态福利绩效的提高，还有待系统、深入的研究。在技术创新对生态福利绩效的影响展开详细的实证研究之前，有必要从理论层面出发，清晰把握技术创新对生态福利绩效影响的内在逻辑，为下文的定量分析打下基础。关于理论分析的内容，本章基于技术创新驱动的运行机制，搭建以"关系逻辑—动力逻辑—影响逻辑"为主线的技术创新与生态福利绩效的逻辑关联，充实理论基础，形成"直接影响—间接影响—门槛效应"的理论分析框架，进一步提出相应的理论假设，为以下的实证分析提供理论依据。

3.1 技术创新驱动的运行机制

技术创新驱动的运行机制，是指创新系统的各个组成部分通过合理分工和优化组合，形成具有特定功能的复合型创新主体，在不断的科学引导和规范其创新活动下，最终实现持续创新的内在机制和运行模式。简单来说，是指技术创新促进社会经济持续、健康发展的运行机制或模式（王季，2012），主要包括创新效应形成机制、经济结构优化机制和制度保障机制。其中，创新效应形成机制是指技术创新所产生的内在效应，即技术创新对其自身或接受者产生的影响，包括技术创新在研发、管理、市场、应用等环节的影响；结构优化传导机制是指由技术创新所导致的经济结构变动，依靠技术变革优化要素配置，提高生产要素产出率,从而实现经济结构变迁;制度保障机制是指为实现创新系统目标所提供的制度保障,技术创新的实现要以一定的制度供给为支撑,合理的制度设计能够为企业营造良好的经济环境,为激励创新提供安全保障,进而影响技术创新的最终绩效。

其中,创新效应形成机制是技术创新运行机制的基础,重点突出了技术创新对社会经济发展的决定性影响;经济结构优化机制是技术创新运行的动力,实现了经济结构的根本性转换,促进经济向形态更高级、结构更合理的阶段演进;制度保障机制对技术创新发展具有重要的调控作用,使其最大限度释放创新活力。在技术创新驱动过程中,三个机制相互联结、共同作用、相辅相成,并呈现出一定的协同性和完整性(如图3-1所示)。因此,技术创新系统目标的实现,有赖于运行机制的作用发挥。

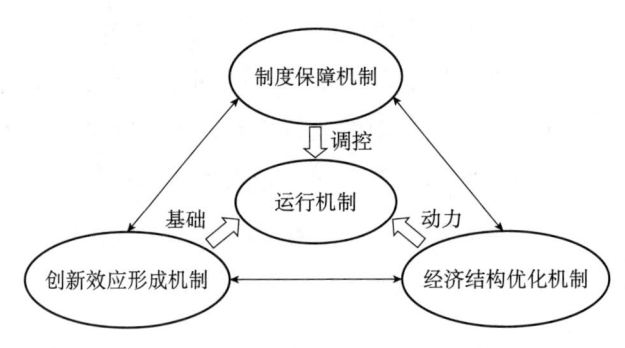

图3-1 技术创新驱动的运行机制

3.1.1 创新效应形成机制

创新效应的产生以技术创新为手段和动力,其功能必须通过技术创新来实现,它是技术创新运行的目标和结果。谷国锋(2003)认为,技术创新效应的形成主要包括五个阶段,分别是"知识创造—应用研究—新技术开发与扩散—整合资源与协同创新—技术产业化和商业化"。因此,创新效应的形成是一个复杂的动态过程,将知识研究和技术开发、技术扩散和协作创新、技术产业化和技术应用融为一体(如图3-2所示)。形成机制有以下几方面:第一,技术创新可以提高知识存量和技术积累。一个地区的知识存量和技术积累主要来自自身的研发投入和其他地区的技术溢出。在两者的共同作用下,该地区获取知识和创造知识的能力逐渐增强,为技术积累创造了条件。知识具有两大效应,分别是内部经济效应和外部经济效应。其内部效应主要体现在为企业提供创新基础和研发动力,进而为企业带来超额利润;外部效应主要体现在企业的规模效应实现上,更体现在为经济的长期增长提供基础保障(林平凡,2014)。第二,技术有短期应用和长期应用之分。短期内增加创新投入可以提高企业的技术进步和生产效率,进而带来更多的创新产出。同时,在学习和模仿的作用下,知识和技术在行业之间形成乘数效应,促进其溢出效应的发挥,导致创新产出的倍增,从而促进经济快速增长。从长期来看,增加创新投入可以扩大其存量和规模,在创新要素的自由流动下,区域内外的企业和产业将通过创新合作实现规模经济和集聚经济,从而产生更大的经济效益。第三,技术创新可以带来协同效应和整体效应。在超额利润的驱动下,为了保持技术和市场的领先地位,企业将竞争和模仿技术创新,在社会上产生创新浪潮,并在区域内形成创新集群,从而促进技术的空间扩散,有利于缩小不同地区企业之间的技术差距。以创新为共同需求,具有不同核心地位的多个创新主体通过联盟合作或耦合协调的方式来解决和发展重大科技问题,从而实现各方面的资源整合和优势互补,这是技术创新形成的最高阶段(申亚楠,2016)。

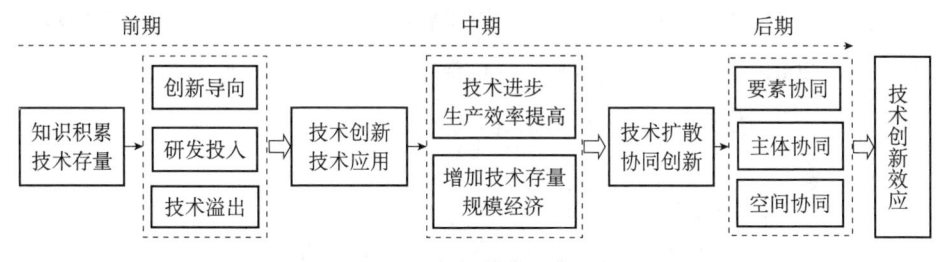

图 3-2 创新效应形成机制

3.1.2 经济结构优化机制

创新驱动的本质是通过推动经济结构的变革,促进企业生产效率的提高和社会生产力的发展,进而实现社会经济的快速、持续和稳定发展。因此,在技术创新过程中,不仅会发生经济增长和波动,而且还会导致一系列的结构性变化,如生产组织方式的变化、各个部门或行业间就业和产业比例的变化、收入和财富的变化等(李北伟,2010)。因此,技术创新对经济发展的作用,往往是通过推动经济结构变动而引起的（如图3-3所示）。优化机制如下：增加企业研发投入，实现科技成果转化，促进企业技术创新，可以提高企业的创新活力和劳动生产率，使企业掌握该领域的核心知识和技术，不断降低产品的生产成本，扩大生产规模，形成规模经济，进而利用产品的低价优势不断获得超额利润，逐步提高产品的竞争力和市场份额（李俭国，2015）。在创新驱动的背景下，企业的生产能力日益增强。此时，技术创新将导致一批新兴技术的崛起，特别是信息技术、新能源、新材料和生物技术的发展，将新技术与相关产业融合，提高产业之间的关联效应，推动技术创新向一体化网络模式迈进（张晖明，2004）。随着创新水平的不断提高，企业通过延伸价值链不断提高产品附加值，推动产品智能化生产、高端制造和网络组织化，加强技术创新对经济结构调整的支撑，新一轮的结构变革应运而生。此外，通过技术创新开发的新产品不仅触发和促进产品升级，还促进消费者消费模式和习惯的改变，从而导致消费结构的变化（刘冰，2007）。再者，技术创新有利于发现新的生产要素，提高要素使用效率，从而实现经济集约化增长和智能化发展。技术创新通过促进要素的循环利用和结构优化，推动经济结构由数量增长型向质量效率型转变，企业发展动力也从资源优势的成本竞争转变为质量优势、服务优势和品牌创新的竞争，从而促进了经济结构的优化，实现了经济发展的阶段性转变（周叔莲，2001）。由此可见，技术创新带来的新技术、新产品的产生，推动了经济结构的优化升级，成为创新驱动的重要传导路径。

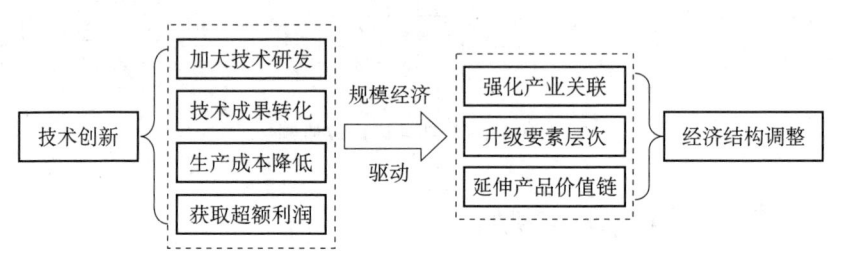

图3-3 经济结构优化机制

3.1.3 制度保障机制

技术创新驱动的运行离不开相关制度的保障和完善（North，1990）。市场制度和政府制度是企业技术创新面临的主要外部制度环境，在市场和政府两大资源配置方式下，技术创新的产生与扩散都需要建立体系完善的制度性保障机制（如图 3-4 所示）。保障机制有以下几方面内容。第一，完善要素市场的相关制度，有利于创新资源的优化配置。市场作为资源配置的有效手段，可以真实地反映出价格机制和供求机制，完善市场制度可以及时反映出行业内的供求关系，向消费者或生产者传递更加有效和更具有弹性的价格信号，引导企业和资本由低效率领域转向高效率领域，从而实现创新要素的有效配置和促进创新效率的提升（Aghion，2013）。此外，金融支持体系和创新人才体系等制度的完善也可为技术创新主体（如企业、研发机构和高校等）提供基础条件。第二，对于科技型企业而言，有效的市场制度一般会带来激烈的市场竞争，企业为了获得市场认同必须进行技术创新，保证产品的可识别性和创新性是稳定企业高端地位及合法性席位的关键（韩立民，2020）。因此，技术创新是企业最关注的问题，在"滚雪球"效应下，这种聚焦也会传递给同领域内的其他行业，从而提升整个区域的竞争优势。此外，技术来源的多样化及企业或行业间的竞争会大大降低创新探索的不确定性。第三，企业技术创新存在投资风险大、成本高、创新收益公共性等问题，这些问题很难通过市场竞争来解决，必须充分发挥政府政策的激励或约束手段。政府政策一般包括金融体制、财政税收等，政策实施的主要目的是激发创新主体从事创新活动的积极主动性。具体而言，主要表现在政府通过集中采购或基础设施建设，不断加大对创新要素（资金、技术、人才等）的投入，推动新知识的创造、新产品的研发及新技术的应用；也可通过一些政策性策略提高企业从事创新活动的动力，如各种直接或间接的财政支出、税收优惠制度、政府规制、知识产权保护等策略（毛韵，2011）。因此，在外部制度环境下，市场制度和政府制度的共同支撑，为企业技术创新活动提供了坚实的力量。

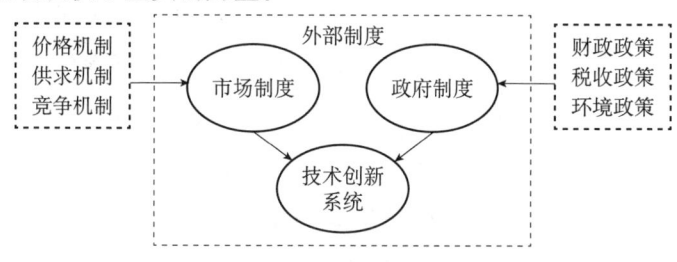

图 3-4 制度保障机制

3.2 技术创新与生态福利绩效的逻辑关联

在经济活动不够发达的早期,技术创新和生态福利绩效曾是两个相对独立的概念,伴随着经济活动的不断繁荣,技术创新在诸多方面开始对生态福利绩效产生影响。为系统全面地研究技术创新对生态福利绩效的影响,需深层次梳理其内在关系、作用路径及影响因素。因此,结合技术创新驱动的运行机制,构建以"关系逻辑—动力逻辑—影响逻辑"为主线的技术创新与生态福利绩效的逻辑关联(如图 3-5 所示)。

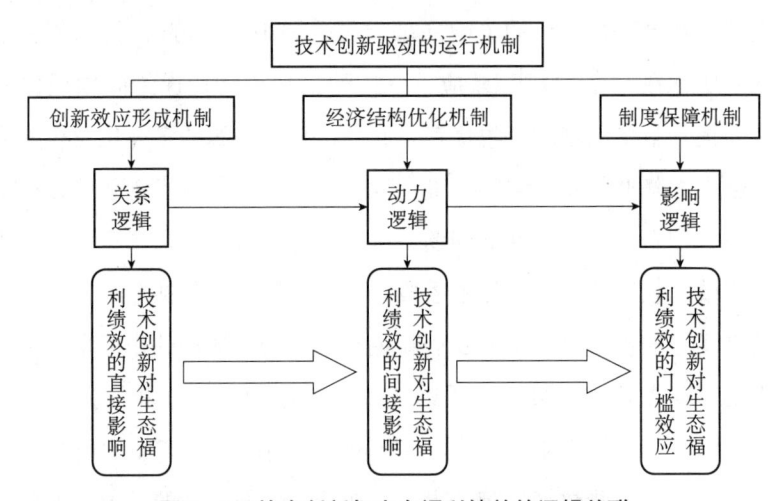

图 3-5 技术创新与生态福利绩效的逻辑关联

关系逻辑即研究技术创新与生态福利绩效的内在关系。如前文所述,技术创新效应是一个相对宽泛的范畴,是将知识、技术等高级生产要素融入企业生产经营流程,从而产生技术进步、技术溢出、创新协同、经济增长等各种效应的综合体现。由此可知,在技术创新与生态福利绩效的关系中,技术创新是因,生态福利绩效是果,研究将基于创新效应形成机制及相关理论的基本观点,推理出技术创新对生态福利绩效的直接影响,并结合中国各地区的现实情况,实证检验技术创新对生态福利绩效的直接影响与现实依据。

动力逻辑是在关系逻辑的基础上研究推动事物发展的逻辑解剖,即技术创新影响生态福利绩效的作用路径和效果。如前文所述,创新驱动主要是通过技术创新引致经济结构优化,从而实现经济社会持续稳定发展。由此可知,经济结构变动是技术创新影响生态福利绩效的重要传导路径,研究将基于经济结构优化机制及相关理论的基本观点,推理出技术创新对生态福利绩效的间接影响,并结合中国各地区的现实情况,实证检验技术创新对生态福利绩效的间接影响与现实依据。

影响逻辑是将关系逻辑和动力逻辑具体化,体现出事物发展所具备的必要条件,即深究技术创新与生态福利绩效关系的影响因素及内在逻辑。如前文所述,制度因素是影响技术创新活动的重要支撑和保障,市场和政府作为两种制度安排,对技术创新的产生及扩散均具有重要保障作用。由此可知,技术创新对生态福利绩效的影响离不开相关制度的保障,研究将基于制度保障机制及相关理论的基本观点,推理出技术创新对生态福利绩效的制度门槛效应,并结合中国各地区的现实情况,实证检验技术创新对生态福利绩效的制度门槛效应与现实依据。

综上所述,从探寻技术创新影响生态福利绩效的本质出发,遵循"关系逻辑—动力逻辑—影响逻辑"的逻辑脉络,搭建"直接影响—间接影响—门槛效应"的研究框架,从理论上充实技术创新影响生态福利绩效的逻辑内涵,并进行实证研究,两种研究方法相辅相成以探究技术创新影响生态福利绩效的内在机制和现实特征。

3.3 技术创新对生态福利绩效的影响机理

3.3.1 技术创新对生态福利绩效的直接影响

本章 2.1.1 提到技术创新是一项综合创新水平,其内在因素主要包括三个方面:一是支持技术创新活动的创新资源投入,包括人力、物力和财力等;二是创新资源投入带来的知识创造、经济成果和产业效益;三是技术创新过程中所具备的知识氛围与发展环境。因此,本章认为技术创新是将各种资源投入优化配置并成功转化为创新产出的一种途径。在完善的创新环境保障下，充分掌握创新技能进而促进创新的路径实现，最终推动经济社会持续、稳定发展。因此，本节将技术创新划分为技术创新投入、技术创新产出及技术创新环境三个部分，以此剖析其对生态福利绩效的影响理论机理。

3.3.1.1 技术创新投入对生态福利绩效的影响

技术创新驱动的本质不同于一般的技术发明创造，它需要经过多个步骤、多个环节、多个流程，是无法由某个行业或某个部门单独完成的（傅家骥，1992）。资源管理理论认为，要素投入类型在企业生产决策中起着决定性的作用，密切影响着企业的绩效提升（Penrose，1959）。因此，企业作为不同生产投入的集合体，在生产体系的任何环节都离不开创新投入的支撑。随着创新投入的不断积累，产业发展逐渐从传统领域向高科技领域过渡。在经济发展初期，与创新投入相比，劳动投入具有明显的比较优势，推动经济发展的主要动力就是劳动力对技术的简单模仿。在经济发展的后期，单纯的技术模仿已经不能维持经济的可持续发展，依托创新投入要素，加大自主研发，提高知识和技术创新能力，才是推动经济绿色转型发展的有力武器。

技术创新投入对生态福利绩效的影响主要体现在要素利用上，表现在以下三个方面。第一，增加传统生产要素的投入，在生态承载力达到最大极限时，已不能实现边际效益的增加，甚至会带来边际效益递减的现象，而增加技术创新资源的投入，将给经济带来新的突破。技术创新投入作为经济发展战略的重要资源，不仅是实现创新驱动目标的任务之一，也是实现经济可持续发展的现实要求（张治河等，2019）。因此，加大技术创新资源投入，有利于创新产出尤其是绿色创新成果的实现，并在创新溢出效应下实现创新成果的扩散和应用。特别是对于科技创新企业，要充分释放技术创新活动中人力、物力、财力的巨大潜力，加快新知识、新技术的形成，推动创新投入快速转化为创新成果，从而带来绿色产业的规模扩张。同时，增加技术创新投入的力度，尤其是绿色资源方面，有助于减少对能源资源的消耗，推进企业开展一系列的绿色创新活动，从而提升生产力和竞争力。第二，当将技术创新资源投入到产业链的某一环节时，会产生极其敏感的连锁反应。一方面，可以加快生产要素在企业之间的流通，特别是生产要素向绿色、高附加值领域的流通，快速弥补生产环节的内容不足，促使区域内外有共同绿色生产目标的企业积极参与集聚，共同实现绿色发展（秦军等，2015）；另一方面，技术创新投入的增加带来了新的市场需求，企业为了抢占先机，以此为商机引起市场竞争发生变化，在新的市场竞争秩序下，企业的经营模式、市场和制度环境将朝着绿色发展的方向不断完善（聂普焱等，2015）。第三，技术创新资源的增加有利于整合生产要素的优势，深化生产要素的利用，使高级生产要素逐步替代低级生态要素，提高资源利用效率，减少对资源的高度依赖和浪费，从而有助于增加绿色财富和绿色福利的产出（Chen and Lee，2020）。此外，增加技术创新人力投入可以改变原有的经营管理模式，在产品生产中通过不断调整生产投入结构来实现资源的优化配置，在企业管理中通过不断精简人员配置来优化组织结构，从而提高生产要素的配置效率（Sun，2016；郭玉晶，2016）。同时，技术创新可通过升级和改造企业的生产设备，为绿色生活技术提供物质基础，促进生产方式从高污染、高能耗向低污染、低能耗转变，提高产品生产质量，实现经济集约化，从而达到节能减排的目的（Hellstrom，2007），还可以通过开发新能源、新技术，降低资源的使用成本，大规模推广清洁能源作为煤炭资源的替代品，减少经济负产出，逐渐向绿色环保方向转变（冯烽，2015）。

综上，增加技术创新投入促使企业采用有利于节约能耗、保护环境的绿色工艺和先进治污技术，培育绿色高效的生产管理模式，在技术绿色化的推动下带动地区生态福利绩效的提升。

3.3.1.2 技术创新产出对生态福利绩效的影响

在技术创新的内在要素中，还应重视创新产出的转化，而不是一味地增加创新投入。高质量的创新产出会导致企业生产规模的扩大，也会获得更多的企业投资机会。技术创新产出的表现主要以技术进步为特征。罗默提出的"干中学"模型主要用于解释技术进步对要素生产率的增长，它的基本假设是技术创新产出所带来的技术进步会随着时间的推移而持续增加，从而导致劳动生产效率的提高，推动经济增长向更高水平发展。

技术创新产出对生态福利绩效的影响主要体现在技术进步上，表现在以下三个方面。第一，创新产出的增加有利于催生先进的绿色环保技术，在技术进步的引领下企业不断改进产品的生产方式和工艺流程，既能在有限资源的前提下生产出更多的产品，又能减少传统生产方式对环境的危害，有利于绿色工业体系的形成（秦军，2015）。技术进步可以减少要素的浪费，在生产要素的可替代前提下，技术进步可以减少产品生产对资源和能源的过度依赖。例如，为加快构建绿色工业体系，可以通过解决绿色生产技术的关键问题，推动循环技术和洁净煤技术的创新，促进制造业技术的转型升级。同时，新技术的产生可有效解决生产过程中带来的各种污染问题，减少污染物的产生和排放，提高环境质量，从而降低经济增长带来的污染负产出（王俊松，2009）。例如，在空气污染方面，负离子技术、通风过滤技术及低温等离体技术可以处理难以降解的废气；在土地污染方面，生物降解技术和综合修复技术解决了人们对粮食危机及食品安全的忧虑；在生态保护方面，生物工程技术和卫星遥感技术有效实现了自然灾害预警功能。第二，新兴技术（如信息技术等）在产业中的实际应用，可使企业的交易成本和管理成本显著降低，增强企业的扩张能力，提高企业规模效率，形成企业的规模经济优势，促进企业生产实现绿色转型（胡志强，2017）。同时，随着产品生产的规模化和集约化，技术进步不仅可以有效降低单位生产资源的消耗，还可以通过技术手段提高自然资源的综合利用率和回收率（廖果平，2022）。因此，技术创新具有资源利用的双重功能，既能保持或提高自然资源丰富地区资源产业的优势，又能克服自然资源匮乏地区资源不足的劣势，最终走上绿色创新的发展道路。第三，技术进步一方面可提高劳动生产率，进而生产更多的产品，创造更多的价值；另一方面可提高资金利用率，从而增加社会财富，改善居民福利（Aghion et al.，2013）。同时，社会总财富的增加伴随着政府收入的增加，政府将更多的资源投入到医疗、教育、交通等基础设施，既能改善经济环境，提升居民幸福感，又能充分发挥经济环境的积极外部性，激励企业技术创新，提升整个区域的创新能力，从而形成技术创新和社会福利的良性互动。此外，政府在增加收入的基础上，有能力加强社会保障等方面的投入，进而引发提高居民生活质量、增加消费、改善投资结构等一系列良好的连锁反应，从而实现社会和经济的"双重福利"（李宝琴，2021）。

综述，由技术产出增加所带来的企业技术进步既可通过高新技术的应用减少资源浪费，有效提高要素使用效率，实现经济的可持续发展，也可为经济增长提供持续动力，带来社会财富的增加，提高居民福利，在生产生态方面、经济社会方面具有重要的引领和支撑作用，是提升生态福利绩效的关键所在。

3.3.1.3 技术创新环境对生态福利绩效的影响

在资源消耗已逐渐接近生态承载力极限的条件下，技术创新既要发挥创新投入和创新产出这两个内在因素的重要作用，又要注重创新环境的优化。随着我国产业的不断发展，制造业在带动经济增长的同时也带来了生态环境的破坏，就连农业生产也处处存在着污染诱因。改善和优化创新环境，特别是构建有利于绿色发展的创新环境，需要经历相当长的时间。在经济"新常态"背景下，我国制造业发展速度逐步稳定，而制造业之所以能够获得稳定的经济效益，是与良好的创新环境分不开的。

技术创新环境对生态福利绩效的影响主要体现在效率提升上，表现在以下三个方面。第一，重视创新环境的发展有利于技术创新主体在技术优势下实现协同合作。企业利用自身的技术优势可以不断节约生产成本和交易成本，在共同利益的驱动下，企业之间相互联合，降低信息成本，不断扩大市场规模，形成规模经济。以自由流动的创新要素为基本前提，不同创新主体之间形成了多种协作关系，克服自身能力的不足，通过分工和专业化、规模生产、内部经济和外部经济等发挥作用，提高劳动生产率，从而带来成本降低、产业集聚和资源利用水平的提高，有利于企业规模扩张、加快经济结构调整与经济效率提升。同时，具有绿色生产理念的先进企业可获得先发优势，并在超额利润诱导下引发其他企业学习和效仿，助力企业绿色低碳发展（Cooke，1997；Arico，2014）。第二，创新环境有利于加快技术创新成果在全社会领域内的整合与扩散。技术创新是一种公共产品，具有非竞争性和效益外部性。一旦一项技术创新成功，市场的潜在用户便可不断地引进、改良和推广它。技术创新成果的扩散程度和扩散范围越深、越广，社会成本就越低，进而产生了规模收益递增效应（李北伟，2010），当然，这一切都要建立在技术创新沉没成本一定的前提下。创新成果在高新技术产业和传统产业之间的扩散，既促进了传统产业向智能化、高端化、数字化和绿色化转变（唐松等，2022），也可增强产业之间的耦合协调能力，实现产业融合，提高协作水平，有助于优化产业间或产业内结构，促进绿色发展（王珊娜等，2022）。另外，创新环境可带来创新企业和同行业其他企业的示范效应。基于范围经济理论，在创新技术"软要素"的扩散下和创新技术设备"硬要素"及外部公共设施的共享下，行业空间集聚将导致生产成本的下降及产品品质的提升，同时减少或避免了同行业基础设施重复建设造成的资源扩张，实现了资源的充分利用，促进经济效益和绿色效益不断提升（刘燕娜等，2005）。第三，优化创新环境有利于发挥知识和技术的外溢效应，促进企业在较短的时间内学习和接受新领域，提高企业的绿色技术能力，有效缩短绿色产品的研发和生产周期，进而通过内部资源调整提高区域的整体绿色经济效率（申亚楠，2016）；也可在新发展理念的相互影响下增强人们的绿色环保意识，鼓励公众在物质和精神消费上向绿色环保、清洁低碳的方向转变（殷贺等，2020）。此外，在信息化的创新环境下，提高信息技术可有效降低信息不对称所带来的交易成本和搜索成本，从而为供需双方提供更多的信息，提高企业的交易效率和生产决策（龚胜刚，2007），带来更多的经济财富；还可完善研发平台，不断升级企业装备技术，通过信息化提高管理效率，革新既有生产模式，构建绿色低碳的高效体系，充分释放数据要素对传统生产要素的替代效应，推动绿色发展。例如，数字技术在生产工艺设计、回收利用、碳排放检测、污水处理、环保宣传等方面发挥着越来越重要的作用。

综上，技术创新环境一方面可通过技术创新主体的协同合作实现企业规模化，形成规模经济优势，助力企业绿色转型（岳立，2020）；另一方面可通过技术创新要素的扩散和共享实现行业集聚化，促进创新资源跨部门、跨产业、跨区域共享利用，使得经济效益和绿色效益不断提升，产业结构和制度环境不断优化，而效益增加和经济发展均是生态福利绩效发展的主要目标。

由上分析，技术创新是一项综合创新水平，是对可获取并能够加以利用的创新资源进行要素整合，在一定环境下创造出新的物品或理念，并最终从中受益的综合活动。技术创新可在一定程度上实现经济、社会、生态等方面的协同发展，一方面实现企业发展策略的转变，促使企业生产向低污染、高附加值方向转型；另一方面带来社会总产出的增加，既增加了社会财富又提升了居民幸福感,进而提升地区生态福利绩效,具体影响如图3-6所示。

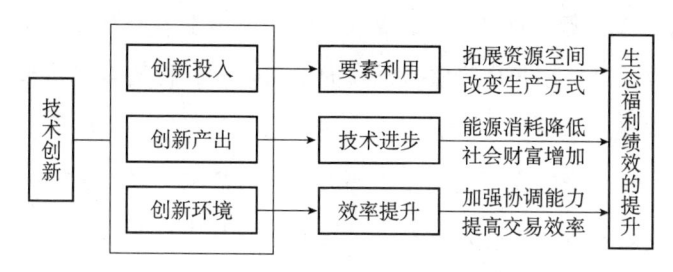

图3-6 技术创新对生态福利绩效的直接作用机理

基于上述分析,本节提出以下假设。

假设1:技术创新对提升生态福利绩效产生正向的直接影响。

3.3.2 技术创新对生态福利绩效的间接影响

本章3.1.2提到技术创新是经济社会发展的决定性因素,技术创新不仅直接导致了经济的增长与波动,也会通过由此带来的结构性调整促进经济发展。按照新的经济发展要求,经济结构调整是一个比较大的概念,但决定经济运行中分配和交换活动的因素就是供给和需求,它们是经济运行中最基本的部分。而供给本身就是一种生产结构(王一鸣,2008),主要包括要素投入结构和产业结构(李斌等,2011)。因此,当前经济结构的主要调整方向就是实现产业结构、要素投入结构和消费结构的优化升级(毛韵,2011)。第一,从产业结构上看,经济发展主要表现为经济总量的持续增加和经济质量的不断提高,经济发展决定着产业结构(付宏等,2013),因此,产业结构也呈现出由低水平向高水平转变的演化规律。产业结构调整的演化过程一般是自发形成的,是指产业内部结构和各产业比重随着经济发展而不断合理化和现代化的过程。进一步,若能反过来提高资源的优化配置,调整和优化阻碍经济发展过程中的不合理产业结构,就能促进经济的持续稳定发展。第二,从要素结构来看,经济发展需要以一定的要素结构为基础,它是经济发展的行动资源(林平凡,2014)。要素结构优化是指通过优势叠加的方法,使相关要素动态化和立体化,实现要素资源在数量、质量、时间和空间上的最优组合,获取最佳经济效益,其实质是从初级要素逐步转向高级要素为主的结构转变。本书所研究的生态福利问题涉及要素结构中的能源结构问题，在生态福利高度依赖能源和环境的支撑下，能源结构转变方向应由传统煤炭能源向可再生清洁能源转变。第三，从需求结构上看，经济增长由投资拉动转向消费拉动，投资需求并非是社会最终需求，消费需求才是更具本质意义的最终需求，其对经济发展的主动性和稳定性更强。因此，合理的需求结构不仅要关注消费需求总量，更要关注消费结构的不断优化，这表现在两个方面：一是物质资料和生存资料占比的下降；二是享受资料和服务资源占比的提升。从本书研究的生态福利角度来看，在可持续发展的驱动下，消费结构优化就是指在产品和资源的消费过程中实现生态平衡，达到人与自然和谐共处的最终目标。

在创新驱动背景下，经济建设不再追求高速增长，而是转变为经济稳定增长下的结构优化，技术创新推动经济结构优化进而赋能可持续发展已成为资源约束下的最优解（冯素玲，2022）。也就是说，技术创新带来的新技术和新产品的产生推动经济结构优化，已成为提升生态福利绩效的重要传导路径。鉴于此，本章在以上研究基础上，借鉴刘大炜（2021）、鄢哲明（2017）等人的研究，从产业结构升级、能源结构优化和消费结构升级这三方面来分析技术创新影响生态福利绩效的主要渠道。

3.3.2.1 技术创新、产业结构与生态福利绩效

（1）技术创新对产业结构升级的影响。技术创新带来的技术进步是一个地区核心优势和产业结构变迁的重要决定因素，是推动产业结构升级的内在动力（张晖明，2004）。从价值链的角度看，技术创新提高了产品的附加值，延伸了产业价值链，产业功能不断提高，促进产业布局发生变化，从而实现了产业升级。因此，技术创新是产业结构升级的重要推动作用。

首先，从供给角度看，当新的技术领域被开辟并应用时，技术创新的出现可以带来社会分工的进一步细化，产生新的中间产品、新材料和新工艺，创造出大量新兴产业和更先进的生产活动，如绿色生产（Peneder，2003）；同时，新的技术会促进产业分工不断精细化和先进化，从而加速产业内部结构的逐层分解，推动某些产品或生产流程从原有传统产业分离出来，淘汰落后产业且推动新兴产业部门的成长（昌忠泽，2019）；此外，技术创新在带来新产品、新

产业的同时，还可以通过产业之间的前向和后向联系，不断扩大其内部相关性的扩散效应，从而导致产业领域的多元化。其次，从需求角度看，人们已经从物质需求转向精神需求，为满足高层次的需求，产业结构向高精尖方向转移。而技术创新带来的新材料、新产品将使产业结构方向与新层次的需求相匹配，从而促进产业结构的优化升级。但是，当产业结构与需求层次不匹配时，就可能导致低水平的结构失衡（付宏等，2013），如中国制造业的钢铁行业产能过剩。此外，技术创新可通过工艺创新提高生产效率，降低产品的生产成本和价格，从而实现产业结构的纵向升级；还可通过产品创新识别潜在的需求和创造新需求，从而形成产业之间的前向关联，实现产业结构的横向变化。再次，从要素的资源配置角度看，技术创新带来了生产工艺和技术流程的与时俱进，改善了行业间的内部合作和技术关系，促进了不同部门生产要素投入比的变化，实现了生产效率的提高和生产成本的降低，从而在资源消耗达到一定水平的情况下增加生产数量，进一步降低对生态系统的危害，促进产业结构集约化发展（王德春，2020），也可模糊原有产业之间清晰的属性界定，从而实现产业结构高级化发展（刘朝等，2022）。

（2）产业结构升级对生态福利绩效的影响。在绿色发展和高质量发展理念的影响下，对产业结构升级的发展趋势一般要从合理化和高级化两方面进行分析，主要体现国民经济三大产业的比例关系和变化方向。因此，产业结构升级对生态福利绩效的影响主要表现在两个方面。从产业结构合理化来看，产业内各部门的协调发展，产业间前后联动效应的不断增强，导致劳动力、资本、技术等其他生产要素在产业内和产业间的合理流动和优化配置，促进产业由非均衡增长方式向均衡增长方式转变，提高区域经济发展质量，进而强化了地方政府的生态环境保护理念，有利于加大环境保护投入，加强环境治理和管理，减少传统制造业的污染排放，提高生态福利绩效（王德春等，2021）。同时，产业发展具有灵活性和多社会阶层参与性等特点，合理化水平的提高将不断增强三大产业之间的内在联动机制，最大限度地将社会各阶层纳入产业发展体系，使其分享经济发展成果，共享生态福利（顾典，2021）。

从产业结构升级看，主导产业的地位随着经济发展水平的不断提高而变化，产业内部结构得到优化，主要表现为由第一产业向第二产业、第二产业向第三产业的转变。一方面，在市场资源配置下，生产要素会自动流向那些高附加值、高增长率的产业部门，核心产业的地位也会随之改变；另一方面，由于生产资源在行业内或行业间分布不均衡，在市场调节和政府干预的作用下，会促使要素资源实现跨部门转移，向高产、高效部门流动，从而增加了经济总收益。同时，核心产业的替代和发展将促进新产业和新部门的出现，为提高人力资本质量、增加就业机会、提高收入水平和改善生活福利提供有利条件。此外，在可持续发展理念下，产业结构生态化也是先进产业结构的重要组成部分（李斌等，2011）。在资源和能源有限的条件下，产业结构逐步从传统的高污染、高消耗产业向新型高端制造业和煤炭资源低消耗的第三产业转变，实现产业生态化发展。因此，技术创新作为产业结构升级的内在动力，特别是绿色技术的产生，将大大提高传统重工业的资源利用效率，实现资源集约化和环境治理（郭炳南等，2022），促进低碳产业和新能源的发展，提高经济发展的生态可持续性，从而为人们创造良好的生态和生活环境。

因此，本节认为产业结构升级可能是技术创新与生态福利绩效之间的一个传导中介（如图3-7所示）。技术创新引导企业朝着正确的方向实现产业结构升级，进一步，随着产业结构升级的进行，经济持续向好，自然环境逐步恢复改善，社会更加和谐进步（王俊松等，2009）。在这一过程中，医疗和教育水平不断提高和改善，人民生活水平不断提高，物质文化生活不断丰富，生态福祉不断增强（李宝琴，2021）。

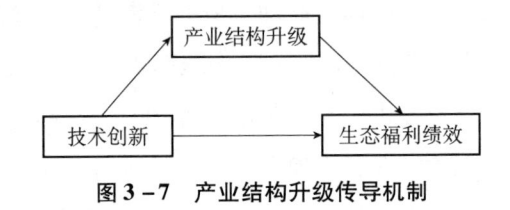

图3-7 产业结构升级传导机制

3.3.2.2 技术创新、能源结构与生态福利绩效

（1）技术创新对能源结构优化的影响。在不断强化资源和环境约束的背景下，中国经济增长进入新时期，通过优化能源结构改变能源消耗的问题是当务之急，其中技术创新是最为重要的。技术创新带来的能源结构优化效应可同时实现节能和减排的双重目标。

首先，从节能的角度来看，技术创新是提高能源利用效率的重要手段。在绿色环保理念下，新技术的开发趋向于能源节约型技术，采用该技术可以保证在非能源要素投入和总产出水平不变的情况下，减少能源要素的投入，从而提高能源利用效率（Gerlagh，2007）。具体表现为两个方面：一方面，创新水平较高的企业为开辟新的生产领域不断改进现有的能源技术或开发新的替代能源，实现了节能技术的改造和新能源技术的应用，从而提高了能源利用效率（Kalt，2011）；另一方面，中国现阶段的技术进步偏向于能源节约，这大大改变了企业对传统能源的需求，有利于降低能源消耗。需要指出的是，比罗尔（Birol，2000）和凯普勒（Keppler，2007）认为，尽管技术创新是减少能源消耗和提高能源效率的有效手段，但对经济增长的长期刺激可能会带来能源消费的引致需求，从而产生能源消耗的"反弹效应"。冯峰（2015）认为，技术创新可能导致的能源反弹效应与能源效率的提高并不冲突，在两者的共同作用下，总能耗仍在不断下降。如国涓等（2017）研究发现，随着生产技术的进步，中国工业部门确实存在较高比例的能源消耗反弹效应，但工业部门能源效率的提高仍以节能为主要特征。

其次，从减排的角度来看，技术创新是大力发展清洁能源、促进煤炭能源高效生产的根本动力。随着自动化、网络化和数字化等领域的技术进步，能源设备实现了多方位的智能升级，能源产业协同发展体系得到不断完善，从而推动了传统能源的智能高效生产（洪勇等，2022）。同时，技术创新促进了清洁能源的广泛使用，这可以在不影响经济产出的情况下减少甚至消除污染排放（姜磊，2011）。一方面，技术创新带来的新思想和新工艺，实现了从理论到实践的能源结构优化策略，不仅有利于生产方式从传统的高污染、低效率向低污染、高效率方向转变，而且也有利于扩大清洁能源的利用空间，提高行业的能源利用效率，推进新型工业体系建设（李猛，2011）；另一方面，技术创新可以将绿色技术和绿色工艺融入传统产业链的各个环节，突破传统产业与绿色技术之间的壁垒，实现传统产业的绿色转型，进而引导产业向清洁低碳方向发展（李强等，2014）。查建平等（2015）研究发现，发展新能源技术（如核电、风电、光伏发电、潮汐能、氢能等）有利于优化能源消费结构，对节约能源使用成本、减少污染排放具有重要作用。此外，范等（Fan et al.，2012）

认为，技术创新带来的能源消费结构变化可以有效减少污染物排放，是促进碳排放下降的决定性因素。

（2）能源结构优化对生态福利绩效的影响。节能减排意味着在减少投入以及较少的负面产出下实现有效率、绿色环保甚至是创新的市场供给，这与生态福利绩效提升的内在要求高度一致（颜青等，2022）。节能减排是我国在资源环境约束下实现经济发展方式转变、加强生产环境管理的内在要求和必然途径，主要表现为能源消耗和污染排放的降低，并伴随着绿色经济效益的增长（李兰冰，2021）。它可以为经济主体带来环境和效益双赢的经济价值，从而实现环境保护和经济发展的双重目标。一方面，依托各种新技术，通过实施清洁能源替代等措施，优化能源结构，不断降低生产过程中的能耗和"三废"排放，有效推动绿色产业的发展（Bai Ling et al.，2022）。以绿色产业为主导的绿色经济实现了经济效益和生态效益的统一，是改善民生、消除贫困的重要手段，有利于生态福利绩效的提升。另一方面，节能减排在推动经济发展、保护环境、修复生态方面发挥了积极作用，既为企业提供了良好的生产环境，也为居民带来了生活环境的改善。主要表现在：合理保护和开发自然资源能够为生产制造类企业降低生产成本，提高企业生产效益（徐维祥，2020）；良好的自然环境资源带来的经济的规模效应也能够使居民总福利得到提高。因此，节能减排是保障社会大众和国家行稳致远发展的要求，依托环保技术，实现对资源的合理利用，进而达到社会经济和生态环境协调发展的目的（庄之乔，2017）。

因此，本节认为能源结构优化可能是技术创新与生态福利绩效之间的一个传导中介（如图3-8所示）。技术创新通过提高能源利用效率、优化能源结构、实现能源清洁高效，促进节能减排，带来了污染排放的下降和绿色经济效益的增加，有利于生态福利绩效的提升。

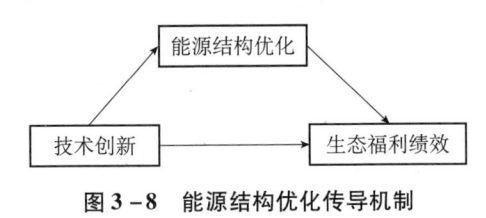

图3-8 能源结构优化传导机制

3.3.2.3 技术创新、消费结构与生态福利绩效

(1) 技术创新对消费结构升级的影响。近年来,随着经济的快速增长和收入水平的不断提高,我国的需求结构逐渐由基础型向服务型、享受型和智能型转变,但供给侧明显落后,存在供给模式单一、品质低端、安全性差等诸多问题。在供给侧改革背景下,技术创新作为内生经济增长的有效动力,可为公众提供安全、高效、优质、绿色的新型产品,以满足供给的持续性和有效性。因此,技术创新是供给侧改革的重要体现,可通过优化要素资源配置和提高企业生产效率来释放消费潜力,对促进消费结构升级有重要作用(刘冰,2007;蔡强等,2017)。

技术创新对消费结构升级的促进作用主要体现在"质"和"量"两个方面。从"质"的角度看,技术创新为产品升级创造了机会。一方面,在技术溢出效应下,技术创新实现了人力、物力、资金、技术等要素的转移和集聚,优化了企业技术资源的配置,使产品在技术含量、安全性和实用性、功能设计和用户体验等方面得到质的飞跃,而整体生产效率的提高和优质产品的供应可以以更高端、便捷、优质和绿色的方式满足消费者的需求(金晓彤,2017);另一方面,技术创新提高了产品的技术附加值,使产品更贴近消费者生活,更迎合大众消费需求,能有效培养消费意识和激发消费潜能(刘奕杉,2016)。在消费的棘轮效应下,新技术的应用与新产品的问世将进一步激发消费者的购买兴趣,创造新需求(沈悦等,2021)。从"量"的角度看,技术创新通过技术进步和技术溢出不断优化要素资源配置,实现了人力资本供给与生产需求的精准匹配,带来了企业生产效率和产品技术含量的提高,不断增加产品的有效供给,从而在提高居民消费水平的同时释放新的消费潜力,有利于缓解供需不匹配,达到扩大消费规模、提高消费总量的目标(郝宏杰,2015;高波,2020)。

总体看,技术创新有效地促进了企业的降本增效,提高了企业的生产效率和产品质量,在满足消费者个性化需求的同时创造了新的消费形态。柔性制造不仅缓解了供需不匹配,而且刺激了消费者对新兴产品的需求,扩大了消费规模,拓展了消费渠道,提高了消费水平,进而促进了消费升级。

（2）消费结构升级对生态福利绩效的影响。传统消费的提质升级，新兴消费模式的兴起，是经济发展规律的客观反映，也是居民收入持续提高、城镇化加快推进、供给结构不断改善的结果（辛伟，2021）。消费结构升级的本质在于消费总福利的上升，消费升级对生态福利绩效的影响主要体现在需求层次改变引致的"绿色效应"和居民收入增长引致的"福利效应"。

从绿色效应来看，一方面，消费者在不断满足自身欲望的基础上，对商品和服务提出了更高的要求。消费结构升级是指消费需求不断从低层次向高层次转变，这将倒逼企业提高产品和服务质量，并通过市场机制影响产品和服务的相对价格，提高了资源的利用效率（周南南等，2021），从而提升绿色经济效应。另一方面，消费结构的升级将在一定程度上改变企业的生产、投资和就业方向，在不同行业之间重新分配要素资源，改变行业的供给结构，淘汰那些生产过剩和环境污染严重的传统行业，刺激绿色产品和绿色产业的发展，从而满足消费者绿色需求的变化和发展，不断优化其绿色经济结构（申俊喜，2021）。此外，消费结构升级将引发一系列连锁反应，需求数量和结构的变化将导致供给水平的变化，主要以现代服务业的快速发展（发展型、享受型）为主要特征（王胜，2007）。服务业的特点是低碳排放，在提高工业资源利用效率、减少工业碳排放和降低产品单位能耗方面发挥着积极作用。换言之，消费结构升级引发的服务业崛起可以降低生态环境成本，促进工业企业在不改变产出的情况下减少资源的投入和消耗。同时，伴随着消费结构升级而产生的高端产品普遍具有绿色化的特点，对环境污染具有一定的抑制作用（Lorek，2014）。

从福利效应来看，随着消费结构的不断升级，居民消费模式逐渐从单一式、模仿式向多元化、个性化转变，消费需求也从低端商品向高端商品转变，其优质的商品和服务改善了居民的生活福利（谢晓芳，2007）。合理的消费结构旨在使消费的总效用最大化，它遵循的基本原则是保证各种消费品的边际效用相同，只有这样才能实现社会福利的最大化（Gilly and Schau，2003）。因此，消费结构升级强化了经济发展过程中"还利于民"的实现。同时，为突破消费升级的瓶颈，国家通过制定就业、教育、医疗等方面的激励措施，实施相对公平的分配制度来刺激消费，从而促进消费升级机制的形成，最终带来教育水平的提升、寿命的延长以及更稳定的就业，使得社会总福利更大化。所以，消费结构升级会带来更多的新型消费，对居民生活品质、就业收入和生活方式及生活的便利化都会带来明显的提升。

因此，本节认为消费结构升级可能是技术创新与生态福利绩效之间的一个传导中介（如图 3-9 所示）。技术创新通过增加优质产品的有效供给，缓解供需错配，释放居民消费潜力，提高居民消费层次，促进消费结构升级，带来了绿色经济结构的转型和生活方式的提升，有利于提升生态福利绩效。

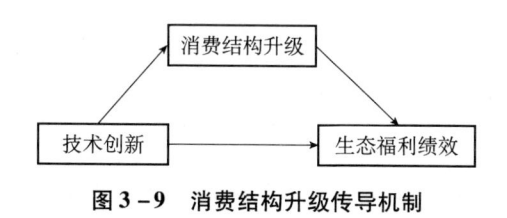

图 3-9 消费结构升级传导机制

基于上述分析，本章提出以下假设。

假设 2：技术创新不仅直接影响生态福利绩效，还可通过产业结构升级、能源结构优化和消费结构升级间接影响生态福利绩效。

3.3.3 技术创新对生态福利绩效的门槛效应

本章 3.1.3 提到经济运行是处于一定的制度环境中的，经济发展本身是以人为主体的社会行为和过程，技术创新改变了人类行为的方式、力度和方向，而所有这些变化都是建立在一定的制度环境中，经济行为中的激励约束政策和人们的利益结构都是由制度决定的。因此，一国或一地区的制度环境是实现创新驱动发展的基本保障。一般而言，制度保障主要包括推进市场化改革、制定政府规制和深化税制改革等手段（丁兆梅，2019），主要表现为以下几方面。第一，推进市场化改革。实现政府职能转变是市场化改革的重要内容。政府职能主要包括经济管理职能、社会管理职能和公共服务职能，而职能转变的方向就是要弱化政府的经济管理职能，强化政府的公共服务和社会管理职能。政府应确保市场功能的完善，消除市场失灵中的价格扭曲和恶性竞争，确保企业处于平等竞争和拥有充足生产利润空间的市场环境，激活企业的创新活力，鼓励企业不断加大研发投入，开发或吸收新技术。第二，制定政府规制。受到政府绩效考核的影响，政府审批往往偏向于微观经济指标，忽视了对具有重大负面影响、损害社会公共利益的行为的规制。因此，政府应合理发挥经济管理职能，通过构建决策权、监督权、执行权相互制约、相互配合的权力结构，不断强化政府的社会管理和公共服务职能，进而形成国家战略规划与地方产业政策、环境政策相协调的宏观经济体系。第三，深化税制改革。财税体制改革方向应以公共化为导向，实现以生产建设为主的财政体系向以社会公共服务为主的财政体系的转变。当然，如果税改不到位，政绩考核不科学，就很难阻碍地方或部门的非理性决策和低水平扩张，容易产生市场保护和市场分割行为。因此，优化财政支出结构、完善税收体系、营造良好的经济环境，是增强企业创新活力的重要动力。

生态现代化理论指出，技术进步和生态环境的可持续性具有潜在的包容性，由工业生产导致的环境污染问题可以通过环境、财政等相关政策制度来解决（Gupta et al.，2014）。本章认为，技术创新作为绿色转型的内在动力，对生态福利绩效的影响并非是一个简单的作用过程，可能会受到相关制度的影响，且会随着制度差异而呈现出不同的特征。因此，为了更好地发挥技术创新对生态福利绩效的促进作用，本节将进一步探索影响两者间关系的门槛因素，在以上研究基础上从市场化程度、环境规制、财政分权三个方面分析各种政策制度所呈现的门槛效应，进而构建更完整的理论和模型。

3.3.3.1 市场化程度门槛效应

改革开放以来，重新认识和定位市场经济的地位，是中国经济体制改革的重要内容。要素自由流动的充分实现、产品的公平竞争、法律制度的完善和所有权的明晰，代表着市场经济体系的高效运行模式。市场化改革的主要目的是要确认市场在经济发展过程中作为有效资源配置方式的主导地位。在经济转型的重要时期，经济体制改革中的市场化改革对技术创新活动的实现起着关键作用。然而，基于区域间文化、环境、经济等内外部因素的差异，在持续推进市场化改革的过程中，各区域的市场化程度显著不同，技术与市场的结合方式不同（路畅等，2019），导致技术创新对生态福利绩效的提升作用存在差异，具体表现如下。

市场化程度越高，意味着要素市场和产品市场的发展程度越高，既能降低企业外部环境的不确定性，稳定企业发展，又能通过降低技术创新活动过程中的制度性交易成本，获得相应的收益预期，从而激励企业积极参与技术创新活动，逐步成为绿色转型的经济主体，对提升生态福利绩效产生积极作用（屈小娥等，2022）。一方面，提高市场化程度可以有效降低企业技术创新活动的交易成本（任雪娇等，2019）。市场化程度越高，越有利于政府减少对企业经营活动的干预，随着对企业的约束逐渐放松，市场这只"看不见的手"将引导要素资源向生产和创新方向流动，促使企业减少对高污染行业的投资，增加对绿色新兴产业的研发投入（王锋正等，2020）。此外，市场化程度的提高将使政府的管理更加有效，避免过多的资源流入社会用于非生产性目的和各种寻租活动，减少政府政策对企业的无形束缚，降低企业不必要的外部成本（徐浩，2018），鼓励企业有效利用资源，将资源投入到绿色生产技术上，从而提高企业的生产效率和核心竞争力（任雪娇等，2019），促进生态效应和经济效益双提高。另一方面，市场化程度的提高可以激发企业开展创新活动的积极性。完善的市场环境可以降低信息不对称带来的流动风险，有助于经济主体打破区域内的信息壁垒，提高各创新主体之间的沟通效率，进而进行有效的信息交流和技术交流；也可促进企业技术创新过程中劳动力、资本等生产要素的自由流动和创新成果在企业间的共享，提高创新发展活力，对推动经济发展、加快绿色崛起产生积极影响（周键，2021）。最后，一个良好的市场环境可以催生一个全面完整的公共服务体系和一个自由开放的交易市场。市场环境的改善有助于企业关注消费者对绿色产品和服务的需求及市场变化。市场体系就像一道绿色的"门槛"，迫使企业在生产过程中考虑生态成本，促使企业将生产要素投入到绿色技术的研发中，引导经济的绿色发展，实现生态效益和经济效益的同步提升。此外，市场化改革伴随着福利制度的完善，可以为居民提供更优化的居住环境，提供更多的休闲和健康福利，有效提升居民幸福感，从而实现民生共享，提高生态福利绩效。

当市场化水平较低时，在市场化进程中会出现一系列问题，如政府过度干预、要素市场扭曲、法律制度不健全等（韩立民，2020），那么市场体系发挥的积极作用可能并不显著，甚至可能抑制经济社会的发展，因此技术创新与生态福利绩效之间的关系也将发生变化。首先，由于市场体系中知识产权等法律制度的不完善，市场体系对企业创新行为的影响可能会产生制约作用或影响较弱，从而无法实现对创新主体和创新产品的保护，降低创新主体的创新活力，并最终影响创新收益。此时，为了降低市场上的交易成本或避免同行业企业的"搭便车"风险，企业将更倾向于在原有技术的基础上采用最基本的工艺创新来开展生产活动，最终导致科技领域内的创新活力低下、创新投入不足、要素配置不合理、效率低下等现象，不利于绿色技术的研发。其次，市场化水平偏低意味着创新资源可能存在错配。不完善的制度环境导致政府对经济发展干预程度过高，滋生腐败，引发资源浪费和生产要素配置扭曲，从而产生低效率（马文聪等，2019）。宽松的市场监管体系破坏了公平公正的竞争环境，复杂的政府审批制度增加了经济主体从事创新活动的外部成本，从而导致市场引导能力减弱，要素资源无法流入回报更高的技术创新领域，抑制了企业的技术创新，也无法促进传统高投入、高污染生产方式的绿色转型（赵启纯，2017），进而不利于生态福利绩效的提升。此外，由于市场监管机制的不完善，政府对企业技术研发的激励可能有些脱节，而作为推动企业技术进步的政府力量在追求长期目标时，会与企业的短期目标形成巨大的经济利益冲突。所以，若一个地区没有完善的制度环境为指引，技术创新就不能更好地实现和转化为生产力，从而无法建立绿色可持续生产方式（Wu，2022）。

由此可见，市场体系的完善可带动要素市场的发展，引导要素流向"创造性破坏"活动，为企业开发新技术创造有利条件，并实现了创新产品的产权保护，激发企业绿色发展凝聚力，有利于生态福利绩效的提升。而制度环境的不完善将会导致政府行为的低效率和市场结构的不合理，引发资源浪费和要素配置扭曲，降低企业创新活力，创新收益和经济质效不断下滑，不利于生态福利绩效的提升。所以，技术创新对生态福利绩效的促进作用受到市场化程度的门槛约束（如图3-10所示），市场化水平越高，技术创新对生态福利绩效的促进作用越明显。

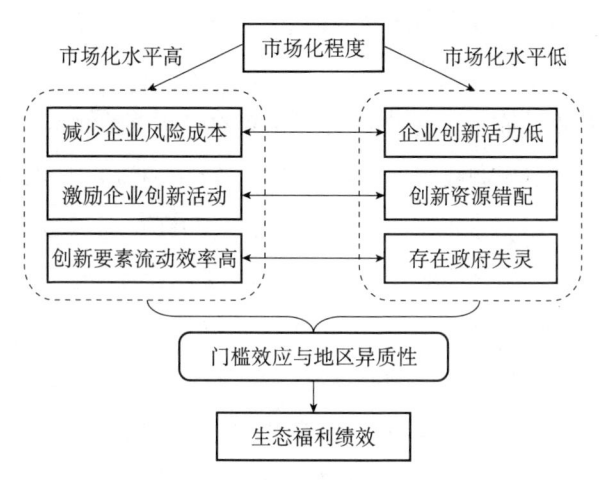

第3章 技术创新影响生态福利绩效的理论分析框架

图 3-10 市场化程度门槛效应

3.3.3.2 环境规制门槛效应

（1）波特假说。不同的学派或学者对环境规制如何影响经济社会发展有不同的看法。根据新古典经济学理论，环境规制不利于经济增长，主要是因为环境规制增加了企业的生产成本，阻碍企业扩大其生产规模，削弱了企业的核心竞争力，从而抵消了环境规制对整个社会的积极影响。波特和范德林德（Porter & Van der Linde, 1995）提出了"波特假说"，他们一致认为，环境规制和经济增长之间不存在简单的制约关系。从短期来看，尽管环境规制会在一定程度上增加企业的生产成本，但合理制定和设计环境规制是鼓励企业从事技术创新活动的有利政策，尤其是对中小企业而言。从长远来看，这些长期积累的创新活动可以有效提高企业的综合生产能力，提高生产效率，创造更多的利润，增强企业的核心竞争力，从而在一定程度上弥补环境规制带来的成本。波特假说认为，一定程度的环境规制所带来的企业技术创新能够促进生态效益的提升，主要体现在以下两个方面。一是环境规制激发了企业技术创新的动力，促使企业在生产过程中想方设法将污染物转化为循环资源，使企业在节能减排的绿色技术上更加成熟，从而降低污染控制成本。二是环境规制产生的补偿效应，包括创新补偿和产品补偿。创新补偿是指环境规制带来的技术创新提高了企业的生产效率和核心竞争力，从而弥补了环境规制的成本；产品补偿是指环境规制带来的技术创新提高了产品的生产质量，使产品更具竞争优势。因此，波特假说认为,将环境规制限制在合理范围内有利于企业的技术创新活动,从而提高生态效益。

(2)数理模型。企业在生产的过程中存在环境污染的负产出,且与总产出成正比关系。环境规制限制了企业在产品生产中的污染产出,规定其负产出不能超过环境规制所要求的排污限制。张成(2011)通过数理模型推导出环境规制与企业技术创新之间的关系,并得出相关结论。借鉴其研究将企业的利润函数表示为:$P = M \times Y$。其中,M 为产品,P 为利润,Y 为期望总产出,可将其表达为 $Y = T(R_T)f(R_M)$,其中,R_M 代表产品的研发资本投入,$T(R_T)$ 代表企业的技术水平,该公式表明,在生产技术不变的条件下,企业的期望总产出水平与研发投入密切相关。以产品和要素两个市场处于完全竞争状态为基本假设条件,市场上的每个经济主体都是价格接受者。将企业非期望产出的生产函数表示为:$N = (Y, G)$。其中,N 为非期望产出,G 为绿色技术研发投入,该公式表明企业的非期望产出 N 与期望总产出 Y 和绿色研发投入 G 相关,并且满足 $N'(Y) > 0$,$N'(G) < 0$,即企业非期望产出与绿色研发的资本投入成反比关系,与期望总产出成正比关系。

非期望产出对经济的影响具有负外部性,若不采取任何限制,那么企业只会把关注点放在期望产出的增加上,而忽略了非期望产出的减少。但若采取强制性的环境规制,企业为了自身利益,通过增加绿色研发支出和增加总产出两种方式,将非期望产出控制在环境规制的范围之内。其中,增加绿色研发支出是为了提高绿色技术水平从而降低非期望产出;总产出的增加是一种"创新补偿"效应,将额外增加的部分用于给绿色研发投入。由此可以看出,为了减少生产过程中的非期望产出,企业采用了同样的方式,就是将期望产出的其中一部分 $\lambda(0 < \lambda < 1)$ 拿出来用于非期望产出的治理,λ 的大小与环境规制强度有关,并呈正相关。将企业治理污染的资金支出表示为 $E = \lambda \times Y$,那么企业实现利润最大化的条件为:

$$\begin{aligned} \max(P) &= MY - \lambda \times MY \\ \text{s.t} \{N(Y,G)\} &= K \end{aligned} \quad (3-1)$$

将等式两边分别取对数,构造拉格朗日函数,可得企业利润最大化函数的一阶导数为:

$$\frac{\partial N}{\partial Y} = -\frac{\partial N}{\partial G} \qquad (3-2)$$

以上等式说明，当企业面临一定的环境规制 K 时，企业实现利润最大化的最优条件是确保每增加一单位期望产出所带来的非期望产出等于每增加一单位绿色研发投入所减少的非期望产出。若企业技术创新水平 $A(T, G)$ 由绿色技术研发投入 G 和生产技术水平 T 共同决定，则有：

$$\frac{\partial A}{\partial T} = \frac{\partial A}{\partial N} \times \frac{\partial N}{\partial T} + \frac{\partial A}{\partial N} \times \frac{\partial N}{\partial G} \times \partial f > 0 \qquad (3-3)$$

由 $\frac{\partial N}{\partial T} = \frac{\partial N}{\partial F} \times f + \frac{\partial N}{\partial G} \times \partial f$ 和 $\frac{\partial A}{\partial Y} = -\frac{\partial N}{\partial G}$ 可得：

$$\frac{\partial A}{\partial T} = \frac{\partial A}{\partial N} \times \frac{\partial N}{\partial Y}(1-2\lambda) \times \partial f > 0 \qquad (3-4)$$

由此可见，当环境规制水平不断提高时，企业需要在技术研发方面投入更多的资金用以减少污染的负产出。

当 $0 < \lambda < 0.5$ 时，由 $\frac{\partial N}{\partial Y} > 0$ 可得 $\frac{\partial N}{\partial Y}(1-2\lambda) \times \partial f > 0$ （3-5）

由 $\frac{\partial A}{\partial N} \times \frac{\partial N}{\partial Y}(1-2\lambda) \times \partial f > 0$ 可得 $\frac{\partial A}{\partial N} > 0$ （3-6）

以上等式说明，当环境规制水平 λ 较低时，技术创新水平与污染排放呈正向关系，在这种情况下，当环境规制强度不断加大时，污染排放会减少，技术创新水平也会下降。

当 $0.5 < \lambda < 1$ 时，由 $\frac{\partial N}{\partial Y}(1-2\lambda) \times \partial f > 0$ 可得 $\frac{\partial A}{\partial N} < 0$ （3-7）

以上等式说明，当环境规制水平 λ 较高时，技术创新水平与污染排放呈反向关系，在该情况下，当环境规制强度不断加大时，污染排放会减少，相应的技术创新水平会提高。

由此可见，当环境规制强度较低时，不利于企业的技术创新活动，从而无法减少产品生产过程中的污染负产出；当环境规制强度较高时，有利于激发企业的创新活力，从而达到减少污染排放的目的。因此，环境规制触发企业技术创新存在一个"度"的问题（毛建辉，2019；李格，2021），当环境规制水平低于一定值时，其对技术创新的触发效应较弱，无法实现企业生产的绿色转型；当环境规制水平高于一定值时，对技术创新具有强烈的触发作用，使得企业更加重视节能减排技术的开发和应用，使之替代传统的高污染生产技术，从而达到减少能源投入和消耗、降低环境治理成本、控制污染排放、提高企业经营绩效的目的（郑展鹏等，2022），有利于提高生态福利绩效。因此，技术创新对生态福利绩效的促进作用取决于环境规制强度的门槛值（如图3-11所示），环境规制力度越大，技术创新对生态福利绩效的促进作用越明显。

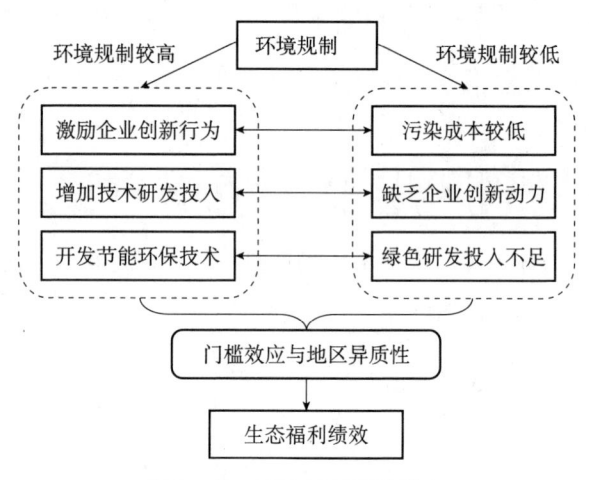

图3-11 环境规制门槛效应

3.3.3.3 财政分权门槛效应

中国的财政管理体制经历了从"集权"到"分权"的改革过程，主要分为三个阶段，从新中国成立初的"统一收支"制度到1985年全面实施的"财政责任制"，再到1994年的税收分配制度改革（赵文哲，2008）。中央和地方政府的财政关系在1994年税收分配改革后发生了重大变化，逐步形成了具有中国特色的财政分权体制，主要表现为中央与地方财政支出和收入类别的重新划分。傅勇和张晏（2007）指出，"中国式财政分权"具有自身独特的政治特征，其核心内涵是纵向政治管理体制与经济分权并存。马万里（2015）提出，"中国式财政分权"属于"行政共识"的财政分权模式，中央政府在中国的财税改革中起着决定性作用，财政分权模式属于"行政共识"型，基于布坎南执行级决策方法，任何重大财税改革方案的制定和实施都应遵循这种方法。在中国式的财政分权制度下，经济分权使地方政府在一定程度上获得了一定的经济自主权，地方政府作为经济理性人，不断追求利益最大化，极大地刺激了当地经济的发展（赵建国等，2021）。

财政分权是一把"双刃剑"。财政体制的改革伴随着中国经济增长、技术创新和可持续发展的变化，它是中国行政管理体制的重要组成部分。与其他政策一样，财政分权是一把双刃剑。一般来说，企业技术创新项目具有投资风险高、投资周期长、创新成果不确定等特点，导致经济主体缺乏探索精神，对创新投资和创新活动望而却步（程广斌，2021）。技术创新是一个国家和地区实现可持续发展的核心动力。因此，在创新风险较高的情况下，要充分发挥地方政府的主观能动性，通过创新激励政策或直接增加财政科技投入等措施，不断支持和引导经济主体积极参与创新活动，从而提高区域创新的整体水平（Kunce and Shogren，2008）。

从事权责任来看，财政分权既赋予了地方政府一定的经济自主权，又明确了地方政府在管理地方经济发展中的责任和义务。在这种情况下，为了满足国家政策和本地区经济发展的需要，地方政府将持续优化财政支出结构。在创新驱动发展战略下，基于"向上负责"的原则，地方政府的财政支出规模既要满足中央政府规定的强制性要求，也要通过扩大地区的科技支出规模来提高区域创新水平（黄裕洪，2021）。地方政府增加财政科技支出，可以有效提高区域资源配置效率，促进地区生产要素的利用更加集约高效，从而实现资源节约和环境质量改善（康玺等，2022）。此外，地方政府还可以通过税收优惠政策吸引优质的外商投资项目，在技术外溢作用下提升整个区域的创新水平，从而实现区域绿色经济增长。泰勒（Taylor，2007）研究发现，财政分权有利于区域技术创新的提升，他认为政府权力下放是鼓励企业从事创新活动的必要制度基础。在财政分权下，地方政府之间存在激烈的横向竞争。为吸引高素质的创新人才入驻本地，地方政府将通过简政放权或实施相对宽松的经济政策，创造有利于企业发展的营商环境，不断减少对企业创新活动的干预，加快企业技术创新步伐，为实现经济和社会利益创造有利条件（李政等，2018）。

从收入安排来看，财政分权赋予地方政府一定的税收控制权，这使得地方政府能够获得稳定的财政收入。然而，在严格的税收制度下，地方政府只有税收征管权，没有税率和税种控制权（白俊红和戴玮，2017）。由于地方税种存在税源分散、征收成本大等问题，在不改变税基的情况下，地方政府很难获得足够的财政收入用于经济社会发展，因此，地方政府开展了旨在扩大税基的税收竞争（廖果平，2020）。此时，在地方政府巨大的财政压力下，为了获得足够的财政收入，地方政府利用财政体系赋予的权力，通过政策或资源的控制，不断增加对那些高税收生产项目的投资，而对那些高风险、高投资、低效率的技术创新项目的投资偏好较弱，从而挤出了科学技术方面的财政支出（李光龙等，2020）。也就是说，政府这只"有形之手"间接影响着各个市场主体的投资行为。此外，地方政府还面临着一定的绩效评估压力，在巨大的财政压力下，地方政府倾向于关注GDP，并将财政资金投资于能为当地经济带来巨大利益的项目，如基础设施建设、房地产投资等，而忽视了一些公共项目，如科技、医疗、环境、教育等（郑万吉，2017）。在一定程度上，财政科技支出和环境治理支出不断受到挤压，进而影响到技术创新和地区生态福利绩效（李莉等，2022）。因此，在利益导向下，地方政府的财政支出行为将更多地体现"向上责任"而非"向下责任"。通过降低科技投入和环境治理投入而获取利益的短视行为，忽视了经济社会发展的绿色诉求，抑制了企业技术创新（周黎安，2007），最终不利于生态福利绩效的提高。

由此可见，财政分权体制改革扭转了中央财政收入比重下降的局面，增加了地方政府的竞争激励，优化了中央与地方之间的财政资源配置。在中国特色的财政分权体制下，可持续发展目标、改善民生目标等一系列经济社会发展目标的实现都有赖于地方政府的竞争激励，有利于发挥技术创新对生态福利绩效的提升作用。然而，财政分权过高使得地方政府没有充足的财政投资资金，从而面临一定的财政压力，在一定程度上刺激了地方政府行为的扭曲，不利于发挥技术创新对生态福利绩效的提升作用。所以，技术创新对生态福利绩效的促进作用受到财政分权的门槛约束（如图3-12所示），只有财政分权处于适当的水平时，技术创新对生态福利绩效的积极作用才能够被有效释放。

基于上述分析，本节提出以下假设。

假设3：技术创新对生态福利绩效的影响存在制度因素的门槛效应，即技术创新影响生态福利绩效会随着市场化程度、环境规制和财政分权水平的不同而呈现出门槛特征。

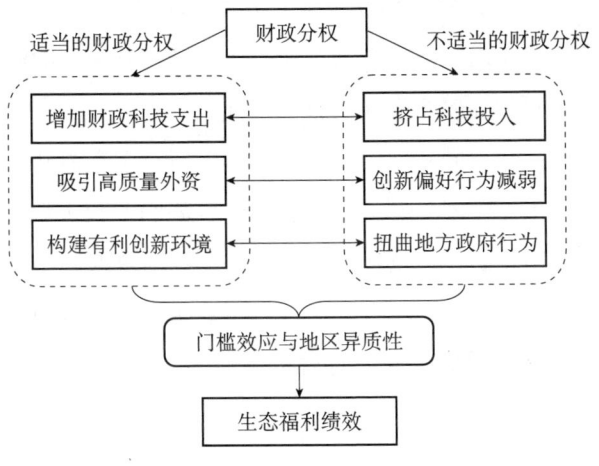

图 3-12 财政分权门槛效应

3.4 本章小结

本章主要阐释了技术创新影响生态福利绩效的理论分析框架。本章基于技术创新驱动的运行机制，构建了技术创新与生态福利绩效的逻辑关联，从直接影响、间接影响和门槛效应三个方面系统地阐述了技术创新对生态福利绩效的影响机理，回答了技术创新如何影响生态福利绩效的问题，并提出相应的理论假说，为后面的实证分析提供理论依据。以此为理论框架，主要结论如下。

直接影响层面，将技术创新划分为技术创新投入、创新产出和创新环境三个部分，分别剖析其对生态福利绩效的影响理论机理。具体地，技术创新投入对生态福利绩效的影响主要体现在要素利用上；技术创新产出对生态福利绩效的影响主要体现在技术进步上；技术创新环境对生态福利绩效的影响主要体现在效率提升上。总之，在创新驱动背景下，技术创新既实现了企业发展策略的转变，促使企业生产向低污染、高附加值方向转型，又增加了社会财富，提升了居民幸福感，进而提升地区生态福利绩效。

间接影响层面，技术创新可通过产业结构升级效应实现绿色低碳产业发展，改善人民生活，提高生态福祉；技术创新可通过能源结构优化效应降低污染排放，增加绿色效益；技术创新可通过消费结构升级效应实现绿色经济转型，提升生活方式。总之，技术创新可通过产业结构升级、能源结构优化及消费结构升级对生态福利绩效产生间接影响。

门槛效应层面：在不同制度因素下，技术创新对生态福利绩效的影响存在差异。技术创新对生态福利绩效的影响存在市场化程度门槛，市场化水平越高，二者的促进作用越明显；技术创新对生态福利绩效的影响存在环境规制门槛效应，环境规制强度越大，二者的促进作用越明显；技术创新对生态福利绩效的影响存在财政分权门槛效应，合理的财政分权能更好地实现二者的促进作用。

第4章 技术创新与生态福利绩效的现状分析与水平测度

本章主要对我国的技术创新和生态福利绩效的发展情况进行评价分析。在技术创新评价方面，首先根据技术创新基本要素的现实数据描述我国现阶段技术创新活动的特点，其次要真实评价各个地区的技术创新水平，仅仅描述创新活动的基本要素是不够的，因此，本章在已有研究的基础上构建技术创新的综合评价体系，并采用均方差加权法进行测度，以便更真实、客观地反映我国各地区技术创新发展情况。在生态福利绩效方面，首先从资源、环境和社会福利方面描述现阶段我国生态福利的基本特征，其次采用比例法对生态福利绩效进行测度，进而更全面分析我国生态福利绩效的发展状况。

4.1 技术创新的现状分析与测度

4.1.1 技术创新发展的总体现状

技术创新是影响国家竞争力和战略安全的核心要素。当前，在创新驱动发展背景下，有必要对中国技术创新投入与产出情况、创新效益情况及区域层面发展进行基本分析，并结合相关统计数据对技术创新活动的现状进行初步总结。

第一，创新投入稳步增加，但结构分配不合理。人员和资金是技术创新投入的两个基本要素，人员投入通常以研究和实验开发（R&D）人员的全时当量来衡量，资金投入通常以研发支出来衡量。从图4-1可以看出2001~2020年中国技术创新资金投入的整体情况。据统计，我国R&D内部经费支出在全球排名第二，R&D 内部经费支出从 2001 年的 1042.49 亿元增加到 2020 年的 24393.11 亿元，年均增长率达到 18.21%，R&D 内部经费支出占 GDP 的比重也逐年增加。R&D 经费支出强度由 2001 年的 1.1% 上升至 2020 年的 2.4%，提升幅度创近十年来新高。然而，与发达国家相比，我国的研发经费支出仍然不足。根据发达国家的相关经验，当研发支出强度低于 1% 时，企业是无法生存的，而当支出强度达到 2% 时，只能勉强维持企业生存，但无法进行下一步发展。英美等发达国家的研发支出强度约为 4%，这表明中国的研发支出仍有待提高。研发经费支出一般包括三个部分：实验发展研究、基础研究和应用研究。从支出结构上看，前者占比高、增长快，而后两者占比低、增长慢，说明科技创新过程中最重要的阶段是实验发展研究，但也同时看到我国 R&D 经费支出结构不合理，应更加重视基础研究和应用研究，确保技术创新各个环节的流畅性和平衡性，从而为技术进步提供支持和保障。从图 4-2 可以看出 2001~2020 年中国技术创新人员投入的整体情况。R&D 人员全时当量主要用于基础研究、应用研究和试验发展研究。据统计，中国 R&D 人员全时当量由 2001 年的 95.65 万人年增长至 2020 年的 523.45 万人年。从增长率上看，R&D 人员最大同比增长率为 18.41%，平均增长率达到 9.45%，这是我国高新技术人才需求不断上升、创新人才供给能力不断提高的重要表现。特别是，研发人员的全时当量在 2012~2015 年呈现大幅下降，但在 2016 年迅速恢复，2019 年增长率达到 9.57%，这表明我国在创新环境不断改善的情况下对研发人员的关注度也在不断提高。从人员结构来看，占比最高的仍是实验发展研究人员，2020 年我国实验发展研究人员的比例已高达到 79.56%。鉴于此，虽然我国已经投入了足够的创新人才，但人才结构的分布却极其不平衡。我们需要认识到，虽然实验发展研究是技术创新过程中的重要保障，但基础研究是基本前提，而应用研究是研发成果转化的重要环节。因此，为了促进技术创新的进一步发展，需根据经济发展的需求合理调整人员投入结构，从而保持整个创新活动的顺利进行。

第二，创新产出不断增加，但质量有待提高。技术创新投入的最终目标是从技术创新产出中获得经济效益，创新产出通常以专利产出来衡量。据相关统计，我国受理的专利申请数自 2001 年以来逐年增加，到 2020 年已高达 519 万

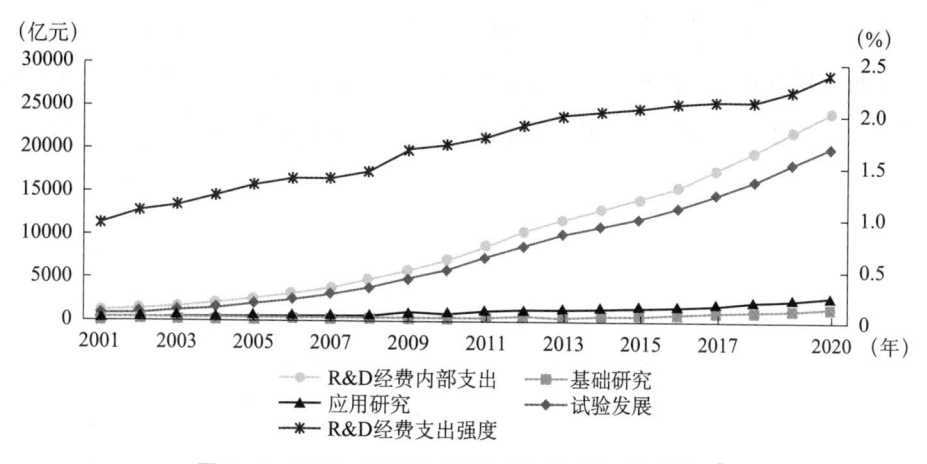

第4章 技术创新与生态福利绩效的现状分析与水平测度

图 4-1　2001~2020 年我国 R&D 经费支出及结构①

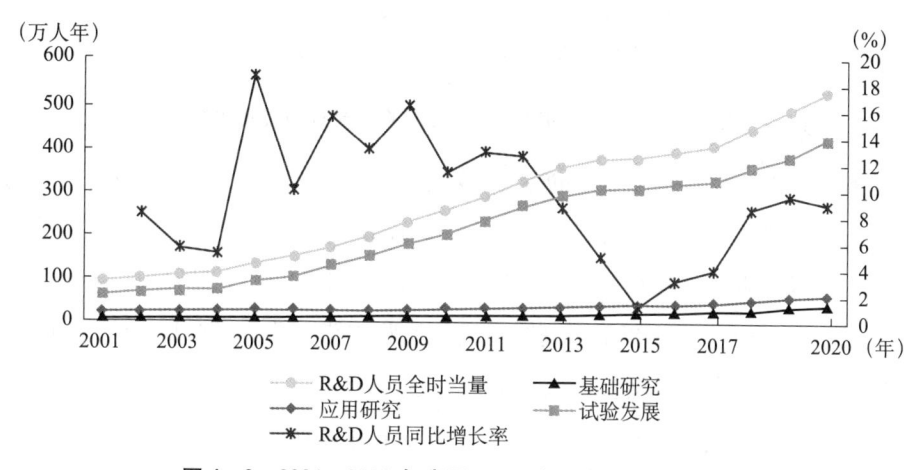

图 4-2　2001~2020 年我国 R&D 人员全时当量及结构

件，是 2001 年的 25.5 倍。我国授权的专利申请数也呈现逐年增加趋势，2001 年申请授权数为 11 万件，2020 年已增加至 364 万件，年均增长率达 20.84%。可见，我国专利产出整体上呈增长态势，创新活动日渐活跃。然而，由图 4-3 可以发现，随着时间推移，我国专利申请受理数与专利申请授权数之间的差距越来越大，2001~2020 年，专利授权数占申请受理数的平均比例为 55.88%。从发明专利来看，受理专利申请数量和授权专利申请数量均呈增加趋势，但受理专利申请数量增长较快，而授权专利申请数量增长缓慢。此外，通过对比专

---

① 本节关于技术创新活动的基本数据均来源于历年《中国科技统计年鉴》。

利申请量与发明专利申请量，发现两者之间的差距随着时间的推移而增加，这表明发明专利申请数量占专利申请数量的比例正在逐渐降低。这足以说明，近年来在"万众创新"倡导下，我国虽然创新热情高涨，但总体创新质量依然不高。

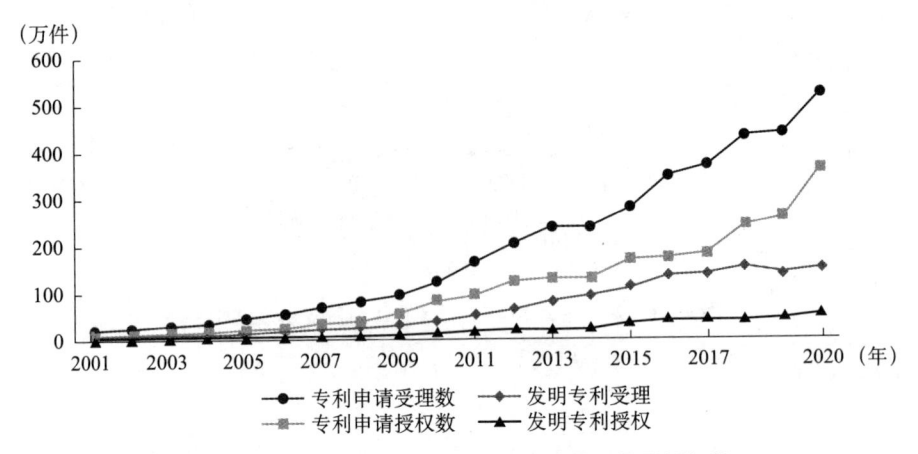

图 4-3　2001~2020 年我国专利申请受理数及授权数

第三，创新效益不显著。创新效益主要表现在营收能力和盈利能力两方面，它是创新成果的综合表现。一般来说，高技术企业的主营业务收入用来反映企业的营收能力，利润总额用来反映企业的盈利能力。从营收能力来看，图 4-4 反映出 2001~2020 年我国高新技术企业营收能力总体呈增长趋势。2001~2007 年，营收能力快速增长，最高增长率达 39.67%，年均增长率达 15.59%。然而，2007~2009 年，营收能力增长率明显下降，这可以归因于 2008 年世界金融危机的影响及其滞后效应。2010 年以来，营收能力持续增长，但增速逐渐放缓，2018 年营收能力出现负增长，主营业务收入较上年下降 1.49%。从盈利能力来看，由图 4-5 可以看出，中国高新技术企业的盈利能力从 2001 年开始持续增长，在 2017 年达到峰值后出现短暂下降。这反映出一个客观事实，即并非所有科技创新企业都获得了超额利润，不同地区、不同行业的企业所获取的最高利润水平存在明显差异。同时，也反映出近年来越来越多的企业通过创新实现技术进步，并逐渐适应了技术创新领域的快速发展。但自 2001 年以来，盈利能力增速放缓，并在 2018 年转为负值。需要注意的是，2018 年内部科研经费增速高达 34.58%，但利润较上年却下降 8.88%。

总体来看，近年来技术创新人力投入、资本投入和专利产出持续增加，而衡量技术创新效益的高新技术企业的主营业务收入和利润总额的增速逐渐放缓，甚至出现负增长趋势。这表明创新投入和产出增长的经济价值并没有得到充分体现，创新效益不明显，重要原因就是创新资源配置不合理，导致技术创新总体水平不高。

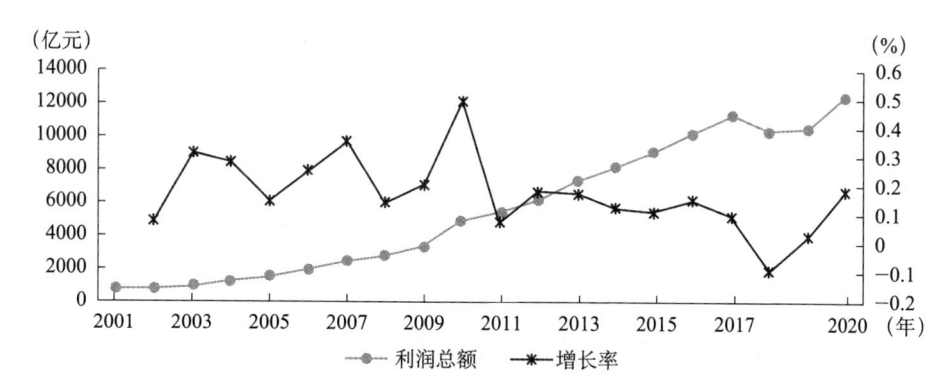

图 4-4 2001~2020 年我国高技术企业主营业务收入及增长率

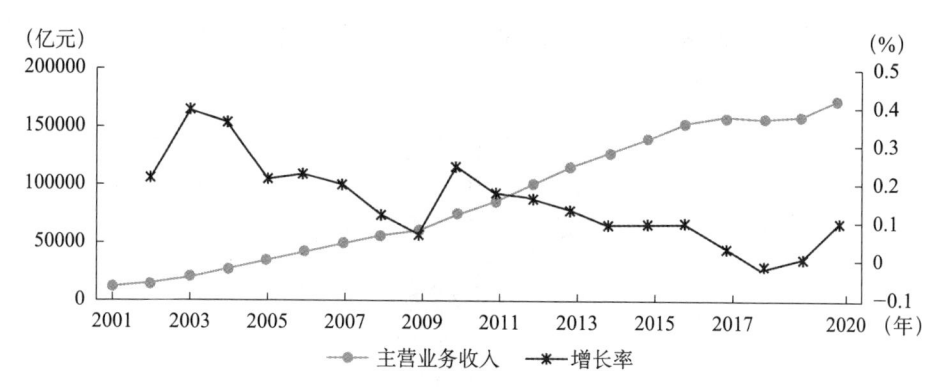

图 4-5 2001~2020 年我国高技术企业利润总额及增长率

第四，区域层面发展不平衡。图 4-6 展示了 2001~2020 年各省份的平均 R&D 经费投入强度。从 R&D 经费的投入强度看，各地区创新投入存在明显差距，按照从高到低排名，北京、上海、天津、江苏和陕西排名前五，广西、内蒙古、青海、海南和新疆排名后五。从排名可以看出，我国的研发经费支出是不平衡的，东部发达地区的研发经费支出较高，西部欠发达地区的研发经费较低，而现实情况就是创新投资的增长与地区经济增长是保持一致的。主要原因在于，不同地区经济发展水平存在差异，经济发展的不平衡制约了创新投资的增加。对于欠发达地区来说，由于经济发展水平的原因，即使有投资意愿，也无法将更多的资源投向创新领域。2020年各地区高新技术企业主营业务收入占比如图4-7所示。东部地区经济发展水平高，地理位置优越，地方政府大力推动高新技术产业发展，重点大学众多，高素质人才众多，资本投入相对充裕，在创新效益上具有绝对优势。2020年东部地区高技术企业主营业务收入占比68.65%，而西部地区仅占13.85%，二者相差甚远，区域层面发展不均衡非常明显。

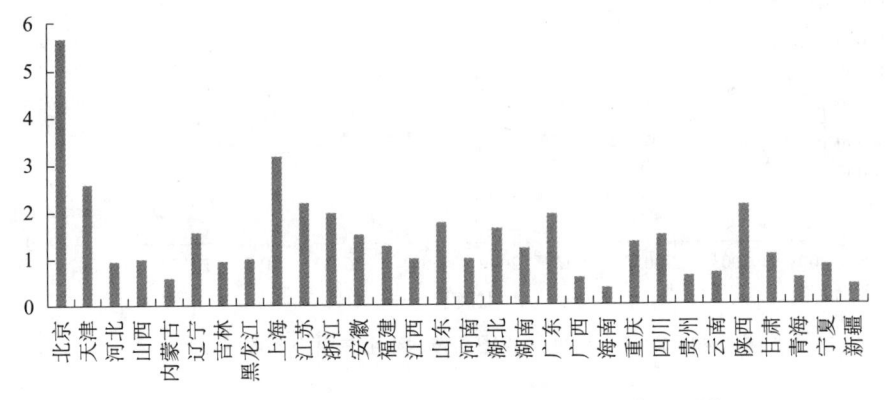

图4-6 2001~2020年我国各省份平均R&D投入强度

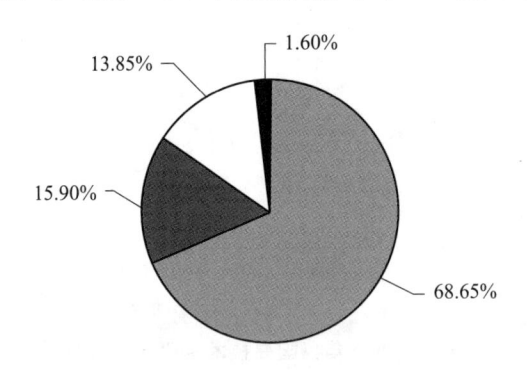

图4-7 2020年我国各地区主营业务收入占比

4.1.2 技术创新水平的区域测度

技术创新的内涵非常丰富，仅从上述单一指标不足以全面评价中国各地区的技术创新水平。从上述技术创新的文献综述和概念定义可以看出，技术创新是一种综合创新水平，它是一种将可获得和使用的知识、资源和外部环境整合起来，在一定条件下创造新的商品或想法，或在原有事物的基础上进行改造并最终取得收益的活动。因此，接下来本小节将构建技术创新综合评价指标体系，对中国各地区的技术创新水平进行更客观、全面的评价。一方面，它将有助于每个地区了解自己的位置，在比较中找到自己的优势和劣势，从而作出有针对性的改进；另一方面，也可以为地方政府制定相应的创新发展战略提供建议。

4.1.2.1 指标体系构建

为了全面、客观、科学地衡量各地区的技术创新水平，本章根据技术创新的含义和创新系统理论，将技术创新指标体系分为三个子系统，分别是创新投入、创新产出和创新环境。根据数据获取的难度和指标的选择是否具有代表性，本章基于子系统构建综合指标体系，以衡量各地区技术创新的综合水平（见表4-1）。

表4-1　　　　　　技术创新综合水平评价指标体系

指标	目标层	指标衡量	单位
技术创新	技术创新投入	每万人R&D人员全时当量	万人年
		基础研究人员人均经费	万元/人年
		R&D经费内部支出占GDP比重	%
		R&D经费外部支出占GDP比重	%
		新产品开发经费支出占GDP比重	%
	技术创新产出	每万人科技论文发表数	篇/万人
		专利授权数	项
		专利申请数	项
		大中型工业企业新产品开发项目数	项
		新产品销售收入占GDP比重	%
		技术市场成交额占GDP比重	%
		高新技术产值占GDP比重	%
	技术创新环境	人均国内生产总值	亿元
		科研机构数	所
		高科技产业企业数	家
		有R&D活动的规模以上企业数	家
		普通高等院校数	所
		高等学校专任教师数	人
		教育经费支出占GDP比重	%
		科学技术经费支出占GDP比重	%

第一，技术创新投入。技术创新投入是实现技术创新的前提和基础，反映

了评价对象投入的创新资源，如 R&D 人员全时当量、R&D 经费投入等指标更能反映出地区的技术创新投入水平。第二，技术创新产出。技术创新产出是指一定数量的创新投入所带来的创新成果。从技术创新价值链来看，技术创新的第一产出是科学论文和专利，在此基础上，通过研发和系统研究，将新知识、新技术和新工艺投入到实际应用中并加以传播，然后设计和试制新产品，将高科技产品生产出来并创造出新的市场。技术创新成果既可通过专利申请发布，也可将非专利科技成果直接推广应用。根据这一思路，可用发表的科技本书数量、专利数量、新产品销售收入、技术市场营业额等指标来加以衡量，这些指标可以很好地反映一个地区的技术创新成果和经济效益。第三，技术创新环境。技术创新环境是指技术创新过程中影响经济主体创新的各种外部因素的总和，主要体现在技术创新在教育、基础设施建设等方面的软实力。其中，地区生产总值与地区经济形势密切相关，是反映区域技术创新基本保障的指标；科研机构数量、高新技术产业企业数量和具有研发活动的大型企业数量是反映区域技术创新潜力的指标；教育支出、科技支出、普通高校数量和高等教育专职教师数量是反映区域技术创新可持续性的指标，能够很好地反映技术创新所依赖的人才、环境和基础设施。

4.1.2.2 指标说明与研究方法

（1）指标说明。考虑到指标体系数据的可用性，技术创新指标的计量以省域为研究单位，主要包括除西藏自治区、香港特别行政区、澳门特别行政区和台湾地区以外的中国 30 个省区市，采用 2001～2020 年的数据进行分析，指标数据来源于《中国统计年鉴》《中国区域创新能力报告》《中国科技统计年鉴》《中国高新技术产业统计年鉴》《中国工业经济统计年鉴》《中国教育统计年鉴》《中国科技论文统计与分析报告》《中国城市统计年鉴》以及研究所需的 30 个省区市相关年份的统计年鉴。通过均值替换法或回归替换法对单个缺失数据进行插值。

（2）研究方法。在对综合指标体系进行评价的过程中，权重因子的确定是评价体系中最重要的部分。根据原始数据来源不同，权重因子计算方法的选择也不同，可分为客观加权法和主观加权法。其中，与其他方法相比，客观加权法中的均方差加权法可以最大限度地减少指标合成过程中的信息缺失。具体做法为以下四步。

第一步，将基础指标标准化处理。为了消除指标数据由于维度不同而导致的不可对比问题，本章采用最大最小值法对不同地区、不同年份的技术创新投入、技术创新产出和技术创新环境的原始数据进行标准化处理，计算公式如下：

$$F_{mn} = (H_{mn} - H_{n\min})/(H_{n\max} - H_{n\min}) \quad (4-1)$$

其中，H_{mn} 表示第 m 地区第 n 个指标的基础数据，$H_{n\min}$ 表示所有地区和年份中第 n 个指标的最小值，$H_{n\max}$ 表示所有地区和年份中第 n 个指标的最大值，F_{mn} 表示 m 地区第 n 个指标标准化后的值。

第二步，将各原始数据 H_{mn} 的方差 $d(H_n)$ 和权重 α_n 计算出来，计算公式如下：

$$d(H_n) = \sqrt{\frac{1}{x}(F_{mn} - \overline{F}_n)^2} \quad (4-2)$$

$$\alpha_n = d(H_n)/\sum_{n=1}^{y} d(\lambda_n) \quad (4-3)$$

其中，x 为所有指标的数量，式（4-3）中 y 为每一个系统所含的指标数量。

第三步，将技术创新投入，技术创新产出和技术创新环境三个子系统的值计算出来。

$$Q_k = \sum_{n=1}^{y} \alpha_n \times F_{mn} \quad (4-4)$$

其中，k = 1，2，3。

第四步，将技术创新投入、技术创新产出和技术创新环境三个方面的指数相加，得到各地区技术创新综合指数得分。

$$I_m = \sum_{k=1}^{3} Q_k \quad (4-5)$$

4.1.2.3 测度结果与分析

（1）技术创新投入分析。由式（4-4）可计算出 2001~2020 年我国 30 个省份的技术创新投入水平，并按照平均值从高到低进行排序（见表 4-2）。由表 4-2 可知，随着时间的推移，各地区技术创新投入具有不断增加的趋势，相较于2001年，2020年各地区的技术创新投入都取得了巨大进展。从各地区的横向比较来看，技术创新投入最高的地区是北京，最低的地区是海南，二者相差3倍左右。技术创新投入高于全国平均值的地区有12个，从高到低分别是北京、上海、广东、江苏、辽宁、天津、山东、浙江、福建、湖北、陕西、山西。在这12个省份中，大部分是我国经济发展较为发达的区域，这说明技术创新投入与经济发展水平密切相关，其中，山西和陕西作为资源大省，为实现产业转型不断增加创新投入，而湖北作为我国科教大省，创新资源较丰富，有利于增强创新投入强度。技术创新投入低于全国平均值的地区有18个，其中排名后五位的分别是重庆、甘肃、宁夏、贵州、海南，除海南外均属于西部地区，海南虽地理位置上属于东部地区，但其发展基础差、创新人才少等导致技术创新投入不足。进一步，按照常规将我国30个省份分为东中西三个区域来看，东部地区技术创新投入远高于全国水平，中部地区2007年之前与全国水平持平，2007年之后略低于全国水平，而西部地区远低于全国水平，整体表现为"东强—中平—西弱"（如图4-8所示）。可以看出，尽管我国对技术创新的总体投入在增加，但各地区的创新投入差异较大。主要原因是不同地区的经济发展水平存在较大差异，经济发展的不平衡制约了创新资源的投入。对于落后地区，由于经济发展水平较低，各经济主体即使有投资意愿，他们也不能将更多资源转向创新领域。实际上，技术创新投资与经济发展之间存在一种正反馈机制，即创新投入越多，技术进步水平越高，创新对经济发展的贡献越大，经济越发达的地区受到的资本约束越小，就可以将更多的资源可以投入到创新领域，并最终导致经济发展的两极分化。

表4-2　　　　　2001~2020年我国各地区技术创新投入指数

地区	2001年	2003年	2005年	2007年	2009年	2011年	2013年	2015年	2017年	2019年	2020年	平均值
北京	0.408	0.443	0.434	0.478	0.546	0.581	0.625	0.659	0.698	0.748	0.775	0.570
上海	0.278	0.318	0.326	0.384	0.436	0.462	0.482	0.517	0.557	0.611	0.638	0.446
广东	0.199	0.236	0.284	0.348	0.408	0.441	0.485	0.533	0.592	0.68	0.724	0.434
江苏	0.177	0.209	0.245	0.293	0.373	0.422	0.468	0.509	0.554	0.618	0.65	0.399
辽宁	0.226	0.235	0.249	0.285	0.364	0.394	0.433	0.454	0.46	0.498	0.517	0.367
天津	0.211	0.235	0.260	0.295	0.359	0.382	0.415	0.430	0.461	0.501	0.523	0.365
山东	0.179	0.203	0.235	0.272	0.337	0.389	0.426	0.452	0.491	0.548	0.576	0.364

续表

地区	2001年	2003年	2005年	2007年	2009年	2011年	2013年	2015年	2017年	2019年	2020年	平均值
浙江	0.143	0.188	0.211	0.268	0.347	0.38	0.413	0.451	0.492	0.556	0.588	0.358
福建	0.146	0.164	0.189	0.246	0.318	0.349	0.383	0.413	0.440	0.478	0.497	0.321
湖北	0.165	0.184	0.205	0.226	0.301	0.333	0.365	0.387	0.426	0.476	0.501	0.316
陕西	0.171	0.189	0.216	0.245	0.301	0.328	0.370	0.377	0.407	0.451	0.473	0.315
山西	0.175	0.193	0.221	0.250	0.310	0.321	0.354	0.376	0.396	0.428	0.444	0.309
黑龙江	0.179	0.204	0.225	0.252	0.298	0.302	0.333	0.362	0.386	0.426	0.446	0.302
河北	0.148	0.182	0.194	0.218	0.286	0.312	0.349	0.376	0.41	0.458	0.482	0.302
湖南	0.155	0.172	0.197	0.228	0.283	0.314	0.348	0.364	0.399	0.449	0.474	0.299
河南	0.146	0.156	0.18	0.206	0.259	0.294	0.339	0.362	0.406	0.47	0.502	0.291
吉林	0.160	0.177	0.195	0.234	0.277	0.303	0.317	0.341	0.377	0.421	0.443	0.288
四川	0.139	0.164	0.173	0.205	0.265	0.288	0.336	0.362	0.397	0.447	0.472	0.287
内蒙古	0.139	0.156	0.177	0.214	0.262	0.307	0.342	0.362	0.375	0.391	0.399	0.279
新疆	0.139	0.179	0.187	0.222	0.272	0.288	0.324	0.347	0.361	0.385	0.397	0.277
安徽	0.121	0.150	0.158	0.188	0.240	0.274	0.313	0.335	0.373	0.421	0.445	0.266
江西	0.132	0.165	0.171	0.201	0.244	0.259	0.298	0.325	0.366	0.416	0.441	0.265
广西	0.122	0.149	0.173	0.197	0.243	0.258	0.290	0.313	0.346	0.388	0.410	0.255
青海	0.119	0.142	0.154	0.182	0.235	0.269	0.295	0.315	0.332	0.364	0.382	0.247
云南	0.115	0.124	0.149	0.177	0.228	0.233	0.269	0.292	0.333	0.402	0.436	0.242
重庆	0.089	0.113	0.121	0.159	0.215	0.236	0.271	0.302	0.337	0.377	0.397	0.232
甘肃	0.126	0.138	0.141	0.158	0.216	0.231	0.254	0.278	0.312	0.355	0.375	0.227
宁夏	0.140	0.118	0.121	0.156	0.194	0.220	0.243	0.272	0.301	0.345	0.367	0.217
贵州	0.089	0.113	0.113	0.145	0.194	0.197	0.240	0.266	0.318	0.386	0.420	0.214
海南	0.093	0.113	0.135	0.161	0.203	0.215	0.243	0.257	0.278	0.313	0.332	0.206
全国	0.161	0.184	0.201	0.236	0.294	0.319	0.354	0.379	0.413	0.460	0.484	0.309

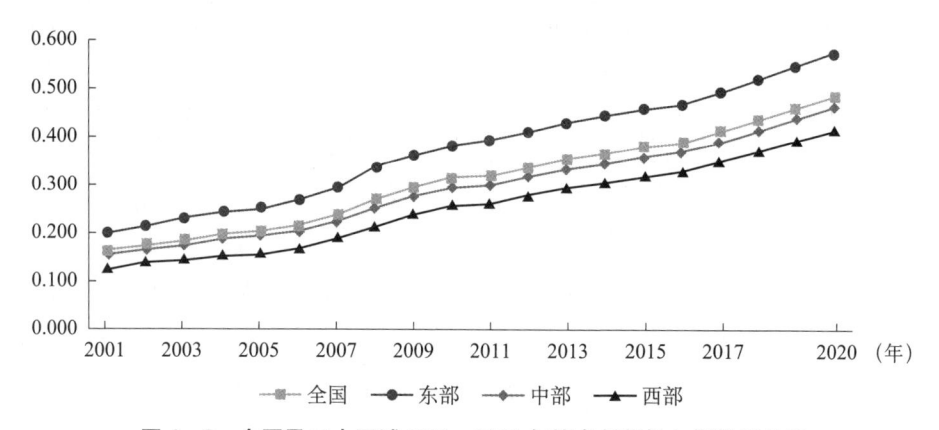

图 4-8 全国及三大区域 2001~2020 年技术创新投入指数平均值

(2) 技术创新产出分析。由式 (4-4) 可计算出 2001~2020 年我国 30 个省份的技术创新产出水平，并按照平均值从高到低进行排序（见表 4-3）。由表 4-3 可知，整体来看，我国各地区技术创新产出呈不断增加趋势，这表明在"万众创新"下，各地区逐渐形成经济总量扩张带动创新产出不断增加的良性机制。从截面数据看，我国地区之间的技术创新产出存在差异。以技术创新产出的全国平均值为基准，高于全国平均水平的地区仅有 7 个，且都属于东部地区，其他地区创新产出均低于全国水平。北京、广东、江苏的技术创新产出遥遥领先于其他地区，结合上文创新投入排名，这不仅体现了北京、广东、江苏具有较强的技术创新实力，更体现了这三个省份技术创新资源分配合理性和技术创新活动开展的有效性。内蒙古、新疆和青海创新产出排名垫底，主要是由于这些地区经济和科技基础较差。进一步，按照常规将我国 30 个省份分为东中西三个区域来看，如图 4-9 所示。由图 4-9 可知，2009 年受美国金融危机影响，在经济增速放缓的情况下，我国技术创新产出有所下降，2009 年之后全国及三大区域的创新产出均呈现不断增加趋势。东部地区创新产出的平均值远高于全国水平，且与全国平均水平之间的差距越来越大，中西部地区创新产出平均值均低于全国水平，整体呈现"东部 > 全国 > 中部 > 西部"态势。由此可见，虽然我国整体创新产出不断增加，但地区之间存在较大差异，不仅表现为"东强西弱"特点，而且东部地区将以更快的速度进一步与中西部地区拉开差距。可见，东部地区已经成为我国技术创新产出的增长极。

表 4-3   2001~2020 年我国各地区技术创新产出指数

地区	2001年	2003年	2005年	2007年	2009年	2011年	2013年	2015年	2017年	2019年	2020年	平均值
北京	0.178	0.164	0.176	0.209	0.229	0.270	0.323	0.359	0.395	0.415	0.424	0.279
广东	0.136	0.108	0.116	0.145	0.176	0.222	0.297	0.365	0.557	0.569	0.574	0.279
江苏	0.091	0.059	0.072	0.115	0.159	0.297	0.391	0.378	0.411	0.451	0.471	0.256
浙江	0.069	0.065	0.073	0.104	0.163	0.208	0.295	0.331	0.370	0.396	0.408	0.219
上海	0.167	0.110	0.127	0.161	0.189	0.206	0.232	0.247	0.277	0.293	0.300	0.206
山东	0.082	0.044	0.046	0.074	0.091	0.132	0.175	0.201	0.228	0.23	0.230	0.137
天津	0.099	0.075	0.079	0.086	0.097	0.111	0.127	0.149	0.174	0.178	0.179	0.121
湖北	0.063	0.055	0.052	0.061	0.064	0.068	0.101	0.127	0.160	0.166	0.168	0.101

续表

地区	2001年	2003年	2005年	2007年	2009年	2011年	2013年	2015年	2017年	2019年	2020年	平均值
陕西	0.065	0.056	0.048	0.048	0.054	0.052	0.078	0.104	0.183	0.262	0.340	0.098
安徽	0.042	0.052	0.047	0.061	0.055	0.072	0.102	0.131	0.164	0.187	0.202	0.097
四川	0.062	0.061	0.053	0.054	0.061	0.058	0.095	0.126	0.167	0.173	0.175	0.095
辽宁	0.066	0.061	0.062	0.063	0.066	0.069	0.086	0.101	0.132	0.178	0.194	0.093
福建	0.058	0.049	0.051	0.062	0.067	0.077	0.096	0.114	0.148	0.164	0.171	0.091
湖南	0.056	0.055	0.059	0.057	0.066	0.069	0.087	0.103	0.135	0.139	0.140	0.087
重庆	0.061	0.053	0.055	0.058	0.053	0.058	0.109	0.132	0.137	0.141	0.149	0.086
山西	0.058	0.046	0.036	0.042	0.051	0.042	0.066	0.103	0.106	0.131	0.153	0.073
海南	0.053	0.045	0.042	0.057	0.058	0.061	0.082	0.085	0.093	0.105	0.101	0.070
黑龙江	0.031	0.034	0.027	0.037	0.050	0.057	0.076	0.102	0.118	0.126	0.129	0.068
贵州	0.035	0.042	0.047	0.068	0.071	0.079	0.074	0.071	0.079	0.083	0.084	0.067
甘肃	0.046	0.049	0.045	0.039	0.047	0.046	0.064	0.086	0.105	0.111	0.113	0.065
河南	0.026	0.027	0.016	0.026	0.028	0.040	0.073	0.096	0.124	0.13	0.132	0.062
云南	0.039	0.041	0.041	0.048	0.051	0.052	0.062	0.075	0.091	0.095	0.096	0.061
江西	0.048	0.035	0.030	0.027	0.030	0.033	0.047	0.074	0.107	0.133	0.145	0.060
河北	0.034	0.031	0.026	0.035	0.040	0.047	0.057	0.080	0.105	0.111	0.113	0.060
宁夏	0.058	0.052	0.048	0.045	0.047	0.042	0.053	0.068	0.070	0.079	0.078	0.059
广西	0.050	0.048	0.041	0.035	0.041	0.034	0.051	0.061	0.085	0.093	0.096	0.056
吉林	0.054	0.046	0.042	0.045	0.040	0.036	0.046	0.059	0.083	0.093	0.097	0.055
内蒙古	0.046	0.047	0.041	0.038	0.039	0.033	0.042	0.059	0.081	0.108	0.103	0.054
新疆	0.048	0.040	0.026	0.029	0.035	0.025	0.051	0.067	0.071	0.075	0.076	0.047
青海	0.050	0.051	0.036	0.032	0.039	0.016	0.031	0.053	0.071	0.073	0.074	0.045
全国	0.066	0.057	0.055	0.065	0.075	0.088	0.116	0.137	0.166	0.174	0.178	0.104

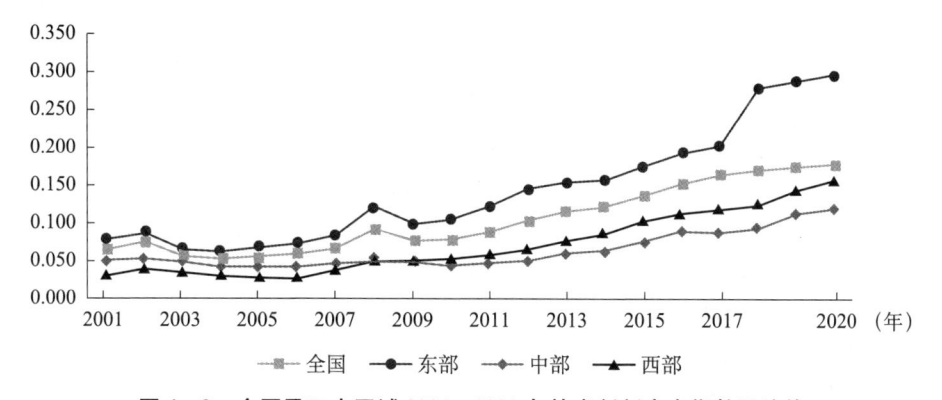

图 4-9 全国及三大区域 2001~2020 年技术创新产出指数平均值

（3）技术创新环境分析。由式（4-4）可计算出 2001~2020 年我国 30 个省份的技术创新环境水平，并按照平均值从高到低进行排序（见表 4-4）。由表 4-4 可知，相较于 2001 年，2020 年我国各地区技术创新环境得到不断改善。技术创新环境高于全国平均水平的地区有 15 个，表明近几年在创新引领发展的战略号召下，地方政府高度重视科技和教育在经济及社会发展中的作用和地位，不断增加科技和教育支出，对科研设施建设予以资金支持，使得我国各地区创新政策环境和市场环境不断向好。技术创新环境排在前五名的地区分别是上海、江苏、浙江、广东、北京，技术创新产出的前五名地区与之相同，仅位次发生变化，说明这五个地区在创新环境和创新产出方面具有绝对的优势。技术创新环境排在后五名的地区分别是云南、新疆、陕西、青海和甘肃，均属于西部地区，可见西部地区技术创新环境仍有待改善。进一步，按照常规将我国 30 个省份分为东中西三个区域来看，如图 4-10 所示。由图 4-10 可知，我国技术创新环境得分整体呈上升趋势，其中在 2004~2008 年增速最快，2009 年受金融危机影响有所下降，2010 年之后实现平稳增长，2020 年受新冠疫情影响有所下降。从三大区域来看，东部地区技术创新环境高于全国平均水平，中部地区在 2011 年之前低于全国平均水平，2011 年之后与全国平均水平基本持平，西部地区远低于全国平均水平，整体呈现"东强中平西弱"的特点。

表 4-4　　2001~2020 年我国各地区技术创新环境指数

地区	2001年	2003年	2005年	2007年	2009年	2011年	2013年	2015年	2017年	2019年	2020年	平均值
上海	0.315	0.416	0.504	0.505	0.426	0.506	0.521	0.545	0.533	0.549	0.543	0.487
江苏	0.177	0.288	0.400	0.508	0.491	0.507	0.517	0.519	0.540	0.565	0.549	0.457
浙江	0.241	0.306	0.381	0.483	0.481	0.487	0.489	0.507	0.517	0.527	0.520	0.447
广东	0.339	0.391	0.427	0.469	0.409	0.437	0.453	0.462	0.480	0.51	0.492	0.438
北京	0.256	0.357	0.434	0.444	0.399	0.479	0.453	0.468	0.465	0.498	0.482	0.433
山东	0.127	0.212	0.287	0.379	0.397	0.404	0.446	0.467	0.466	0.437	0.452	0.368
福建	0.219	0.261	0.318	0.358	0.355	0.392	0.407	0.406	0.436	0.476	0.451	0.367
重庆	0.183	0.228	0.257	0.335	0.361	0.370	0.414	0.445	0.482	0.493	0.481	0.364
河北	0.112	0.181	0.251	0.332	0.355	0.382	0.418	0.439	0.484	0.581	0.525	0.361
辽宁	0.176	0.237	0.291	0.368	0.416	0.445	0.477	0.431	0.372	0.325	0.358	0.359
湖南	0.116	0.163	0.245	0.321	0.347	0.392	0.408	0.448	0.458	0.472	0.463	0.343

续表

地区	2001年	2003年	2005年	2007年	2009年	2011年	2013年	2015年	2017年	2019年	2020年	平均值
江西	0.117	0.185	0.245	0.333	0.377	0.393	0.416	0.428	0.423	0.396	0.410	0.338
天津	0.273	0.272	0.356	0.378	0.304	0.304	0.329	0.360	0.375	0.324	0.347	0.333
安徽	0.119	0.185	0.226	0.294	0.328	0.363	0.401	0.423	0.424	0.427	0.425	0.326
河南	0.103	0.159	0.243	0.331	0.370	0.389	0.393	0.400	0.401	0.384	0.392	0.324
广西	0.126	0.170	0.215	0.283	0.303	0.334	0.364	0.386	0.416	0.488	0.447	0.314
四川	0.133	0.182	0.244	0.305	0.325	0.361	0.345	0.359	0.361	0.331	0.346	0.300
宁夏	0.084	0.163	0.243	0.317	0.305	0.321	0.359	0.353	0.398	0.397	0.392	0.299
吉林	0.124	0.172	0.211	0.278	0.312	0.336	0.339	0.356	0.366	0.398	0.380	0.297
湖北	0.100	0.174	0.207	0.241	0.268	0.302	0.354	0.379	0.383	0.387	0.384	0.287
海南	0.249	0.246	0.219	0.281	0.260	0.274	0.299	0.284	0.296	0.3	0.296	0.269
山西	0.093	0.201	0.198	0.232	0.193	0.241	0.287	0.296	0.355	0.442	0.389	0.259
内蒙古	0.122	0.155	0.197	0.251	0.270	0.285	0.297	0.287	0.231	0.285	0.267	0.242
黑龙江	0.107	0.147	0.176	0.208	0.224	0.260	0.314	0.303	0.283	0.311	0.300	0.240
贵州	0.080	0.117	0.150	0.209	0.201	0.243	0.266	0.265	0.352	0.417	0.370	0.236
云南	0.071	0.135	0.203	0.226	0.238	0.263	0.277	0.237	0.236	0.217	0.227	0.216
新疆	0.107	0.154	0.189	0.230	0.215	0.242	0.244	0.246	0.256	0.192	0.222	0.212
陕西	0.067	0.115	0.141	0.159	0.181	0.194	0.212	0.228	0.246	0.274	0.257	0.204
青海	0.128	0.107	0.159	0.212	0.169	0.202	0.246	0.216	0.226	0.23	0.226	0.197
甘肃	0.075	0.077	0.104	0.139	0.137	0.148	0.172	0.188	0.207	0.272	0.236	0.155
全国	0.151	0.205	0.257	0.314	0.314	0.342	0.364	0.371	0.382	0.397	0.388	0.316

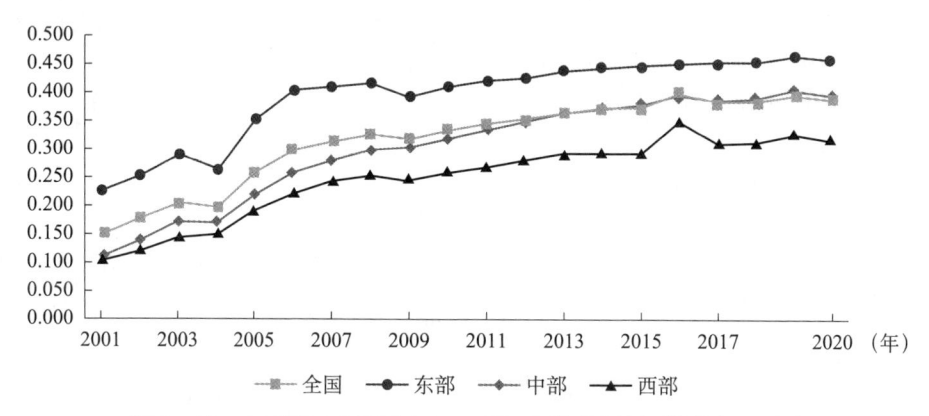

图 4-10 全国及三大区域 2001~2020 年技术创新环境指数平均值

（4）技术创新综合水平分析。由式（4-5）可计算出 2001~2020 年我国 30 个省份的技术创新综合水平，并按照平均值从高到低进行排序（见表 4-5）。

由表4-5可知，2001~2020年，我国各地区的技术创新水平总体上在不断提高，高于全国平均水平的地区有9个，且均属于东部地区，说明技术创新能力强的地区主要集中在东部地区。从三大区域看，东部地区综合创新能力高于全国平均水平，中部地区与全国平均水平较接近，西部地区远低于全国平均水平，与前面二级指标的分析基本一致。图4-11显示的是我国及三大区域2001~2020年技术创新综合指数平均值的时间趋势。由图4-11可知，我国技术创新综合水平变化趋势大概分为三个阶段。第一阶段：缓慢增长阶段（2001~2004年），该阶段技术创新水平较低且增长缓慢，说明该阶段技术创新承载力较弱，创新动力不足。第二阶段：快速增长阶段（2005~2008年），伴随"建设创新型国家"等相关政策的落实，经济发达地区凭借良好的技术创新环境，不断增加创新资源投入，实现创新成果落地生根，带动了我国技术创新水平的快速提升。第三阶段：稳定增长阶段（2009~2020年），2008年金融危机过后，我国经济迅速恢复，新的经济环境为地区经济发展提出更加严格的要求，为适应激烈的竞争形势，我国各地区持续增加创新资源投入，创新环境日益改善，创新能力显著增强，科技服务经济社会发展的能力也在不断提高，我国技术创新水平稳中有升。

表4-5　　　　　2001~2020年我国各地区技术创新综合指数

地区	2001年	2003年	2005年	2007年	2009年	2011年	2013年	2015年	2017年	2019年	2020年	平均值
北京	0.843	0.967	1.046	1.13	1.175	1.331	1.397	1.477	1.553	1.661	1.681	1.282
广东	0.674	0.735	0.828	0.962	0.992	1.099	1.235	1.36	1.628	1.759	1.790	1.151
上海	0.759	0.843	0.957	1.05	1.051	1.174	1.235	1.309	1.367	1.453	1.481	1.139
江苏	0.447	0.554	0.716	0.915	1.021	1.226	1.374	1.407	1.504	1.635	1.671	1.113
浙江	0.452	0.559	0.665	0.853	0.99	1.074	1.198	1.287	1.38	1.48	1.518	1.025
山东	0.387	0.464	0.569	0.723	0.824	0.925	1.048	1.12	1.186	1.215	1.258	0.868
辽宁	0.469	0.532	0.600	0.719	0.847	0.904	0.994	0.985	0.966	0.998	1.071	0.820
天津	0.583	0.583	0.695	0.759	0.76	0.798	0.871	0.939	1.01	1.003	1.047	0.818
福建	0.422	0.474	0.557	0.664	0.74	0.817	0.887	0.934	1.025	1.119	1.120	0.780
湖南	0.327	0.39	0.501	0.606	0.696	0.775	0.843	0.915	0.992	1.06	1.078	0.729
河北	0.293	0.394	0.471	0.585	0.68	0.741	0.825	0.895	1	1.15	1.120	0.723
湖北	0.328	0.414	0.464	0.528	0.633	0.704	0.82	0.894	0.969	1.029	1.054	0.704
安徽	0.283	0.387	0.433	0.543	0.624	0.71	0.817	0.888	0.959	1.037	1.072	0.690
四川	0.333	0.406	0.469	0.563	0.65	0.708	0.775	0.848	0.925	0.952	0.994	0.683

续表

地区	2001年	2003年	2005年	2007年	2009年	2011年	2013年	2015年	2017年	2019年	2020年	平均值
重庆	0.33	0.397	0.432	0.55	0.628	0.665	0.794	0.878	0.956	1.011	1.021	0.680
河南	0.275	0.343	0.44	0.563	0.657	0.723	0.805	0.857	0.931	0.984	1.027	0.677
江西	0.297	0.384	0.446	0.561	0.651	0.685	0.761	0.827	0.897	0.945	0.997	0.663
山西	0.327	0.442	0.457	0.525	0.554	0.604	0.708	0.773	0.851	1.008	0.989	0.641
吉林	0.337	0.395	0.448	0.557	0.63	0.676	0.702	0.756	0.825	0.912	0.921	0.640
广西	0.296	0.366	0.428	0.513	0.586	0.627	0.706	0.761	0.848	0.97	0.953	0.625
陕西	0.302	0.36	0.405	0.453	0.537	0.574	0.66	0.709	0.773	0.97	1.036	0.616
黑龙江	0.316	0.384	0.427	0.495	0.574	0.618	0.721	0.765	0.789	0.864	0.877	0.612
内蒙古	0.306	0.359	0.414	0.504	0.569	0.629	0.68	0.701	0.689	0.776	0.774	0.575
宁夏	0.281	0.336	0.414	0.518	0.549	0.589	0.653	0.693	0.769	0.821	0.844	0.575
海南	0.395	0.403	0.392	0.495	0.523	0.547	0.623	0.626	0.673	0.715	0.729	0.546
新疆	0.293	0.374	0.402	0.481	0.522	0.555	0.62	0.66	0.688	0.652	0.696	0.536
云南	0.224	0.3	0.391	0.45	0.518	0.552	0.608	0.602	0.662	0.715	0.760	0.518
贵州	0.205	0.271	0.309	0.418	0.467	0.517	0.582	0.603	0.748	0.885	0.873	0.517
青海	0.297	0.3	0.35	0.424	0.434	0.486	0.574	0.582	0.628	0.669	0.683	0.489
甘肃	0.249	0.265	0.29	0.338	0.401	0.424	0.495	0.551	0.622	0.737	0.726	0.448
全国	0.378	0.446	0.514	0.615	0.683	0.749	0.834	0.887	0.960	1.040	1.062	0.730

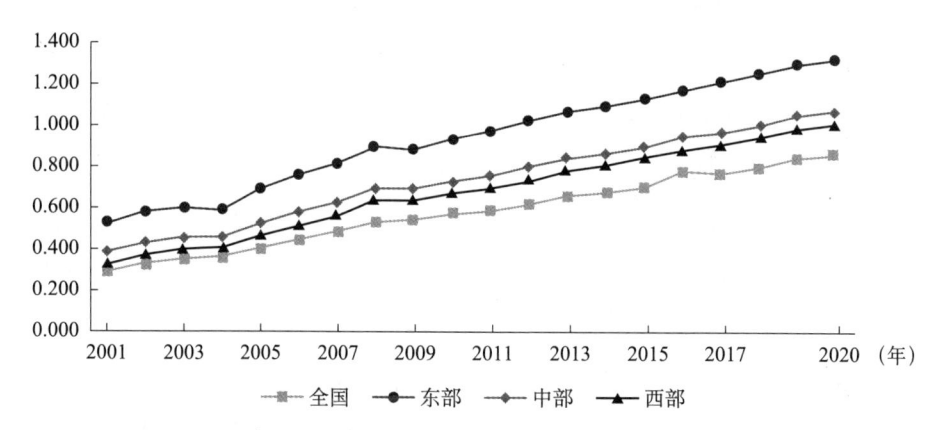

图4-11 全国及三大区域2001~2020年技术创新综合指数平均值

随着区域经济的发展，集聚经济逐渐成为我国经济发展的新动能。由前面分析可知，我国区域技术创新水平具有较明显的空间格局，技术创新水平高的地区主要集中在东部沿海地区，而中西部地区的技术创新水平普遍较低。为进一步分析我国技术创新水平的空间集聚特点，本章将2001~2020年分为"十五""十一五""十二五""十三五"四个时期，使用Arcgis软件分析不同时期我国区域技术创新水平的空间分布特点，结果见表4-6。由表4-6可知，总体看来，区域技术创新具有明显的空间集聚特征，技术创新水平较高的地区较少，主要分布在东部地区，技术创新水平较低的地区较多，主要分布在中西地区，总体呈现由东向西逐步衰减的趋势，并表现出南部强于北部的趋势。研究期内，北京、上海、广东这三个地区一直是技术创新水平最高的地区，而这三个地区都属于我国经济发达地区，说明我国技术创新格局呈现明显的经济依赖性特征。对比四个时期发现，"十五"和"十一五"两个时期的技术创新空间格局没有发生较大的变化，技术创新中高水平和高水平的地区相对稳定，呈现出一定的时空惯性，技术创新空间格局的二元结构比较明显，呈现"东高，中西低"的分布格局，"沿海—内陆"分化也较明显，中部地区技术创新表现为增长动力不足，而西部地区技术创新水平一直维持在低位，变化并不明显。"十二五"和"十三五"时期，中部地区创新能力逐渐增强，湖南、湖北、重庆、安徽、河北等地区正逐步追赶，空间失衡的加剧趋势得到缓解，整体由低水平集聚向优化均衡过渡发展。"十三五"时期，技术创新中高等水平以上的地区表现出明显的"集群化"特征，尤其在东部"京津冀—长三角"沿海地区已形成明显的创新连绵带。山东与京津冀和长三角地区实现无缝对接，在产业互补下集聚创新资源，促进创新能力不断提高。我国西部地区是技术创新能力的低值集中区，呈连片团状分布，在我国西部形成了一片创新洼地。总体来说，我国技术创新能力格局具有明显的经济活动地带性差异，高水平的创新地区作为区域创新引领极，广泛分布在东部发达地区，表现出明显的"集群化"特征，中部地区发展追赶显著加快，西部地区技术创新能力有待提高。

表4-6　　　　　　四个不同时期我国技术创新综合水平的层级分布

时期	低水平地区	中低水平地区	中高水平地区	高水平地区
"十五"时期	青海、甘肃、云南、贵州	新疆、内蒙古、黑龙江、吉林、宁夏、四川、陕西、江西、广西、重庆、湖北、安徽、湖南、山西、河北、河南、海南	辽宁、天津、山东、江苏、浙江、福建	广东、上海、北京

续表

时期	低水平地区	中低水平地区	中高水平地区	高水平地区
"十一五"时期	新疆、甘肃、青海、宁夏、陕西、云南、贵州、海南	黑龙江、吉林、内蒙古、山西、河北、河南、四川、重庆、湖北、安徽、广西、湖南、江西	辽宁、天津、山东、福建	北京、江苏、上海、浙江、广东
"十二五"时期	新疆、甘肃、青海、宁夏、内蒙古、陕西、云南、贵州、海南	黑龙江、吉林、河北、山西、河南、安徽、湖北、重庆、四川、江西、广西	辽宁、天津、山东、湖南、福建	北京、江苏、上海、浙江、广东
"十三五"时期	新疆、甘肃、青海、宁夏、内蒙古、云南、贵州、海南	黑龙江、吉林、山西、陕西、河南、四川、广西、江西	辽宁、天津、河北、山东、安徽、重庆、湖北、湖南、福建	北京、江苏、上海、浙江、广东

4.2 生态福利绩效的现状分析与测度

4.2.1 生态福利发展的总体现状

由上文可知，生态福利绩效围绕三个目标展开：一是加强资源消耗管理；二是减少环境污染危害；三是增加社会福利。因此，资源、环境和社会福利是研究生态福利绩效的主要组成部分。资源是地区经济发展的重要物质基础，它是社会经济发展中的生产投入指标。在某种程度上，资源消耗可以实现经济的快速发展，但过度的资源消耗会造成严重的环境污染。随着我国生态系统破坏和环境污染问题日益突出，资源的过度使用严重阻碍了地区福利水平的提高。本节通过分析我国生态福利的发展现状，包含资源消耗、环境污染和社会福利三个方面，为本书后续衡量生态福利绩效奠定了基础。

第一，资源消耗增速总体减缓，但区域差异明显。由图 4-12 可以看出，全国人均资源消耗量基本呈上升趋势，但存在资源消耗上的差别。人均水资源消耗在 2001~2003 年不断下降，平均下降率为 2.87%，从 2004 年开始，人均水资源消耗不断上升，在 2011 年达到峰值，期间仅 2007 年略有下降，但下降率仅有 0.11%，最大增长率达到 3.65%。从 2012 年开始，人均水资源消耗呈不断下降趋势，2020年人均用水量为411.9立方米，较2019下降3.69%，较2001年下降5.90%，足以见得在城镇化和科学技术进步的相伴成长下，一定程度上降低了水资源的消耗。从增长率上看，虽然水资源消耗规模呈下降态势，但是减小幅度相对较低，故应尽可能避免长期反弹现象。人均电力消耗量除在2015年有轻微下降外，其他年份均处于递增状态，且增长幅度较为明显，由2001年的1158千瓦时增加至2020年的5501千瓦时，平均增长率为8.63%，其中2003年增长速度为历年最高，达到14.85%。然而，从近年增速看，2018年同比增长率为7.99%，2019年增速降至4.32%，到2020年增速仅为2.71%，说明电力资源消耗的增速有降低趋势。人均建设用地面积呈波动上升趋势，2001~2008年用地面积不断上升，增长率最高可达6.17%，受国际金融危机影响，2009年和2010年建设用地面积有所下降，2011年后又出现反弹上升趋势，在2019年达到用地面积小高峰，但从增长速度看，2020年同比增速已为负值，年均用地增长速度有所减缓。因此，从整体看来，我国资源消耗总量虽有上升趋势，但由于技术进步及资源节约观念的盛行，资源消耗增速有减缓趋势。

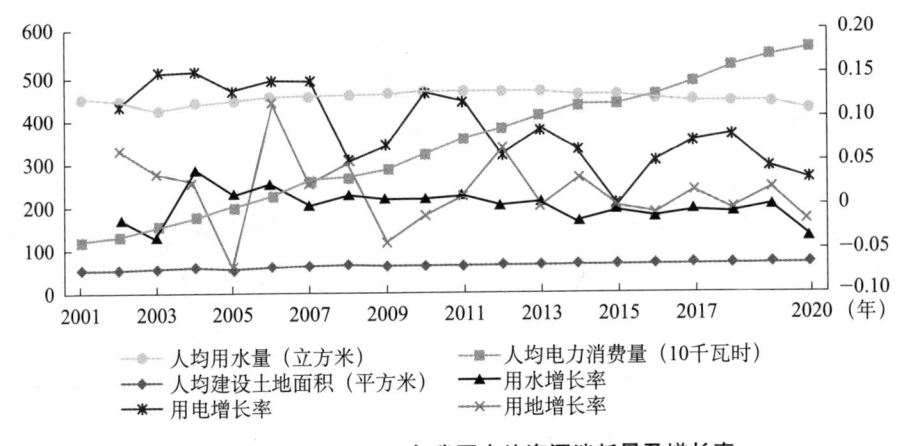

图4-12 2001~2020年我国人均资源消耗量及增长率

资料来源：历年《中国能源统计年鉴》。

图4-13为2001~2020年我国各省市资源消耗的平均值。从人均水资源消耗看，新疆地区的水资源消耗远大于其他地区，主要原因在于新疆地区降水量偏少，而灌溉农业发达，进而导致人均用水量较多。我国各地区平均用水量

为 507.09 立方米/人，人均用水量最高地区是新疆，为 2464.25 立方米/人，其次为宁夏和黑龙江，分别为 1112.69 立方米/人和 843.24 立方米/人；人均用水量最低的地区是山西，仅 187.58 立方米/人，其次为天津和北京，分别为 188.51 立方米/人和 197.48 立方米/人，可以看出水资源消耗量最低地区不足消耗量最高地区的 1/10。对比来看，东部地区用水量控制总体上要好于中西部地区，说明节水技术和节水措施在东部地区起到不错的效果。从人均电力资源消耗看，我国区域之间存在差异，以各地区人均电力消耗为基准，电力消费量排名前十的地区分别是宁夏、青海、内蒙古、上海、新疆、天津、浙江、江苏、山西和北京。其中，宁夏、青海、内蒙古和新疆属于西部地区，经济发展虽落后，但电力供应相当丰富，尤其宁夏地区是一个典型的送电区域，电力生产水平较高，电力消费水平随经济的不断发展有较大的发展空间。山西为中部地区，也属我国资源大省，支柱产业为能源产业，电力消耗也较大。其他地区均为东部发达地区，除河北、福建和海南外，东部地区人均电力消耗量均高于全国均值，说明东部地区虽能源少但负荷较多，在电力消费上具有较高的经济负担水平。从人均建设用地看，上海市的人均建设用地远大于其他地区，为 202.05 平方米/人，北京、天津、内蒙古、辽宁、吉林、黑龙江、上海、江苏、山东、宁夏和新疆地区的人均建设用地高于各地区平均水平，人均建设用地面积最低地区为云南，仅 44.28 平方米/人，甚至不足上海市的 1/4。总体来看，不同地区之间资源消耗存在明显差异，与地区资源禀赋和经济发展水平息息相关。

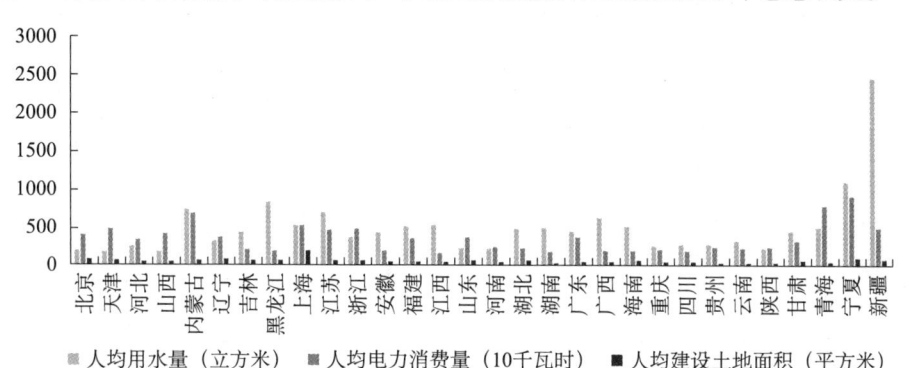

图 4-13　2001~2020 年各省份资源消耗平均值

资料来源：历年《中国能源统计年鉴》。

第二，环境整治力度加大，但环境污染问题依然严峻。改革开放以来，中国在经济发展方面取得了巨大成就，经济的持续快速增长对生态环境造成了巨大压力。原因在于，粗放型的经济增长模式主要通过生产方式的延伸和扩张来实现经济增长，资源利用效率低，环境资源消耗量大，容易造成严重的环境破坏和污染。环境污染主要是指在生产过程中形成的废气、废水和固体排放物对环境造成的污染。中国环境统计数据显示，2001 年我国废水排放量为 432.9 亿吨，此后一路攀升，2014 年突破 700 亿吨，2015 年达到高峰 735.3 亿吨，2016 年和 2017 年略有下降，2016 年为 711.1 万吨，2017 年为 699.7 亿吨，可以看出我国废水排放量的整体基数仍然庞大。废水中的化学需氧量一般用来表示废水中有机物的含量，由于有机物对于工业水系统的危害较大，因此需要重点关注废水中化学需氧量情况。表 4 – 7 为 2001～2020 年我国主要污染物的排放量及城市生活垃圾清运量。

表 4 – 7　　　　　　　2001～2020 年我国"三废"排放量　　　　　　单位：万吨

年份	废水中化学需氧量排放量	二氧化硫排放量	固体废物产生量	城市生活垃圾清运量
2001	1404.8	1947.2	88840	13470
2002	1366.9	1926.6	94509	13650
2003	1333.9	2158.5	100428	14857
2004	1339.2	2254.9	120030	15509
2005	1414.2	2549.4	134449	15577
2006	1428.2	2588.8	151541	14841
2007	1381.8	2468.1	175632	15215
2008	1320.7	2321.2	190127	15438
2009	1277.5	2214.4	203943	15734
2010	1238.1	2185.1	240944	15805
2011	2499.9	2217.9	326204	16395
2012	2423.7	2117.6	332509	17081
2013	2352.7	2043.9	330859	17239
2014	2294.6	1974.4	329254	17860
2015	2223.5	1859.1	331055	19142
2016	658.1	854.9	376457	20362
2017	608.9	610.8	393289	21521
2018	584.2	516.1	415269	22802
2019	567.1	457.3	448936	24206
2020	2564.8	318.2	367546	23512

资料来源：历年《中国环境统计年鉴》。

由表4-7可知，我国废水中化学需氧量排放量大致呈现"波动下降—波动上升—持续下降"三个阶段，2001~2010年，废水化学需氧量排放总量虽小幅下降但伴随着一定的年际波动，从2001年的1404.8万吨下降至2010年的1238.1万吨，2011~2015年为我国废水化学需氧量排放总量最大时期，平均年排放量高达2358.9万吨，但总体呈下降趋势，2016~2019年为我国废水化学需氧量排放量最小时期，平均排放量仅604.5万吨，说明相较于"十二五"时期，"十三五"时期我国全力推进水污染防治工作，水环境质量得到有效改善。但在2020年废水化学需氧量排放高达2564.8万吨，为近十年最高值，说明环境问题不容忽视，需对环境污染带来的反弹效应保持警惕。二氧化硫及烟（粉）尘排放是我国废气污染物的主要组成部分，由表4-7可以看出，我国二氧化硫排放总量呈下降趋势，2001年二氧化硫排放量为1947.2万吨，2006年二氧化硫排放总量最高，达到2588.8万吨，而后不断下降至2020年的318.2万吨，年平均下降率为7.48%，这是由于实施"两控区"政策以来，二氧化硫污染严重的局面不断扭转，政策实施的效果明显。从废弃物排放情况来看，工业固体废物产生量和生活垃圾清运量都在逐年升高，但在2020年有所减少，增长呈回落趋势，因此对工业企业制造的固体废物及居民产生的生活垃圾等问题需进一步治理。

综上可知，近几年我国污染物排放控制取得一定的成效，但总体污染物排放量的基数仍偏大，环境污染问题依然严峻。今后发展过程中需不断鼓励企业改进工艺生产技术，加强企业节能减排的积极性，减少污染物排放，进而实现环境治理与经济增长双赢目标。

第三，社会福利态势良好，但不平衡性问题突出。人类福利是由生态系统提供服务，以社会经济发展的形式表现出来的，这一过程涉及生态、经济和社会三个方面。生态建设与社会发展在福利性方面具有内在统一性，都反映在人类可持续的福利水平中，两者体现了福利性本质。一国的经济水平可以反映经济发展的效率，人类的健康状况能够反映生态文明建设和人类发展的效果，而教育本身就是建立在一定的物质条件、健康水平和生态环境质量之上的。

从经济层面看，根据国家统计局的数据，2020年我国国内生产总值101598.6亿元，比上年增长2.3%，国民收入总值1009151亿元，比上年增长

1.9%。截至 2020 年底，我国常住人口城镇化率超过 60%，全国居民人均可支配收入 32189 元，比上年增长 4.7%，城镇居民人均可支配收入 43834 元，比上年增长 3.5%，农村居民人均可支配收入 17131 元，比上年增长 6.9%，城乡居民人均可支配收入之比为 2.56∶1，比上年缩小 0.08，表明我国经济发展已逐步进入新时代。人均 GDP 最能反映一个国家或地区的经济发展水平。从图 4-14 可以看出，我国人均 GDP 从 2001 年的 8716.68 元增长到 2020 年的 71999.59 元，增长了约 7.26 倍，增长速度显著。2007 年，我国人均 GDP 为 20494.38 元，增长率最高达 22.44%，成功跨越低收入国家行列，进入中低收入国家行列；2014 年，我国人均 GDP 达到 46911.72 元，超过"中等偏上收入"标准，迈入中等偏上收入国家行列。2020 年，我国人均 GDP 为 71999.59 元人民币（约合 1.05 万美元），已接近高收入国家水平。然而，从图 4-14 可以看出，虽然中国的人均 GDP 呈上升趋势，但增速从 2007 年开始悄然下降，2015 年降至 6.42%。然后略有上升，后又开始下降。2020 年，受疫情影响，人均 GDP 增速仅为 2.38%，创近 20 年来新低。整体看来，虽然我国人均 GDP 年增长率在不断变化，但研究区间内的各年增长率均为正数，说明我国经济基本面较为平稳，经济社会发展势头良好。

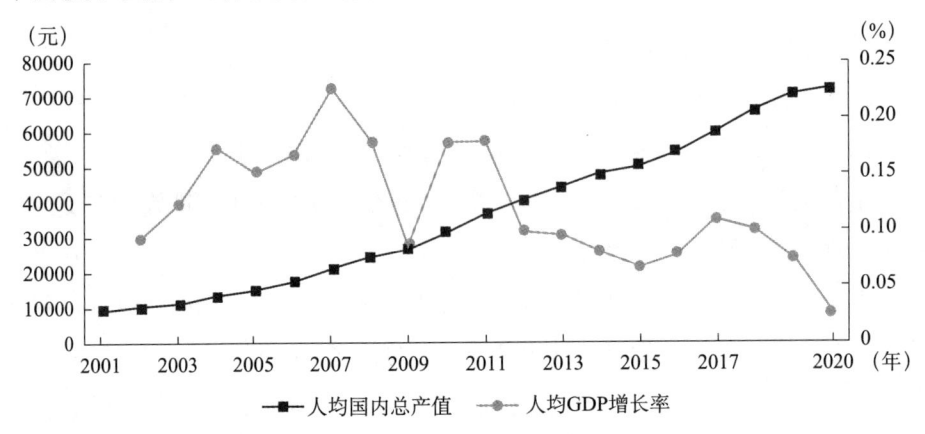

图 4-14　2001~2020 年我国人均 GDP 及增长率

资料来源：历年《中国统计年鉴》。

从健康状况上看，根据国家统计局公布的数据，2000 年我国人均预期寿命为 71.4 岁，2005 年达到 72.95 岁，2010 年上升到 74.83 岁，2015 年提高到 76.34 岁，到 2020 年已达到 77.93 岁，可以看出我国人均预期寿命整体呈现上升趋势。这主要归因于社会经济的全球化、现代医疗技术水平的提高、基础设施的建设、生活环境的改善等方面。从各地区人均预期寿命的时间变化来看，地区间人口预期寿命发展并不均衡。由图 4-15 可以看出，2001 年人均预期寿命最高的五个地区依次是上海、北京、天津、浙江和山东，分别为 78.14 岁、76.1 岁、74.91 岁、74.7 岁和 73.92 岁，均为东部发达地区；人均预期寿命最低的五个地区依次是云南、贵州、青海、新疆和江西，分别为 65.49 岁、65.96 岁、66.03 岁、67.41 岁和 68.95 岁，均不超过 70 岁且大多是西部欠发达地区，预期年龄最高地区上海与最低地区云南相差 12.6 岁左右。2010 年平均预期寿命最高的五个地区几乎没有变化（仅山东变为江苏），人均预期寿命最低的五个地区除江西变为甘肃外无任何变化，且贵州、甘肃和新疆三个地区预期寿命均已超过 70 岁，预期年龄最高地区上海与最低地区云南相差 10.7 岁左右。相较于前 10 年，各地区人均预期寿命均有提高，增幅最大的五个地区依次是江西、贵州、新疆、甘肃和陕西，分别是 5.38 岁、5.14 岁、4.94 岁、4.76 岁和 4.61 岁，大多是西部地区。2020 年，全国各地区人均预期寿命均已超过 70 岁，且像北京、天津、上海、浙江等发达地区预期寿命已超过 80 岁，预期年龄最高地区上海与最低地区青海相差 8.6 岁左右。总体看来，地区间的人口预期寿命发展并不均衡，发达地区平均预期寿命处于高位但增长幅度较小，欠发达地区平均预期寿命处于低位但增长幅度较大，且地区间预期寿命的差距有减少趋势。因此对于经济水平落后、地理环境恶劣的地区居民，其健康状况需要实施更多健康保障措施来改善。

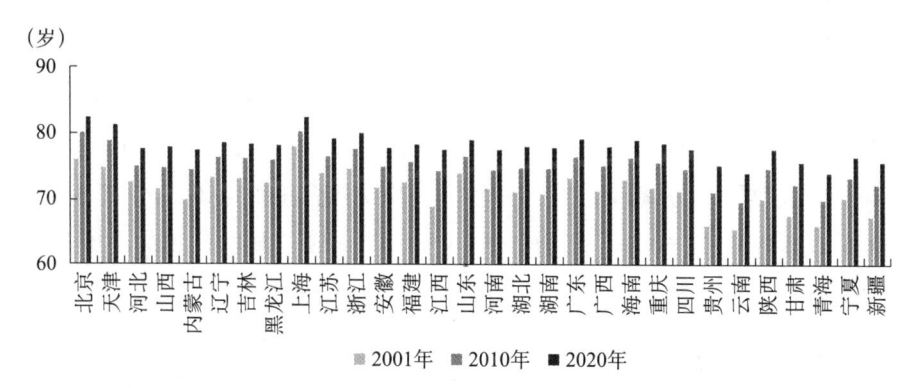

图 4-15　2001 年、2010 年和 2020 年各省份人均预期寿命

资料来源：历年《中国统计年鉴》。

从教育发展上看，随着我国经济的持续快速发展，我国教育支出规模呈现出不断上升的趋势。然而，中国的教育经费支出主要来自国家财政性的教育支出，这表明我国政府将教育作为公共产品进行投入的优势是绝对的，投入总量也在不断增加。财政教育支出占国内生产总值的比例，可以反映一个国家和政府对教育的重视程度，也可以反映全社会发展教育的努力程度。1993年，国务院在《中国教育改革和发展纲要》中明确规定，到20世纪末，国家财政性教育经费支出占国内生产总值的比重应达到4%。从图4-16可以看出，2012年之前我国的这一比例低于4%，尚未达到上述要求。自2012年以来，这一比例在我国首次超过4%，直到现在仍保持在4%以上。发达国家公共教育支出占国内生产总值的比例一直维持在5%~6%之间。由此可见，我国公共教育支出与发达国家相比仍然不足。近年来，我国经济增长速度有所放缓，但财政教育经费支出却表现为持续增长的趋势。这一特点表明，随着国民经济发展水平的不断提高，我国财政教育支出占GDP的比重将逐步提高到接近发达国家公共教育支出占国内生产总值平均值5%的水平。值得注意的是，虽然近几年我国公共教育支出较稳定，但各地区之间的差异还是比较大的。由图4-17可以看出，东、中、西部之间的公共财政教育经费平均支出存在着较为明显的非均衡状态。西部地区教育服务不平等现象依然严重，其主要原因是西部地区长期以来受到历史条件、经济发展水平、自然禀赋等诸多因素的制约。中西部地区的平均教育经费支出在时间趋势上表现出一致的特征，且均低于东部地区，而且中西部地区与东部地区的教育经费投入差距呈扩大趋势，表明我国教育投入的不平衡状况逐渐明显。此外，受教育年限的高低可以判断一个地区的国民素质水平和人口受教育水平。图4-17为2001~2020年全国劳动力人口、城乡劳动力人口的平均受教育年限。可以看出，我国的平均受教育年限总体上呈显著上升趋势。全国劳动力平均受教育年限从2001年的8.45年增加到2020年的10.60年，增加了2.15年，年均增长率为1.20%。其中，城镇人口的平均受教育年限从2001年的9.78年增加到2020年的11.50年，增加了1.72年，年均增长率为0.86%。这意味着，城市人口在普遍实现九年义务教育的基础上，又朝着普及高中阶段教育的方向迈进。农村人口的平均受教育年限从2001年的7.61年增加到2020年的9.2年，增加1.59年，年均增长率为 1.0%。这说明虽然我国已基本实现九年义务教育，但城乡人均受教育年限仍有将近两年的差距，这将不可避免地导致城乡教育发展不平衡。

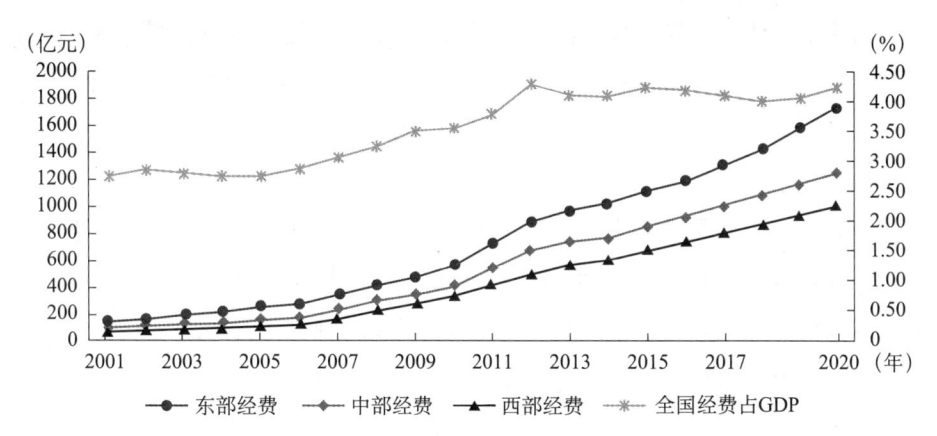

图 4-16 东中西部地区公共财政教育经费平均值及全国经费占 GDP 比重

资料来源：历年《中国教育经费统计年鉴》。

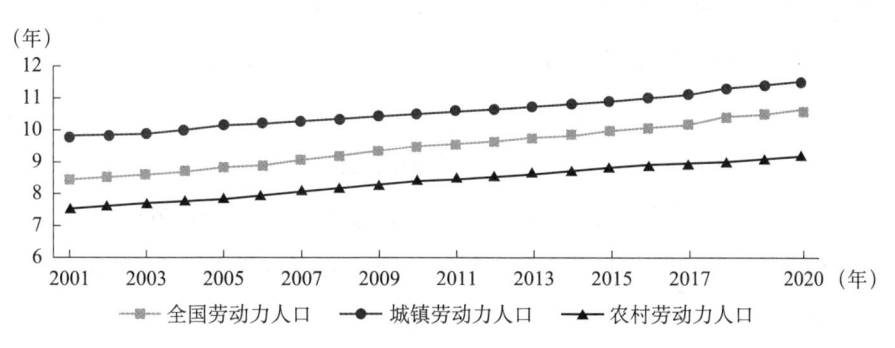

图 4-17 2001~2020 年全国劳动力人口平均受教育年限

资料来源：历年《中国人力资本报告》。

4.2.2 生态福利绩效水平的区域测度

4.2.2.1 生态福利绩效的量化

戴利（Daly，1974）提出，一国或一地区的可持续发展水平应以绩效指标来衡量，可表述为一定的资源消耗所带来的服务价值。以此为基础，国内学者诸大建（2009）首次提出生态福利绩效的概念，将其描述为自然消耗转化为人类福利的能效，并将其量化为人类发展指数与人均生态足迹之比。基于上述我国生态福利的特征分析，本书明确生态福利绩效的内涵是将生态资源高效转

化为人类福利的评价。其公式可以表示为:

$$生态福利绩效 = 福利（价值量）/自然消耗（实物量）$$

借鉴诸大建的研究，自然消耗采用人均生态足迹进行衡量，福利水平采用人类发展指数进行衡量。基于以上分析，本书的生态福利绩效公式表示为:

$$EWP = \frac{HDI}{ADG^*} \tag{4-6}$$

其中，EWP 表示生态福利绩效，HDI 表示人类福利水平，ADG 表示人均生态足迹，为保证计算结果准确性，ADG（人均生态足迹）在计算过程中与 HDI（人类发展指数）保持一致，进行无量纲化处理。

4.2.2.2 指标说明及研究方法

（1）生态足迹。生态足迹是指能够为一定人口提供消费的资源量，以及吸收人类生产和生活产生的工业废物和生活垃圾所需的生产性生态土地面积，主要包括土地和水域两大面积。这一概念由加拿大不列颠哥伦比亚大学的里斯（William E. Rees）教授于 1992 年提出。他认为，生态足迹可以从"源"和"汇"的维度衡量人类对资源的消费水平（Wackernagel et al., 1999; Wackernagel & Rees, 2013），并逐渐被学者广泛用于衡量自然消耗水平。其中，生产性生态用地面积是指具有生产能力的土地和具有生态能力的水域，主要分为六类[①]，即森林、建设用地、耕地、草原、化石能源用地和水域（Wackernagel & Rees, 1996; Wackernagel et al., 1997）。

瓦克纳格尔等（Wackernagel et al., 2002）认为，在量化生态足迹时需要满足六个假设。第一，人类在经济和社会发展过程中生产和消耗的资源，以及生产生活中产生的废物和垃圾都是可以追溯的；第二，生产和消费所消耗的资

---

① 第一类为森林，主要为人类提供生产所需木材、造纸所需木材及调节二氧化碳吸收和气候等其他生态环境功能，包括人工林和天然林；第二类为建设用地，建设用地的扩张可大量降低生物生产的数量，原因在于最为肥沃的农用耕地一般会被其占领，包括为人类提供住房、水电站、交通、制造业等基础设施而使用的土地；第三类为耕地，是指人类进行农作物种植的土地类别，包括人类所消费的食物、粮油、纤维织物、动物饲料等均来自耕地，这是最具有生产能力的土地类型；第四类为草原，主要用来饲养牲畜以获取人类所需的皮毛、奶类、肉类等其他项目；第五类为化石能源用地，是指燃烧化石能源时吸收二氧化碳所需的林地面积，它不包括海洋吸收的二氧化碳部分，也不包括化石能源和其他产品排放的其他有毒气体；第六类为水域，一般为人类提供鱼、虾等其他海鲜产品，是指人类从事渔业生产和进行渔业捕捞所需的水域面积。

源以及产生的废物和垃圾需要转化为相应的土地面积；第三，不同生态生产能力的各类土地面积可以换算成全球标准公顷，可以相当于当年的全球平均生产力；第四，假设各类土地的用途不能相互替代，可通过计算各类土地的均衡因子进行加权求和；第五，以全球标准公顷为单位的生态土地面积可以量化生态系统为人类提供的生产和生态空间；第六，资源承载力是可以被生态足迹超越的，生态足迹的具体计算方法如下：

$$DG = N \times dg = N \sum r_j (P_i + I_i + E_i)/(Y_i \times N) \quad (4-7)$$

其中，DG 为生态足迹总和，dg 为生态足迹人均值，j 为生产生态土地类型的数量，$j=6$，N 为总人口数量，i 为生产和消费产品的种类，P_i 为资源的生产数量，I_i 为资源的进口数量，E_i 为资源的出口数量，r_i 为各类资源的均衡因子，Y_i 为第 i 类生产和消费品的全球平均产量。

自学者提出生态足迹概念以来，生态足迹在学术界得到了广泛应用，并在此基础上进行了改进和创新。本书借鉴王洪波（2013）的研究，生态足迹（DG）由四种不同类型生态足迹①之和来表示，其中 DG_1 表示污染生态足迹，DG_2 表示消费生态足迹，DG_3 表示水资源生态足迹，DG_4 表示生产生态消费足迹，公式如下：

$$DG = N \times ADG = DG_1 + DG_2 + DG_3 + DG_4 \quad (4-8)$$

$$DG_1 = \sum_{d=1}^{q} \gamma_d Q_d / Y_d \quad (4-9)$$

$$DG_2 = \gamma_b \sum_{j=1}^{m} C_j / Y_j + \gamma_c \times A_c / Y_c \quad (4-10)$$

$$DG_3 = \gamma_e W_e / P_e \quad (4-11)$$

$$DG_4 = \sum_{k=1}^{4} \gamma_k \sum_{j=1}^{n} P_{ki} / Y_{ki} \quad (4-12)$$

其中，d 代表三种污染物（水、大气、固体废物），Q_d 代表污染物排放量，γ 为均衡因子，三种污染物均衡因子分别是 0.05、0.37、3.91，Y_d 表示土地污染物吸收能力。式（4-10）中，j 为化石能源种类，γ_b 和 γ_c 分别代表化石能源和建筑用地均衡因子，取值为 0.19 和 3.91，C_j 和 A_c 分别代表化石

---

① 各地区的四种生态足迹数据详情见附录。

能源和电能年消费量，Y_j 和 Y_e 分别代表化石能源和电能全国平均生产力。式（4-11）中，e 代表水资源，W 为消费量，γ_e 代表水资源均衡因子，取值 5.19，P 代表全国生产能力。式（4-12）中，k 代表四种生产土地类型（耕地、林地、草地、水域），n 代表第 k 类生物质种数，γ_k 代表四类土地均衡因子，取值为 3.91、0.67、0.10、0.05，Y_{ki} 和 p_{ki} 代表第 k 类土地第 i 种生物质平均生产力和年产量。

（2）人类发展指数。1990 年，联合国开发计划署（UNDP）首次提出了人类发展指数的概念，并发表在当年的《人类发展报告》中。报告指出，人类发展指数的衡量必须基于三个基本指标，即生活质量、预期寿命和教育水平。人类发展指数的综合指标可以按照一定的方法来计算，主要用来衡量一个国家或地区的社会经济发展水平。依据上文的福利经济学理论，本书使用人类发展指数来衡量人类福利水平，并根据《2010 年人类发展报告》中的方法进行计算。

需要特别指出的是，2010 年联合国开发计划署重新调整了计算人类发展指数的基本指标，从人类发展的最终目标来衡量人类发展指数，将原来的三个维度调整为体面生活、健康长寿和知识，如图 4-18 所示。与 2010 年之前的基本指标进行比较[①]，2010 年后在计算体面的生活维度时，采用人均国民收入 GNP（美元）来衡量；在计算知识维度时，使用平均受教育年限和预期受教育年限来衡量；而健康长寿指标不变，仍采用出生时预期寿命来衡量。

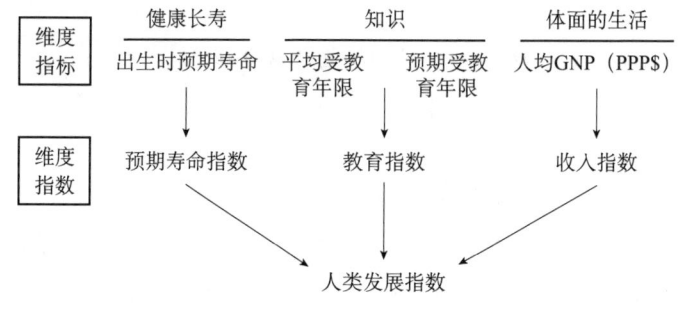

图 4-18 人类发展指数构成

资料来源：《2010 年人类发展报告》。

[①] 2010 年之前，知识维度采用毛入学率（%）和成人识字率（%）来衡量；体面的生活维度采用人均国内生产总值来衡量；健康长寿采用出生时预期寿命来衡量。

人类发展指数是三个维度指数的几何平均值,具体如式(4-13)所示:

$$HDI = 预期寿命指数^{1/3} × 教育指数^{1/3} × 收入指数^{1/3} \quad (4-13)$$

其中,预期寿命指数、教育指数和收入指数计算方法如下:

$$预期寿命指数 = \frac{预期寿命 - 最小值}{最大值 - 最小值} \quad (4-14)$$

$$教育指数 = \frac{\sqrt{平均受教育指数 × 预期受教育指数} - 最小值}{最大值 - 最小值} \quad (4-15)$$

$$收入指数 = \frac{\log(人均 GNI) - \log(最小值)}{\log(最大值) - \log(最小值)} \quad (4-16)$$

其中,平均受教育指数=(平均受教育年限-最小值)/(最大值-最小值),其中,平均受教育年限=(小学毕业人口数×6+初中毕业人口数×9+高中毕业人口数×12+大专及以上毕业人口数×16)/6岁以上总人口;预期受教育指数=(预期受教育年限-最小值)/(最大值-最小值),其中,预期受教育年限=6×小学毛入学率+3×初中毛入学率+3×高中毛入学率+4×高等教育毛入学率。由于部分数据缺失,本节在计算过程中,小学毛入学率默认为100%,2010年之前的初、高中毛入学率是由后几年的数据拟合得到的,高等教育毛入学率近似等于高中毛入学率[1],而式(4-14)的预期寿命数据是通过线性插值法得到的。然后,以《2010年人类发展报告》中的阈值(见表4-8)为标准,在式(4-14)、式(4-15)和式(4-16)中分别采用极值法对HDI的3个指标进行无量纲化处理。

表4-8　　　　　　　　　人类发展指数计算的阈值

维度	最大值	最小值
预期寿命(年)	83.4	20
平均受教育年限(年)	13.1	0
预期受教育年限(年)	18	0
教育指数	0.978	0
人均GNP(PPP美元)	107721	100

资料来源:《2010年人类发展报告》。

---

[1] 平均受教育年限和预期受教育年限数据详见附录。

4.2.2.3 测度结果与分析

（1）自然资源消耗水平。由式（4-8）~式（4-12）可以计算出我国2001~2020年30个省份的自然资源消耗水平，并按照平均值从高到低进行排序，具体结果见表4-9。由表4-9可知，自然资源消耗水平排名前五的地区分别是内蒙古、海南、新疆、宁夏、黑龙江，均属于欠发达地区，自然资源消耗水平排名最后五名的地区分别是江苏、北京、广东、浙江、上海，均属于发达地区。这是因为欠发达地区受经济条件限制，主要是通过将资源优势转化为经济成果，导致该地区自然资源消耗增加，生态环境恶化。然而，发达地区经济的快速发展推动了科技创新，这导致了经济发展模式逐步向集约型转变，自然资源消耗不断减少。研究期内，内蒙古自然资源消耗均值为13.727，上海自然资源消耗均值为0.859，二者相差高达15倍左右，可见地区之间因经济发展水平和自然资源条件不同导致自然资源消耗水平存在严重差异。从时间序列上来看，不同地区的自然资源消耗水平具有显著的差异，如北京、天津、上海、浙江等10个地区随着时间推移自然资源消耗水平在逐步减少，尤其是新疆和海南，虽然是自然资源消耗水平较高地区，但却有逐步减少趋势。而广西、云南、宁夏等地区自然资源消耗水平反而在逐步增加。同时可以发现，自然资源消耗水平高的地区的经济发展水平不是很高。可见，部分中西部地区已逐步摆脱自然资源依赖困境，不断减少自然资源消耗，转变经济增长方式，但仍有少许地区通过增加自然资源消耗而获得经济效益，从而造成生态环境恶化。

表4-9　　　　　　2001~2020年我国各地区自然资源消耗水平

地区	2001年	2003年	2005年	2007年	2009年	2011年	2013年	2015年	2017年	2019年	2020年	平均值
内蒙古	7.895	10.452	14.688	14.923	15.422	16.042	14.305	14.126	14.110	14.118	14.115	13.727
海南	15.959	15.108	13.958	13.455	14.092	13.980	13.528	12.250	12.244	12.244	12.244	13.675
新疆	9.610	9.200	9.705	8.793	6.969	7.686	7.356	7.340	7.126	7.068	7.089	8.011
宁夏	5.800	6.063	6.045	5.836	6.188	7.359	7.305	7.745	7.553	7.649	7.613	6.775
黑龙江	5.256	5.458	6.169	5.688	6.075	7.470	5.911	6.041	6.164	6.102	6.125	6.000
云南	5.066	5.017	5.611	5.540	6.094	6.231	5.834	5.906	5.995	5.950	5.967	5.722
青海	7.470	6.435	5.764	6.272	5.118	5.538	5.627	5.473	5.223	5.348	5.301	5.705

续表

地区	2001年	2003年	2005年	2007年	2009年	2011年	2013年	2015年	2017年	2019年	2020年	平均值
广西	4.690	4.410	5.208	5.291	5.362	6.077	6.037	6.092	6.053	6.073	6.065	5.558
河北	5.366	5.583	5.828	4.772	4.413	4.689	4.159	4.552	4.575	4.564	4.568	4.817
吉林	4.060	4.348	5.300	4.688	4.379	5.773	4.561	4.549	4.542	4.545	4.544	4.631
河南	4.418	4.433	4.781	4.223	4.383	5.272	4.426	4.352	4.242	4.297	4.277	4.479
贵州	4.009	3.620	3.624	3.329	3.328	3.889	3.792	5.322	5.915	5.618	5.729	4.298
辽宁	3.211	3.541	4.284	3.938	4.104	4.772	4.200	4.093	4.046	4.070	4.061	4.026
湖南	3.865	3.939	5.259	4.067	4.348	4.343	3.851	3.660	3.239	3.449	3.370	4.012
山东	4.332	4.413	4.303	3.663	3.620	4.072	3.605	3.536	3.544	3.540	3.541	3.811
湖北	2.595	3.354	3.520	3.832	4.143	4.706	3.812	3.572	3.201	3.206	3.204	3.517
江西	3.149	3.245	3.900	3.728	3.461	4.197	3.319	3.258	3.294	3.276	3.283	3.471
陕西	3.507	3.263	3.057	2.994	3.339	3.414	3.594	3.406	3.625	3.515	3.556	3.303
福建	3.345	3.305	3.815	3.190	2.955	2.743	2.640	2.687	2.640	2.663	2.654	2.961
四川	3.045	3.294	2.971	2.890	2.790	3.114	2.621	2.594	2.544	2.569	2.560	2.824
甘肃	2.474	2.495	2.583	2.607	2.703	3.121	2.947	2.964	2.874	2.919	2.902	2.761
重庆	3.109	2.881	2.887	2.533	2.423	2.707	3.714	2.284	2.102	2.193	2.159	2.689
安徽	2.874	2.866	2.836	2.536	2.466	3.047	2.573	2.558	2.523	2.540	2.534	2.658
天津	3.554	4.000	3.670	2.555	2.310	2.144	1.825	1.761	1.726	1.743	1.737	2.499
山西	2.434	2.496	2.400	2.069	2.113	2.445	2.259	2.268	2.161	2.215	2.194	2.258
江苏	2.460	2.333	2.121	1.708	1.706	2.192	1.736	1.691	1.654	1.672	1.666	1.889
北京	3.234	3.638	2.753	1.671	1.351	1.231	1.075	1.003	1.017	1.010	1.013	1.753
广东	1.771	1.643	1.695	1.459	1.430	1.566	1.406	1.526	1.535	1.526	1.529	1.525
浙江	1.812	1.698	1.533	1.305	1.250	1.329	1.079	0.963	0.831	0.897	0.873	1.241
上海	1.855	1.405	0.987	0.765	0.742	0.786	0.684	0.619	0.579	0.599	0.592	0.859
全国	4.408	4.308	4.708	4.344	4.303	4.731	4.326	4.273	4.229	4.239	4.235	4.382

进一步，将我国30个省份分成东、中、西三个区域进行比较分析，根据计算可得，2001~2020年东部地区平均自然资源消耗水平为3.550，中部地区为3.878，西部地区为5.579，可见，西部地区自然资源消耗水平最高，东部地区自然资源消耗水平最低，与上文分析的自然资源消耗水平高的地区经济发展水平较低这一特征相一致。图4-19揭示了2001~2020年东部、中部和西

部地区自然资源消耗水平变化趋势。由图4-19可知，东部地区自然资源消耗水平除了在2011年有所上升外，总体呈下降趋势，而中部和西部地区总体上呈现先上升后下降并趋于平稳趋势。在2005年之后，自然资源消耗水平总体呈现"西部＞全国＞中部＞东部"的态势。主要原因是，一方面，中西部地区的主导产业主要是资源密集型产业，消耗大量自然资源；另一方面，受限于科技水平，自然资源利用率不高，导致中西部地区自然资源消耗水平较高。此外，在西部大开发战略下，为了促进经济增长，开发了大量自然资源，使生态环境恶化。

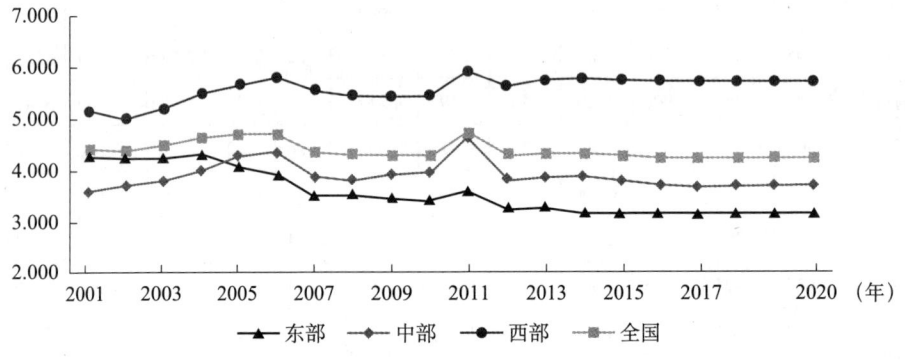

图4-19　全国及三大区域2001~2020年平均自然资源消耗水平

（2）人类福利水平。根据人类发展指数计算公式，可以得到2001~2020年我国30个省份人类福利水平，并按照平均值由高到低进行排序（见表4-10）。由表4-10可知，整体看来，各地区人类福利水平呈现不断上升趋势，相较于2001年，2020年各地区人类福利水平取得了较大的突破。人类福利水平排名前五的地区分别是北京、上海、天津、浙江和江苏，均属于发达地区，排名后五名的地区分别是江西、青海、甘肃、云南和贵州，均属于欠发达地区，说明人类福利水平的提高有赖于地区的经济发展。2001年人类福利水平最高值与最低值相差0.273，而到2020年二者仅相差0.192。说明我国近几年在基础教育、医疗卫生等方面逐渐减少地区差距，尽可能促进人类福利均衡发展。从时间序列上看，除河南、江西、青海在"十三五"期间的人类福利水平有轻微下降外，其他地区的人类福利水平在均呈现不断上升的趋势。可见，随着我国教育、医疗卫生等条件的改善，各地区的人类福利水平具有较大的增长空间。

表4-10　　2001~2020年我国各地区人类福利水平

地区	2001年	2003年	2005年	2007年	2009年	2011年	2013年	2015年	2017年	2019年	2020年	平均值
北京	0.708	0.730	0.754	0.782	0.797	0.822	0.838	0.849	0.872	0.896	0.872	0.808
上海	0.709	0.730	0.747	0.769	0.785	0.799	0.812	0.825	0.836	0.847	0.836	0.789
天津	0.667	0.692	0.723	0.748	0.774	0.806	0.822	0.832	0.841	0.851	0.841	0.781
浙江	0.626	0.652	0.672	0.702	0.723	0.754	0.774	0.776	0.780	0.783	0.780	0.729
江苏	0.610	0.635	0.667	0.695	0.719	0.754	0.770	0.783	0.793	0.803	0.793	0.727
广东	0.614	0.634	0.663	0.690	0.710	0.740	0.750	0.764	0.773	0.782	0.773	0.716
辽宁	0.607	0.631	0.653	0.683	0.713	0.746	0.770	0.773	0.767	0.761	0.767	0.715
内蒙古	0.564	0.595	0.639	0.678	0.713	0.752	0.762	0.775	0.788	0.801	0.788	0.712
山东	0.598	0.620	0.650	0.680	0.708	0.735	0.752	0.764	0.773	0.782	0.773	0.711
福建	0.599	0.618	0.639	0.670	0.702	0.733	0.748	0.762	0.765	0.768	0.765	0.705
吉林	0.574	0.597	0.628	0.666	0.697	0.731	0.752	0.757	0.761	0.764	0.761	0.698
湖北	0.546	0.571	0.596	0.636	0.667	0.712	0.741	0.753	0.762	0.770	0.762	0.681
黑龙江	0.580	0.600	0.628	0.655	0.677	0.713	0.725	0.735	0.719	0.702	0.719	0.678
陕西	0.526	0.560	0.597	0.636	0.670	0.714	0.741	0.752	0.757	0.763	0.757	0.678
河北	0.567	0.594	0.622	0.649	0.674	0.706	0.721	0.728	0.726	0.724	0.726	0.675
海南	0.552	0.577	0.599	0.631	0.658	0.698	0.723	0.733	0.738	0.743	0.738	0.670
山西	0.542	0.576	0.610	0.647	0.670	0.705	0.716	0.724	0.726	0.728	0.726	0.669
湖南	0.535	0.559	0.595	0.632	0.663	0.701	0.720	0.734	0.746	0.757	0.746	0.669
宁夏	0.536	0.561	0.589	0.626	0.661	0.698	0.721	0.730	0.747	0.763	0.747	0.668
新疆	0.552	0.572	0.598	0.625	0.647	0.692	0.710	0.720	0.715	0.710	0.715	0.659
重庆	0.552	0.580	0.606	0.636	0.668	0.618	0.657	0.690	0.733	0.777	0.733	0.657
安徽	0.521	0.549	0.576	0.610	0.643	0.686	0.703	0.722	0.726	0.731	0.726	0.652
河南	0.534	0.554	0.595	0.628	0.655	0.689	0.704	0.716	0.702	0.689	0.702	0.652
四川	0.523	0.546	0.573	0.611	0.642	0.684	0.706	0.715	0.717	0.719	0.717	0.649
广西	0.513	0.537	0.572	0.610	0.639	0.684	0.700	0.711	0.712	0.713	0.712	0.645
江西	0.511	0.550	0.577	0.617	0.647	0.688	0.708	0.708	0.698	0.689	0.698	0.645
青海	0.514	0.544	0.575	0.608	0.636	0.675	0.699	0.702	0.692	0.681	0.692	0.638
甘肃	0.492	0.521	0.551	0.587	0.613	0.658	0.677	0.694	0.700	0.705	0.700	0.626
云南	0.484	0.498	0.529	0.562	0.589	0.630	0.656	0.668	0.674	0.680	0.674	0.602
贵州	0.436	0.468	0.505	0.548	0.585	0.633	0.669	0.682	0.680	0.679	0.680	0.595
全国	0.563	0.588	0.617	0.651	0.678	0.712	0.732	0.743	0.747	0.752	0.747	0.683

进一步，将我国30个省份分成东、中、西三个区域进行比较分析，根据计算可得，东部地区平均人类福利水平为0.730，中部地区为0.668，西部地区为0.648，东部地区人类福利水平最高，中部次之。图4-20为2001~2020年三大区域的人类福利水平变化趋势。由图4-20可知，三大区域人类福利水平均呈现上升趋势，东部地区远高于全国平均水平，中部地区与全国平均水平基本持平，而西部地区低于全国平均水平，人类福利水平总体呈现"东高—中平—西低"的格局。这是因为东部地区对外开放程度高，经济发展起步比较早，发展速度比较快，教育类设施和服务比较完善，而中部和西部地区，特别是西部偏远的农村地区，教育水平和医疗卫生条件比较差，居民的福利水平较低。从增速来看，西部地区人类福利水平增长最快，与中部地区差距逐渐缩小，主要是由于在西部大开发的战略背景下，西部地区居民健康、知识和生活三个方面均得到了较大的提升（钟海梅，2021）。

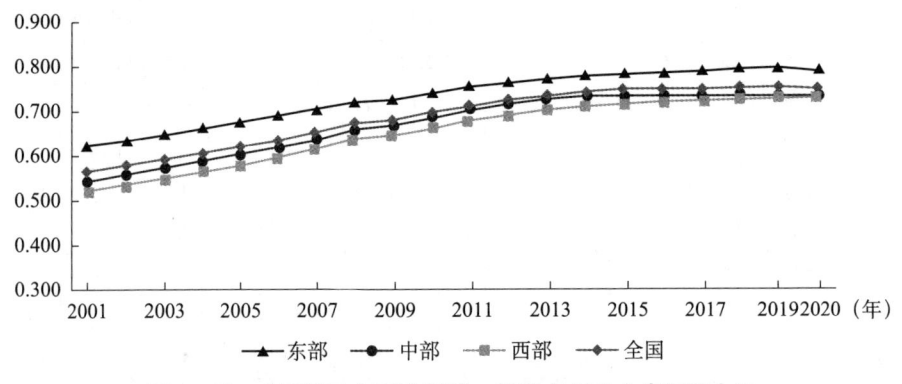

图4-20　全国及三大区域2001~2020年平均人类福利水平

（3）生态福利绩效水平。根据生态福利绩效公式，可得到2001~2020年我国30个省份的生态福利绩效，并按照均值从高到低排序（见表4-11）。由表4-11可知，从全国平均水平上看，我国生态福利绩效呈现上升趋势，但整体水平较低，且增长速度较慢。从各地区看，生态福利绩效高于全国平均水平的地区仅有8个，排名前五的地区分别是上海、浙江、北京、广东和江苏，均属于发达地区，这些地区自然资源消耗水平低，而人类福利水平高，进而具有较高的生态福利绩效；排名最后五名的地区分别是云南、宁夏、新疆、内蒙古、海南，均属于欠发达地区，这些地区自然资源消耗水平高，而人类福利水平低，进而具有较低的生态福利绩效。根据"五年计划"将 2001～2020 年分为四个阶段，大部分地区的生态福利绩效在这四个时期内都有所提升，但提升速度不一，上海地区提升最快，由"十五"时期的 0.349 提升到 2020 年的 0.919，说明上海地区在经济发展中不断推进人类福利提升和资源节约双赢模式，其次是浙江和北京。内蒙古和湖北地区在"十一五"期间有所下降，虽然在后两个时期有所提升，但仍低于"十五"时期的生态福利绩效。贵州和宁夏地区"十二五"时期有所下降，但在"十三五"时期得到有效提升。

表 4-11　　　　　　　2001～2020 年各地区生态福利绩效

地区	2001年	2003年	2005年	2007年	2009年	2011年	2013年	2015年	2017年	2019年	2020年	平均值
上海	0.237	0.322	0.468	0.623	0.656	0.630	0.735	0.825	0.888	0.951	0.982	0.658
浙江	0.214	0.238	0.272	0.333	0.358	0.352	0.444	0.499	0.565	0.631	0.664	0.404
北京	0.136	0.124	0.170	0.290	0.365	0.414	0.483	0.524	0.531	0.538	0.542	0.370
广东	0.215	0.239	0.242	0.293	0.308	0.293	0.330	0.310	0.347	0.375	0.390	0.305
江苏	0.154	0.169	0.195	0.252	0.261	0.213	0.275	0.287	0.297	0.307	0.311	0.247
天津	0.116	0.107	0.122	0.181	0.208	0.233	0.279	0.292	0.302	0.311	0.315	0.220
山西	0.138	0.143	0.157	0.194	0.196	0.179	0.196	0.198	0.207	0.217	0.222	0.187
重庆	0.110	0.125	0.130	0.155	0.171	0.163	0.122	0.203	0.219	0.235	0.243	0.166
安徽	0.112	0.119	0.126	0.149	0.161	0.139	0.169	0.175	0.178	0.182	0.183	0.154
福建	0.111	0.116	0.104	0.130	0.147	0.166	0.175	0.176	0.179	0.183	0.185	0.151
四川	0.106	0.103	0.119	0.131	0.143	0.136	0.167	0.171	0.175	0.178	0.180	0.145
甘肃	0.123	0.129	0.132	0.140	0.141	0.131	0.142	0.145	0.150	0.156	0.159	0.141
陕西	0.093	0.106	0.121	0.134	0.124	0.130	0.128	0.137	0.143	0.149	0.152	0.131
湖北	0.130	0.105	0.105	0.103	0.100	0.094	0.120	0.131	0.156	0.182	0.195	0.127
江西	0.101	0.105	0.092	0.103	0.116	0.102	0.132	0.135	0.137	0.139	0.140	0.118
山东	0.086	0.087	0.094	0.115	0.121	0.112	0.129	0.134	0.135	0.136	0.137	0.117
辽宁	0.117	0.110	0.094	0.107	0.108	0.097	0.114	0.117	0.117	0.118	0.118	0.110
湖南	0.086	0.088	0.070	0.096	0.094	0.100	0.116	0.124	0.140	0.155	0.163	0.109
贵州	0.067	0.080	0.086	0.102	0.109	0.101	0.109	0.079	0.113	0.153	0.173	0.103
河北	0.066	0.066	0.066	0.084	0.095	0.093	0.107	0.099	0.116	0.132	0.141	0.095
吉林	0.088	0.085	0.073	0.088	0.099	0.078	0.102	0.103	0.104	0.104	0.105	0.094
河南	0.075	0.077	0.077	0.092	0.093	0.081	0.099	0.102	0.102	0.103	0.103	0.091

续表

地区	2001年	2003年	2005年	2007年	2009年	2011年	2013年	2015年	2017年	2019年	2020年	平均值
广西	0.068	0.075	0.068	0.071	0.074	0.070	0.072	0.072	0.073	0.073	0.074	0.072
黑龙江	0.068	0.068	0.063	0.071	0.069	0.059	0.076	0.075	0.077	0.077	0.078	0.071
青海	0.043	0.052	0.062	0.060	0.077	0.076	0.077	0.080	0.082	0.084	0.086	0.071
云南	0.059	0.062	0.058	0.063	0.060	0.063	0.070	0.070	0.071	0.071	0.072	0.065
宁夏	0.057	0.057	0.060	0.066	0.066	0.059	0.061	0.058	0.069	0.075	0.078	0.064
新疆	0.036	0.039	0.038	0.044	0.058	0.056	0.060	0.061	0.065	0.068	0.070	0.053
内蒙古	0.044	0.035	0.027	0.028	0.029	0.029	0.033	0.034	0.035	0.035	0.036	0.033
海南	0.021	0.024	0.027	0.029	0.029	0.031	0.033	0.037	0.040	0.043	0.045	0.032
全国	0.102	0.108	0.117	0.144	0.154	0.149	0.172	0.182	0.194	0.205	0.211	0.157

进一步，将我国 30 个省份分成东、中、西三个区域进行比较分析，图 4-21 为 2001~2020 年三大区域的生态福利绩效变化趋势。由图 4-21 可知，全国及三大区域的生态福利绩效除 2011 年有轻微下降外（与上文 2011 年自然资源消耗水平上升有关），其他年份呈上升趋势，整体呈现"东部>全国>中部>西部"格局。东部地区生态福利绩效不仅远超于中西部地区，而且增长速度也最快，中西部地区不仅水平低而且增长速度也较慢，进而导致东部与中西部地区之间的差距越拉越大，主要原因在于东部地区人类福利水平最高，而自然资源消耗水平最低，与上文描述相符。

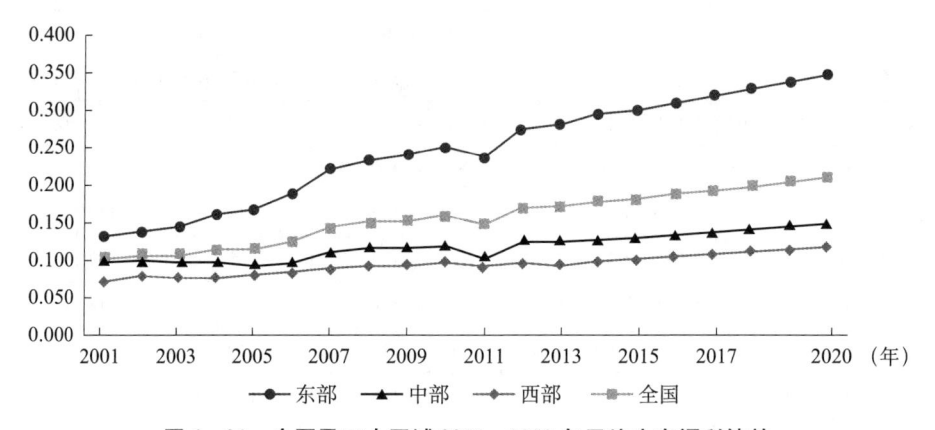

图 4-21 全国及三大区域 2001~2020 年平均生态福利绩效

为了分析我国生态福利绩效的空间格局特征，本节结合 Arcgis 软件的测度结果和自然断裂点分类，选取"十五""十一五""十二五"和"十三五"时

第4章 技术创新与生态福利绩效的现状分析与水平测度

期的平均数据,分析我国生态福利绩效空间分布特点,结果见表4-12。由表4-12可知,"十五"期间,生态福利绩效中高水平以上的地区较多,主要分布在中东地区,中低水平以下的地区较少,主要分布在中西部边缘地区,生态福利绩效在空间上呈现各类型连片分布。可见,在这一时期,我国地区之间的生态福利绩效差距较小,空间分布相对均衡。"十一五"时期,生态福利绩效空间格局发生了较大的变化,仅上海成为高水平地区,中高水平以上的地区大量减少,且主要分布在东部边缘地区,中低水平的地区大量增加,且主要分布在中西部地区,东部地区成为生态福利绩效较高水平的重点集聚区,但是这样的发展布局加剧了生态福利绩效空间分布的不平衡。"十二五"时期,生态福利绩效高水平地区仍为上海,中高水平地区仅增加天津地区,中低水平地区增加山东和江西地区,其他地区均没有发生变化。"十三五"时期,生态福利绩效高水平地区增加两个,分别是北京和浙江,但中高水平以上的地区数量没有发生变化,中低水平的地区数量在增加,低水平地区的数量有所减少。以上分析可以看出,"十一五"之前,我国整体生态福利绩效水平较低且空间分布相对均衡,"十一五"之后,上海地区首先打破了该平衡,以相当快的速度与其他地区拉开距离,紧随其后的地区分别是北京、江苏、浙江、广东和天津,均属于东部发达地区。"十二五"和"十三五"时期,我国生态福利绩效的空间分布没有发生较大的变化,相对比较稳定,呈现出一定的时空惯性,生态福利绩效空间格局的二元结构比较明显,东部地区生态福利绩效增长较快,而西部地区一直维持在低位,变化并不明显,空间分布不均衡性增强。这是因为东部地区存在资本和技术优势,经济、科教和医疗实力雄厚,社会福利资源充足,生态福利绩效水平遥遥领先;西部地区一方面经济福利水平较低,另一方面虽存在自然资源优势,但随着资源依赖增强,生态环境问题日益严峻,在其双重影响下,使得生态福利绩效水平较低(张文星,2020)。

表4-12 四个不同时期我国生态福利绩效水平的层级分布情况

时期	低水平地区	中低水平地区	中高水平地区	高水平地区
"十五"时期	新疆、青海、宁夏、内蒙古、黑龙江、河北、云南、海南	吉林、山东、河南、贵州、湖南、江西、广西	甘肃、辽宁、北京、天津、山西、陕西、四川、重庆、湖北、安徽、江苏、福建	上海、浙江、广东

续表

时期	低水平地区	中低水平地区	中高水平地区	高水平地区
"十一五"时期	新疆、青海、宁夏、内蒙古、黑龙江、吉林、辽宁、河北、山东、河南、湖北、湖南、江西、贵州、广西、云南、海南	甘肃、陕西、山西、四川、重庆、天津、安徽、福建	北京、江苏、浙江、广东	上海
"十二五"时期	新疆、青海、宁夏、内蒙古、黑龙江、吉林、辽宁、河北、河南、湖北、湖南、贵州、云南、广西、海南	甘肃、陕西、山西、四川、重庆、山东、安徽、江西、福建	北京、天津、江苏、浙江、广东	上海
"十三五"时期	新疆、青海、宁夏、内蒙古、黑龙江、吉林、辽宁、河北、河南、云南、广西、海南	甘肃、四川、陕西、山西、山东、安徽、湖北、重庆、贵州、湖南、江西、福建	天津、江苏、广东	北京、上海、浙江

4.3 本章小结

本章分别对我国的技术创新和生态福利绩效的发展情况进行了详细解析。

在技术创新的发展层面，本章首先对技术创新活动现状进行初步概括，其主要表现为：一是我国技术创新人员和资金投入逐年增加，但结构分配不合理，R&D活动中的基础研究和应用研究在人员和资金投入方面远低于试验发展研究；二是创新产出不断增加，但质量有待提高，我国专利申请和授权量迅速增长，但发明专利的比例较低；三是创新效益不显著，高技术产业的主营业务收入和利润总额增速整体放缓；四是区域层面发展不平衡，东部地区技术创新活动处于较高水平，而西部地区创新活动较低。其次，基于我国2001~2020年30个地区数据，从创新投入、创新产出和创新环境三个方面构建技术创新综合水平的指标体系，采用均方差权值法进行测度。研究结果如下：第一，2001~2020年我国技术创新水平及各项分指标呈现不断上升趋势；第二，地区间技术创新水平存在明显差异，呈现东高西低的"梯度分布"，各分项指标上的表现与综合创新水平上的表现相同；第三，区域技术创新格局具有经济依赖性特征，在空间分布上呈现集聚现象，创新水平较高地区主要集中在东部沿海区域，并在长三角、京津冀地区表现出明显的"集群化"特征，创新水平较低地区在西部区域形成片状分布态势。

在生态福利绩效层面，首先，从资源、环境和社会福利方面了解我国生态福利的发展现状。其中，我国资源消耗增速总体减缓，但区域差异显著；污染排放控制取得一定成效，但环境污染问题依然严峻；经济增长平稳向好，但仍存在发展不平衡问题，如地区间人口预期寿命发展不均衡，教育发展城乡不平衡等。其次，运用自然资源消耗与人类福利之比对生态福利绩效进行测度研究。研究结果如下：第一，我国自然资源消耗水平与地区经济发展呈反向变化关系，经济发达地区自然资源消耗水平低，经济不发达地区自然资源消耗水平高；第二，我国人类福利水平整体呈上升趋势，且地区间差距不断缩小；第三，我国生态福利绩效整体呈现上升趋势，但增长速度较慢，且空间分布不均衡性强。自然资源消耗低且人类福利高的地区具有较高的生态福利绩效，大多属于经济发达地区，反之亦然；东部地区的生态福利绩效远远高于中西部地区，且差距有逐渐增加的趋势；东部地区生态福利绩效增长较快，西部地区一直维持在低位，生态福利绩效尚未形成均衡的空间分布格局。

第5章 技术创新对生态福利绩效的直接影响分析

在已有研究中,大多数学者证实技术创新对经济增长具有促进作用,对环境污染具有抑制作用。生态福利绩效是考虑社会和生态因素的经济增长相对健康程度的量化指标,鉴于近年来生态福利绩效已成为政府和学者们研究的热点问题,那么,技术创新对生态福利绩效是否也具有促进作用?规范检验此问题无疑对经济新常态下中国制定合理的创新政策、促进可持续发展,具有很强的现实意义。鉴于此,本章在第3章技术创新对生态福利绩效直接影响的理论分析基础上,结合第4章技术创新和生态福利绩效的测度结果,运用2001~2020年我国30个省级地区①的面板数据,基于静态固定效应模型和动态GMM模型,从定量角度分析技术创新对生态福利绩效的影响方向和程度,实证验证技术创新对生态福利绩效的直接影响,并进行一系列稳健性检验。此外,在各地区经济社会活动广泛联系的基础上,为了揭示各地区技术创新和生态福利绩效的空间特征,本章进一步运用空间杜宾模型实证检验技术创新对生态福利绩效影响的空间溢出效应,进而增强实证结果的可靠性。

5.1 模型构建及变量说明

5.1.1 模型构建

为了更好地考察技术创新对生态福利绩效的直接影响,本章同时建立静态

---

① 不含西藏及港、澳、台地区。

和动态面板回归模型。

（1）静态面板回归模型。基于各个地区经济发展的起点差异，不同地区的技术创新与生态福利绩效也存在较大差异，考虑到不同地区的差异性，在模型中考虑个体效应，构建面板固定效应模型。具体模型如下：

$$EW_{it} = \alpha_0 + \alpha_1 INN_{it} + \alpha_2 Z_{it} + u_{it} + \varepsilon_{it} \quad (5-1)$$

其中，下标 i 代表地区，t 代表时间，EW 表示生态福利绩效，INN 表示技术创新，包括技术创新的三个组成部分及综合创新水平，Z 表示控制变量的组合，u 表示个体固定效应，ε 表示随机误差项。若回归系数 α_1 显著为正，则证明技术创新能够提升生态福利绩效。

（2）动态面板回归模型。一般情况下，经济因素本身具有惯性，生态福利绩效可能具有一定的路径依赖性，即过去生态福利绩效状况也会对当期的生态福利绩效产生影响。被解释变量生态福利绩效很可能存在滞后效应，考虑到被解释变量滞后期的内生性问题，为提高模型稳健性和处理内生性问题，解释变量中引入被解释变量之后一期，故在上式的基础上建立如下动态面板计量模型。

$$EW_{it} = \alpha_0 + \alpha_1 EW_{it-1} + \alpha_2 INN_{it} + \alpha_3 Z_{it} + \varepsilon_{it} \quad (5-2)$$

对于动态面板数据模型，广义矩估计方法（GMM）能较好地解决由于数据差异引起的内生性问题和偏差，参数估计结果更客观、真实。目前，GMM 估计有两种方法，分别是差分广义矩估计方法（DIFF-GMM）和系统广义矩估计（SYS-GMM）方法，一般来说，前者的 GMM 估计方法更容易受到弱工具变量问题的影响，而后者的 GMM 估计方法可以提高估计结果的有效性和一致性。为了提高测量结果的准确性，本章的动态面板计量模型主要采用 SYS-GMM 方法。在采用 SYS-GMM 方法估计动态面板模型时，需要对 GMM 扰动项进行自相关检验。如果二阶自相关检验统计量的 p 值大于 0.05，则在 5% 的显著性水平下接受"扰动项无自相关"的原假设，反之拒绝。然后，需要 Sargan 检验来确定所使用的工具变量是否有效，如果 P 值大于 0.05，则在 5% 显著性水平下接受"所有工具变量都有效"的原假设，即不存在过度识别，表明可以使用 GMM 估计。

5.1.2 变量说明

（1）被解释变量：生态福利绩效（EW）。本书明确生态福利绩效的内涵是自然资源消耗转化为人类福利的能力,并将其定量表述为人类发展指数与人均生态足迹的比值,具体结果采用前文数据,在此不再赘述。

(2) 核心解释变量:技术创新综合水平(INN)。本书认为技术创新是一种综合创新水平,是对可获取或可利用的知识、资源等要素进行整合,在一定条件下创造出新产品和新理念,最终从中受益的综合活动。因此,本节构建技术创新的综合评价指标体系,并运行均方差权值法进行测算。为了能够更好地理解技术创新对生态福利绩效的影响,本章还选取了技术创新的二级指标:技术创新投入($INN1$)、技术创新产出($INN2$)以及技术创新环境($INN3$)作为解释变量,具体结果采用前文数据,在此不再赘述。

(3) 控制变量:为考察技术创新对生态福利绩效的影响效应,保障估计结果的无偏性,还需要对技术创新以外影响生态福利绩效的其他因素加以控制。根据已有文献及研究需要,结合数据的可得性,这里主要从城市化水平(URB)、对外开放度($OPEN$)、政府规模(GOV)、绿化程度(GRE)、人口密度(DEN)等方面考虑技术创新对生态福利绩效的影响。

① 城市化水平(URB)。一般而言,城市化水平的提高对生态福利绩效的影响体现在两个方面:一方面带来积极的影响,城市化为本地区带来了更多更好的人力资源,也为更多的人带来了更高的工资、更好的医疗设施和优质的教育资源,从而创造了更多的经济效益,促进了社会福利的改善;另一方面带来消极的影响,城市化水平的提高给地区基础设施建设带来了巨大压力和沉重负担,同时,城市化带来的人口集聚伴随着生活垃圾和环境污染压力的增加,不利于生态福利绩效的提高。本节借鉴龙少波(2021)的研究,采用城市常住人口占地区总人口比重衡量城市化水平。

② 对外开放度($OPEN$)。对外开放包括进出口两个部分,本质上是一种交换活动,反映了不同国家或地区之间对特定商品、服务和技术的交换关系。对外开放水平的高低,可以体现一个国家或地区的经济活力和发展潜力。对外开放水平越高,越有利于国外先进技术的本土输入,特别是节能减排等绿色技术,从而促进产业结构升级;但是,也不能排除国外高污染企业向环境规制较低地区转移的可能性,从而对经济社会和环境带来不利影响。本节借鉴李竞博等(2022)的研究,采用地区进出口贸易总额占该地区 GDP 的比重衡量对外开放度。

③ 政府规模（GOV）。地区经济发展有赖于政府支出的支持，扩大政府规模有利于政府发展地区经济和改善民生增进社会福祉，但也不排除地方政府规模的膨胀有损经济效率和社会公平。本节借鉴谢智敏等（2020）的研究，采用社会保障和就业支出占地方财政支出的比重衡量政府规模。

④ 绿化程度（GRE）。绿化程度是指利用自然条件或栽种植物来改善地区市容市貌，对于提高地区生态环境质量、降低生态成本、提高人类寿命有着重要作用。本节借鉴纪明等（2022）的研究，采用地区园林绿地面积的对数衡量绿化程度。

⑤ 人口密度（DEN）。人口密度通过常住人口/行政区面积计算获得，人口的集聚一方面有可能促进土地资源的集约利用，但另一方面可能会导致就业困难、住房紧张、环境污染等问题。本节借鉴陈安平（2022）的研究，采用城市人口密度的对数来衡量。

出于数据可得性及不同时期比较性考虑，本节选取 2001~2020 年（"十五"至"十三五"时期）全国 30 个省份为样本。数据主要来源于《中国统计年鉴》《中国科技统计年鉴》《中国能源统计年鉴》《中国环境统计年鉴》《中国环境年鉴》《中国林业统计年鉴》《中国农业统计年鉴》和各地区教育统计公报及统计年鉴等。各变量的描述性统计见表 5-1。

表 5-1　　　　　　　　变量的描述性统计

变量类型	变量名称	均值	方差	最小值	最大值
被解释变量	生态福利绩效（EW）	0.157	0.143	0.021	0.982
解释变量	技术创新综合水平（INN）	0.729	0.312	0.205	2.153
	技术创新投入（INN_1）	0.309	0.128	0.087	0.775
	技术创新产出（INN_2）	0.106	0.099	0.016	0.935
	技术创新环境（INN_3）	0.314	0.12	0.067	0.589
控制变量	城市化（URB）	52.22	14.81	20.35	89.6
	对外开发度（OPEN）	0.303	0.362	0.018	1.733
	绿化程度（GRE）	10.731	0.985	7.279	13.051
	政府规模（GOV）	0.137	0.042	0.036	0.348
	人口密度（DEN）	7.609	0.7	4.025	8.766

5.2 实证结果与分析

5.2.1 基准回归结果

为提高模型估计效率与稳健性，本节综合使用固定效应模型和系统 GMM 模型检验技术创新对生态福利绩效的直接影响。表 5-2 是分别使用两种估计方法，考察了技术创新对生态福利绩效的影响，模型（1）~模型（4）是运用固定效应模型考察了技术创新对生态福利绩效的影响，其中，模型（1）是技术创新综合水平（INN）对生态福利绩效的静态回归结果，模型（2）~模型（4）是技术创新二级指标即技术创新投入（$INN1$）、技术创新产出（$INN2$）、技术创新环境（$INN3$）对生态福利绩效的静态估计结果。模型（5）~模型（8）是运用动态系统 GMM 模型考察了技术创新对生态福利绩效的影响，其中，模型（5）是技术创新综合水平对生态福利绩效的动态回归结果，模型（6）~模型（8）是技术创新二级指标对生态福利绩效的动态回归结果。具体分析如下。

表 5-2　　基准回归结果

变量	固定效应模型				系统 GMM 模型			
	(1)	(2)	(3)	(4)	(5)	(6)	(7)	(8)
$L.EW$					0.8781*** (16.41)	0.8725*** (15.85)	0.8738*** (15.94)	0.8834*** (16.37)
INN	0.2908*** (15.22)				0.2599*** (2.71)			
$INN1$		0.8895*** (16.80)				0.4793*** (3.48)		
$INN2$			0.4538*** (11.30)				0.3009*** (3.23)	
$INN3$				0.2652*** (5.86)				0.0842*** (3.84)
URB	-0.0069*** (-10.45)	-0.0096*** (-11.60)	-0.0079*** (-9.45)	-0.0084*** (-8.96)	-0.0076*** (-10.82)	-0.0074*** (-8.78)	-0.0073*** (-9.95)	-0.0086*** (-10.41)

续表

变量	固定效应模型				系统 GMM 模型			
	(1)	(2)	(3)	(4)	(5)	(6)	(7)	(8)
OPEN	0.0499*** (2.82)	0.0856*** (4.28)	0.0857*** (4.04)	0.0167 (0.79)	0.0881*** (5.93)	0.0967*** (5.87)	0.0867*** (5.88)	0.0570*** (3.22)
GRE	0.0514*** (8.02)	0.0329*** (4.87)	0.0303*** (4.33)	0.0223*** (3.04)	0.0216*** (3.40)	0.0292*** (3.74)	0.0209*** (3.44)	0.0238*** (3.41)
GOV	0.4145*** (5.98)	0.4028*** (5.01)	0.4622*** (5.56)	0.6712*** (7.93)	0.3468*** (4.86)	0.5513*** (6.79)	0.3429*** (4.54)	0.5947*** (7.42)
DEN	-0.0108*** (-2.97)	-0.0213*** (-5.12)	-0.0246*** (-5.73)	-0.0287*** (-6.36)	-0.0064** (-2.07)	-0.0121*** (-3.49)	-0.0061* (-1.82)	-0.0200*** (-4.91)
_cons	-0.2339*** (-4.16)	0.0175 (0.29)	-0.4889*** (-8.66)	-0.4614*** (-7.42)	0.0372** (2.05)	0.0133 (2.16)	0.0254*** (3.32)	0.0374** (2.07)
个体固定	YES	YES	YES	YES	YES	YES	YES	YES
Obs	600	600	600	600	570	570	570	570
R^2	0.5317	0.5985	0.5671	0.5162				
AR(1)					-2.76*** (0.006)	-2.77*** (0.006)	-2.73*** (0.006)	-2.77*** (0.006)
AR(2)					1.19 (0.232)	1.09 (0.276)	1.17 (0.243)	0.84 (0.403)
Sargan					25.73 (0.534)	26.14 (0.511)	23.78 (0.643)	25.70 (0.535)

注：***、**、*分别表示在1%、5%、10%的水平上通过显著性检验，括号内为标准误。本章下表同。

从核心解释变量看，基于静态模型，由模型（1）可知，技术创新对生态福利绩效的影响显著为正，由模型（2）~模型（4）可知，技术创新二级指标对生态福利绩效的影响均显著为正。基于动态模型，由模型（5）~模型（8）可知，技术创新及技术创新二级指标对生态福利绩效的影响均显著为正，且AR（1）检验显著，AR（2）检验不显著，结果表明，该模型最多具有一阶自相关，但没有二阶自相关。Sargan检验结果表明，模型工具变量的选择是有效的，没有过度识别，因此，回归结果是稳健的，并且有效地处理了内生问题。因此，两种估计方法的检验结果均说明技术创新可显著提升生态福利绩效，由此印证了本书理论假设1的可靠性。主要原因在于：一方面，随着技术创新投入和技术创新活动的不断增加，新知识、新技术对生产率的促进作用也得到增强，从而促进社会经济运行、扩大经济产出、促进经济进步，同时加强了创新要素的自由流动，促进创新主体和中间产品制造商对投入生产要素的合作（朱金生，2019；宋德勇，2021），有利于生产环境的不断优化和经济效益的不断提高，而经济进步和发展效益都是生态福利绩效的重要基础和发展目标；另一方面，技术创新可以在生产要素不变的情况下扩大经济产出，从而促进经济规模的发展。不仅如此，还可以根据应用行业的不同，减少人类污染行为对自然环境造成的危害，提高环境保护效率，提高资源开发利用效率，从而有效缓解资源剧减带来的地区结构恶化，有利于人类生态福利的提高（辛晓华，2021）；再者，在"大众创业、万众创新"的技术创新环境下，有利于激发科技人才的创造活力，为实现经济转型奠定基础。

从被解释变量的滞后期看，由模型（5）～模型（8）的动态回归结果可以看出，生态福利绩效的上一期对当期生态福利绩效的影响均显著为正，表明地区生态福利绩效存在显著的时间滞后效应和一定的路径依赖。这是因为生态福利绩效的提升往往代表着低碳生产能力的提升和要素投入管理水平的提高，这将对后期区域生态福利绩效的提升产生有利影响。同样，这种显著的正向影响也意味着生态福利绩效存在动态连续性，说明有必要采用动态面板模型进行分析。

从控制变量来看，城市化水平对生态福利绩效的影响显著为负。究其原因，可能是城市规模扩大导致的"挤出效应"大于"集聚效应"，大量人口向城市集聚最终会导致就业不足、基础设施超载、环境污染等负面效应，进而对地区生态福利绩效产生负面影响。经济开放程度对生态福利绩效的影响显著为正，表明随着对外开放的深化，进出口结构优化，生产过程中绿色生产技术的改进，促进了节能减排技术的引进和正向技术的溢出扩散，这有利于生态福利绩效的提高。绿化程度对生态福利绩效的影响呈显著正相关。绿化面积的增加可以为居民提供更广泛的娱乐休息场所，保障居民日常休闲健身需求，促进生态建设，优化生态环境，改善宜居环境，而这些都有利于提高居民的生活质量，进而提高生态福利绩效。政府规模对生态福利绩效的影响呈显著正相关。增加政府在教育、医疗等社会事业上的支出，可以有效提高居民生活健康质量，促进人力资本积累，从而提高社会整体福利水平。人口密度对生态福利绩效有显著的负向影响。一方面，人口密度的增加加大了政府提供高效公共服务的难度；另一方面，会增加环境压力，造成资源过度消耗、浪费和污染排放，加剧生态破坏，从而不利于提高生态福利绩效。

5.2.2 异质性分析

从前面的分析可以看出，技术创新对生态福利绩效有显著的正向影响。但由于不同时期技术创新与生态福利绩效的不同特征，以及不同地区技术创新与生态福利绩效的发展基础不同，技术创新对生态福利绩效的影响可能存在异质性。因此，为了进一步验证技术创新对生态福利绩效的影响，在整体水平分析的基础上，本节从不同时期、不同区域探讨技术创新对生态福利绩效的影响及其差异。

5.2.2.1 分时期分析

为了对比分析技术创新影响生态福利绩效的阶段性特征，本节按照"五年计划"区间，将2001~2020年划分成"十五（2001~2005年）""十一五（2006~2010年）""十二五（2011~2015年）""十三五（2016~2020年）"四个时期。由于每个时期的时间跨度较短，未引入滞后期，采用动态系统GMM模型的意义不大，因此，本节选择静态固定效应模型对四个时期分别进行回归，表5-3~表5-6给出按时期分组的回归估计结果。

表5-3　"十五"时期技术创新对生态福利绩效影响的回归结果

变量	固定效应模型			
	（1）	（2）	（3）	（4）
INN	0.0052 (0.10)			
INN1		-0.1528 (-1.02)		
INN2			0.0744 (0.58)	
INN3				0.0123 (0.21)

续表

变量	固定效应模型			
	(1)	(2)	(3)	(4)
_cons	-0.0518 (-0.42)	-0.0158 (-0.13)	-0.0565 (-0.46)	-0.0505 (-0.41)
个体固定	YES	YES	YES	YES
控制变量	YES	YES	YES	YES
Obs	150	150	150	150
R^2	0.6038	0.6074	0.6050	0.6039

由表5-3可知,"十五"时期,技术创新综合水平及各个组成部分对生态福利绩效的作用均不显著。主要是因为该时期我国各地区尚未形成较完善的技术创新体系,存在技术创新基础设施数量少、规模小、集聚度不高以及创新投入不足、使用不便、分配不合理等问题,从而无法满足提高技术创新能力的要求。

表5-4 "十一五"时期技术创新对生态福利绩效影响的回归结果

变量	固定效应模型			
	(1)	(2)	(3)	(4)
$L.EW$				
INN	0.0733 (1.18)			
$INN1$		0.6466*** (4.18)		
$INN2$			0.3165*** (3.27)	
$INN3$				-0.3668*** (-3.82)
_cons	0.2738** (2.06)	0.1753 (1.40)	0.2738** (2.18)	0.3501*** (2.83)
个体固定	YES	YES	YES	YES
控制变量	YES	YES	YES	YES
Obs	150	150	150	150
R^2	0.4989	0.5620	0.5375	0.5519

由表 5-4 可知,"十一五"时期,虽然技术创新综合水平对生态福利绩效的影响仍不显著,但显著性有所提高(t 值由 0.10 增加到 1.18)。从各组成部分看,技术创新投入和技术创新产出对生态福利绩效的影响显著为正,这说明随着我国技术创新体系的完善及建设创新型国家战略政策措施的推动,各地区在技术创新投入和技术创新产出方面都取得较大突破,能有效提升生态福利绩效,而技术创新环境对生态福利绩效的影响显著为负,主要是由于该时期在国际金融危机的巨大冲击下,我国创新发展和创新环境发生了不可逆转的变化,微观创新环境面临更为严格的监管,而这也正是导致技术创新综合水平对生态福利绩效影响不显著的主要原因。

表 5-5　"十二五"时期技术创新对生态福利绩效影响的回归结果

变量	固定效应模型			
	(1)	(2)	(3)	(4)
INN	0.2097*** (3.00)			
INN1		0.3310 (1.14)		
INN2			0.3013*** (2.79)	
INN3				0.1829 (1.52)
_cons	0.7116*** (3.42)	0.7075*** (3.17)	0.7766*** (3.73)	0.7618*** (3.57)
个体固定	YES	YES	YES	YES
控制变量	YES	YES	YES	YES
Obs	150	150	150	150
R^2	0.5870	0.5583	0.5827	0.5624

表 5-6　"十三五"时期技术创新对生态福利绩效影响的回归结果

变量	固定效应模型			
	(5)	(6)	(7)	(8)
INN	0.0668*** (3.63)			

续表

变量	固定效应模型			
	(5)	(6)	(7)	(8)
$INN1$		0.5080*** (5.24)		
$INN2$			0.0869** (2.20)	
$INN3$				0.0765** (2.54)
_cons	0.3611*** (3.15)	0.2565** (2.14)	0.2469** (2.07)	0.3625*** (3.21)
个体固定	YES	YES	YES	YES
控制变量	YES	YES	YES	YES
Obs	150	150	150	150
R^2	0.4329	0.4919	0.3916	0.4001

由表5-5可知,"十二五"时期,技术创新综合水平对生态福利绩效的影响显著为正。从各组成部分看,技术创新产出对生态福利绩效的影响显著为正,而技术创新投入和技术创新环境对生态福利绩效的影响不显著。2012年底,党的十八大明确提出创新驱动发展战略,进一步明确创新在我国的核心位置,在"万众创新"的号召下,地方政府高度重视科技创新,知识存量快速增长,专利产出效益明显提升。可见,在该时期,技术创新产出作为技术创新能力的最直接体现,实现了生产力的高效转化,使得传统的生产方式不断向环境友好型发展方向转变。

由表5-6可知,"十三五"时期,技术创新综合水平及各个组成部分对生态福利绩效的影响均显著为正值。党的十九大报告提出,到2035年我国要跻身创新型国家前列,这一目标对我国科研和生产具有与重大激励作用。加快科技成果转化,赋能高质量发展成为该时期的主要发展方向,足以说明该时期我国深入实施创新驱动发展战略,技术创新体系更加健全,技术创新环境不断优化,技术创新能力显著增强,从而为实现生态福利绩效的提升提供了有力支撑。

总的来说，在这四个时期，随着综合国力的增强，我国不断加大技术创新基础设施投入力度，促进科技成果高效转化，大力推动科技与经济社会深度融合，一方面通过提高生产效率扩大产出规模，实现了技术创新的创富效应，经济福利和社会福利不断提升；另一方面不断壮大新兴产业，淘汰传统高污染产业，大力发展低碳和节能减排技术，实现了技术创新的生态效应，增加生态福利。因此，从"十五"至"十三五"四个不同时期生态福利绩效提升的变迁动力的转变，也体现出我国技术创新体系的不断完善和创新驱动力的增强。

5.2.2.2 分区域分析

理论上，地区之间的差异会使得技术创新对生态福利绩效的影响产生差异。现实中，由第 4 章关于技术创新和生态福利绩效的测度研究可知，我国东部地区技术创新水平和生态福利绩效水平高于全国平均水平，而中西部地区低于全国平均水平。因此，为进一步比较不同地区的技术创新对生态福利绩效的差异性影响，本节从区域维度上运用固定效应模型和系统 GMM 模型分别检验东部和中西部地区技术创新影响生态福利绩效的直接效应，实证结果见表 5-7 和表 5-8。表 5-7 是东部地区技术创新对生态福利绩效的估计结果，表 5-8 是中西部地区技术创新对生态福利绩效的估计结果。由表 5-7 和表 5-8 的动态检验结果可知，AR（2）检验的结果表明模型不存在二阶自相关，Sargan 检验的结果说明模型工具变量的选择是有效的，因此，动态面板模型采用系统 GMM 估计方法是合理可行的。

表 5-7　东部地区技术创新对生态福利绩效影响的估计结果

变量	固定效应模型				系统 GMM 模型			
	(1)	(2)	(3)	(4)	(5)	(6)	(7)	(8)
$L.EW$					0.9425 *** (12.28)	0.9535 *** (13.32)	0.9470 *** (12.78)	0.8897 *** (12.33)
INN	0.2834 *** (7.80)				0.0198 *** (3.91)			
$INN1$		1.0229 *** (9.84)				0.3009 *** (3.40)		
$INN2$			0.3505 *** (5.10)				0.0191 *** (3.03)	

续表

变量	固定效应模型				系统 GMM 模型			
	(1)	(2)	(3)	(4)	(5)	(6)	(7)	(8)
INN3				0.4512*** (4.18)				0.0751*** (3.87)
_cons	-0.4320*** (-2.95)	0.0404 (0.25)	-0.8711*** (-6.22)	-0.6913*** (-4.41)	0.0754 (1.52)	0.0462 (1.27)	0.0655 (1.42)	0.0955** (2.02)
个体固定	YES	YES	YES	YES	YES	YES	YES	YES
控制变量	YES	YES	YES	YES	YES	YES	YES	YES
Obs	220	220	220	220	209	209	209	209
R^2	0.6191	0.6649	0.5612	0.5442				
AR(1)					-2.16** (0.031)	-2.17** (0.030)	-2.15** (0.032)	-2.17** (0.030)
AR(2)					1.64 (0.102)	1.65 (0.101)	1.65 (0.101)	1.27 (0.206)
Sargan					4.31 (0.997)	4.48 (0.996)	5.10 (0.991)	5.82 (0.983)

由表 5-7 可知，东部地区技术创新综合水平及各个组成部分对生态福利绩效的影响均显著为正。生态福利绩效的滞后一阶在动态模型中的估计系数显著为正，说明东部地区生态福利绩效存在显著的"路径依赖"，有利于发挥前期生态福利绩效的影响效应。在模型（1）中，技术创新综合水平每增加 1%，生态福利绩效显著提升 0.2834%。原因在于，我国东部地区具有良好的技术创新条件和绿色发展基础，有利于激发创新主体活力，增强绿色创新能力，减少生态环境污染（张悦等，2022），从而提升生态福利绩效。在模型（2）～模型（4）中，技术创新三大组成部分对生态福利绩效的影响均显著为正。原因在于东部地区聚集全国各类院校和研究所，并依托区域优势吸引大量高层次人才，使得东部地区在技术研发方面拥有强大的后备军，能够创造出更多的创新产出。东部地区同时也是高技术产业的集聚地，产业规模大、发展层次高，可将知识产出有效转化为新产品并实现其市场价值，推动经济社会发展全面绿色转型，有效提升生态福利绩效。

表 5-8　中西部地区技术创新对生态福利绩效影响的估计结果

变量	固定效应模型				系统 GMM 模型			
	(1)	(2)	(3)	(4)	(5)	(6)	(7)	(8)
$L.EW$					0.7739*** (7.60)	0.7881*** (7.78)	0.7827*** (7.64)	0.7693*** (7.90)
INN	0.0721*** (3.50)				0.0033** (2.08)			
$INN1$		0.1205*** (3.76)				0.0216*** (3.23)		
$INN2$			0.2269*** (7.03)				0.0178*** (2.65)	
$INN3$				0.0516** (2.67)				0.0265*** (2.84)
$\_cons$	0.0806*** (2.98)	0.0926*** (3.20)	0.0415 (1.59)	0.0817** (2.21)	0.0099 (1.33)	-0.0081 (-1.01)	0.0014 (0.24)	0.0026 (0.44)
个体固定	YES	YES	YES	YES	YES	YES	YES	YES
控制变量	YES	YES	YES	YES	YES	YES	YES	YES
Obs	380	380	380	380	361	361	361	361
R^2	0.5972	0.5772	0.6114	0.5700				
AR(1)					-2.69*** (0.007)	-2.67*** (0.007)	-2.67*** (0.007)	-2.75*** (0.006)
AR(2)					-0.95 (0.342)	-0.91 (0.363)	-0.91 (0.363)	-0.96 (0.336)
Sargan					12.48 (0.642)	13.26 (0.582)	13.62 (0.554)	12.99 (0.603)

由表 5-8 可知，中西部地区技术创新综合水平及各个组成部分对生态福利绩效也有显著的正向促进作用，但从影响系数来看，中西部地区远低于东部地区。从静态模型估计结果看，模型（1）中，技术创新综合水平每增加1%，生态福利绩效仅提升 0.0721%，与东部地区相差一倍左右。模型（2）~模型（4）中，技术创新各个组成部分对生态福利绩效均存在正向促进作用，但其估计系数均小于东部地区。从动态模型估计结果看，生态福利绩效滞后一阶的估计系数也显著为正，但其影响系数仍小于东部地区。由此可以看出，对于中西部地区，技术创新也是提升地区生态福利绩效的关键因素，前期生态福利绩效水平也为当期生态福利绩效的提升提供了良好的发展环境。这足以说明，随

着中部崛起战略和西部大开发及对口支援战略的实施，中西部地区不断增加技术创新投入，促进科技成果转化为现实生产力，逐渐摆脱对自然资源的依赖困境，推动产业链实现中高端升级，实现生活方式和生产方式绿色化，增加生态福利（郑玉雨，2020）。但由于中西部地区高耗能行业比重偏高，资源依赖度强，经济增长的压力以及短期内技术发展瓶颈的突破问题，使得企业绿色转型任务较重。所以，相较于东部地区，中西部地区技术创新对生态福利绩效的提升作用要更小一些（张竞娴，2020）。

5.2.3 稳健性检验

基于静态面板模型的回归估计，本节采用 SYS-GMM 方法对原有动态面板模型进行回归估计。在不引入外部工具变量的情况下，动态面板模型可以解决参数估计的偏差和不一致问题，并克服工具变量较弱的问题。为了进一步增强结论的稳健性，本节使用以下方法进行稳健性分析。

5.2.3.1 估计方法替代检验

为验证上述估计结果的稳健性，本节进一步采用混合回归模型、双向固定效应模型和随机效应模型进行估计，分别记为 OLS、FE_TW 和 RE，在模型中均使用聚类稳健标准误。混合面板数据回归模型的前提是所有个体在所有时间点的行为都是同质的；双向固定效应模型是同时控制个体效应和时间效应的模型，而随机效应模型是指将"个体效应"视为随机因素的模型。表 5-9 是混合回归模型的估计结果，表 5-10 是双向固定效应模型的估计结果，表 5-11 为随机效应模型的估计结果。由估计结果可知，在三种不同方法下，技术创新综合水平及各个组成部分对生态福利绩效的影响均显著为正，从而佐证了上文的结论，即技术创新对生态福利绩效具有显著影响，提高技术创新水平有利于生态福利绩效的提升。

表 5-9　　　　　　　稳健性检验（估计方法 OLS）

变量	OLS			
	(1)	(2)	(3)	(4)
INN	0.2434*** (9.85)			

续表

变量	OLS			
	(1)	(2)	(3)	(4)
INN1		0.4199*** (6.68)		
INN2			0.5182*** (10.45)	
INN3				0.1999*** (3.67)
_cons	0.0947 (1.43)	-0.0004 (-0.01)	-0.0976* (-1.76)	-0.2025*** (-3.25)
个体固定	NO	NO	NO	NO
时间固定	NO	NO	NO	NO
控制变量	YES	YES	YES	YES
Obs	600	600	600	600
R^2	0.6485	0.6234	0.6580	0.6041

表5-10　　　　　稳健性检验（估计方法 FE_TW）

变量	FE_TW			
	(5)	(6)	(7)	(8)
INN	0.2064*** (9.01)			
INN1		0.9393*** (10.91)		
INN2			0.3329*** (8.41)	
INN3				0.1210** (2.46)
_cons	0.1588* (1.92)	0.0823 (1.01)	0.1839** (2.21)	0.3012*** (3.48)
个体固定	YES	YES	YES	YES
时间固定	YES	YES	YES	YES
控制变量	YES	YES	YES	YES
Obs	600	600	600	600
R^2	0.5743	0.5985	0.5671	0.5162

表 5-11　　　　　　稳健性检验（估计方法 RE）

变量	RE			
	(1)	(2)	(3)	(4)
INN	0.2743*** (13.99)			
INN1		0.8241*** (15.09)		
INN2			0.4707*** (11.98)	
INN3				0.1822*** (3.96)
_cons	-0.1458** (-2.47)	0.0635 (0.99)	-0.3932*** (-7.04)	-0.3973*** (-6.29)
个体固定	YES	YES	YES	YES
时间固定	NO	NO	NO	NO
控制变量	YES	YES	YES	YES
Obs	600	600	600	600
R^2	0.5170	0.5459	0.4534	0.3522

5.2.3.2　技术创新滞后一期

为考察技术创新对生态福利绩效的滞后影响，在固定效应模型估计的基础上对技术创新进行滞后一期处理，估计结果见表 5-12。

表 5-12　　　　　稳健性检验（技术创新滞后一期）

变量	FE			
	(1)	(2)	(3)	(4)
L.INN	0.3055*** (14.96)			
L.INN1		0.8984*** (15.61)		
L.INN2			0.4899*** (10.59)	
L.INN3				0.3093*** (6.86)

续表

变量	FE			
	(1)	(2)	(3)	(4)
_cons	-0.1873*** (-3.16)	0.0258 (0.40)	-0.4941*** (-8.39)	-0.4119*** (-6.34)
个体固定	YES	YES	YES	YES
控制变量	YES	YES	YES	YES
Obs	570	570	570	570
R^2	0.5387	0.5504	0.4590	0.3983

滞后一期的技术创新与当期密切相关，且不受当期生态福利绩效的影响，因此，对技术创新滞后一期会直接减少当期技术创新的反向因果干扰。由表5-12可知，技术创新综合水平及三个组成部分对生态福利绩效的估计系数为正，且通过了1%的显著性检验。由模型（1）可以看出，技术创新综合水平每增加1%，生态福利绩效提升0.3055%，足以说明技术创新可显著提升生态福利绩效，进一步印证了前面的结论。

5.2.3.3 纠正内生性问题

技术创新与生态福利绩效之间可能存在反向因果关系。提高生态福利的绩效是为了在社会和经济发展过程中尽量减少自然资源消耗，保护生态环境，并出台相关的环境政策，这也将对技术创新产生影响。环境政策试图通过改善对企业的激励措施来最小化环境污染的负外部性，从而影响企业的技术创新行为。如果我们忽略一些不可观测因素对技术创新和生态福利绩效的影响，该模型可能存在内生性问题。因此，本节选择技术创新的综合水平及其三个组成部分均滞后两个时期作为工具变量，并使用两阶段最小二乘法对模型中的内生问题进行稳健性检验，见表5-13。

表5-13　　　　　　　稳健性检验（工具变量法）

变量	2SLS			
	(1)	(2)	(3)	(4)
INN	0.2593*** (8.16)			
INN1		0.4025*** (5.82)		

续表

变量	2SLS			
	(1)	(2)	(3)	(4)
INN2			0.5676*** (5.15)	
INN3				0.2384*** (4.32)
_cons	0.0755 (1.17)	-0.0543 (-0.76)	-0.1015* (-1.70)	-0.2441*** (-4.00)
个体固定	YES	YES	YES	YES
控制变量	YES	YES	YES	YES
Obs	540	540	540	540
R^2	0.8461	0.8323	0.8480	0.8257
LM 统计量	94.090***	119.830***	22.958***	163.407***
Wald F 统计量	2349.405	1900	1470.057	497.067
Stock-Yogo	16.38	16.38	16.38	16.38

从表 5-13 中可以看出，Kleibergen 和 Paap 的 LM 统计数据在 1% 的水平上都是显著的，WaldF 统计数据在技术创新综合水平和三个组成部分分别滞后两个时期后，在 10% 的水平上大于 Stock Yogo 临界值 16.38，表明所选择的工具变量不存在工具变量识别不足和工具变量识别较弱的问题，并且估计结果是有效的。回归结果表明，研究结论在内生因素的情况下仍然有效。这说明，技术创新对生态福利绩效具有显著的促进作用。

5.3 进一步分析：空间溢出效应

根据新经济地理理论，经济活动集聚的主要原因来自外部性，即技术外部性（Lydia，2003）。近年来的大量研究表明，技术创新活动具有明显的空间效应，技术创新的空间溢出效应是一个动态积累的过程，本质上是指创新所产生的信息（如新技术、新产品、新模式、新制度等）通过各种交易方式或其他方式从原有主体或地区流出。在创新知识溢出和人才流动的影响下，区域技术创新活动具有明显的"过程溢出"和"空间关联"特征。空间数据的空间依赖性和空间自相关特征（Anselin，1988）将通过创新要素的流动连接区域创新系统，促进知识溢出，导致各种经济发展活动在空间上集聚，增加区域创新生产要素的规模，提高资源配置效率，从而提高区域创新绩效（白俊宏和蒋伏心，2015）。中国是一个多民族国家，空间因素也是影响技术创新在改善生态福利方面表现的重要因素。一个完整的技术创新体系可以协同驱动当地和周边地区的生态福利绩效。相反，基于区块和分段的技术创新管理模式将削弱技术创新对生态福利绩效的积极影响。上一节已对技术创新促进生态福利绩效水平进行了实证分析，结合第4章区域技术创新和生态福利绩效在地理空间上存在明显集聚性的结论，为了更好地阐释技术创新与生态福利绩效在空间层面的关系，本节将引入空间因素，进一步探究技术创新对生态福利绩效的空间影响。

5.3.1 空间相关性检验

5.3.1.1 空间权重矩阵设定

与普通面板数据不同，空间面板数据包含了各种数据的空间信息，这些信息可以通过空间矩阵反映出来。不同的空间矩阵设置方式表达了空间个体之间不同的功能关系。本节从地理邻接矩阵、地理距离矩阵和经济矩阵三个角度构建了空间矩阵，充分展示了变量之间的空间依赖关系。其中，地理邻接矩阵表示个体之间的相邻关系，地理距离矩阵表示个体之间的距离关系，经济矩阵表示个体之间的经济依赖关系。这三种矩阵设置既能相互补充，又能保证实证结果的稳健性和客观性，具体的权重设置方式如下式。

地理邻接矩阵。又称 0-1 矩阵，反映各地区之间的相邻关系，W_1 表示地区 i 与地区 j 的地理邻接权重。如果两地区相邻，则空间权重矩阵元素取 1，如果两地区不相邻，则空间权重矩阵元素取 0，见式（5-3）。

$$W_{ij}^1 = \begin{cases} 1, & i \text{ 和 } j \text{ 相邻} \\ 0, & i \text{ 和 } j \text{ 不相邻} \end{cases} \quad (5-3)$$

地理距离矩阵。W_2 表示地区 i 与地区 j 的地理距离权重，d_{ij} 为各地区省会城市 i 与 j 的球面距离，W_{ij} 为标准化处理后的矩阵元素，见式（5-4）。

$$W_{ij}^2 = \begin{cases} 1/d_{ij}^2, W_{ij} = \dfrac{W_{ij}^2}{\sum_j W_{ij}^2} \\ 0 \end{cases} \quad (5-4)$$

经济距离矩阵。W_3 表示地区 i 与地区 j 的经济距离权重，$|\bar{Y}_i - \bar{Y}_j|$ 为各地区人均 GDP 差值的绝对值，W_{ij} 为标准化处理后的矩阵元素，见式（5-5）。

$$W_{ij}^3 = \begin{cases} 1/|\bar{Y}_i - \bar{Y}_j| \\ 0 \end{cases}, W_{ij} = \frac{W_{ij}^3}{\sum_j W_{ij}^3} \quad (5-5)$$

5.3.1.2 空间相关性检验

空间相关性是事物之间普遍联系的反映，指一个地区的事件会直接或间接影响另一个地区事件的行为和现象。一般在建立空间经济计量模型之前，需检查变量是否具有空间相关性。如果变量具有空间相关性，则使用空间计量模型，反之亦然。本节利用全局莫兰指数法检验本节核心变量的空间相关性，Moran's I 指数的计算公式见式（5-6）。

$$I = \frac{\sum_{i=1}^n \sum_{j=1}^n W_{ij}(Y_i - \bar{Y})(Y_j - \bar{Y})}{S^2 \sum_{i=1}^n \sum_{j=1}^n W_{ij}} \quad (5-6)$$

其中，n 为样本数，s^2 表示所选取样本内变量观测值的方差，空间权重矩阵 W，Y_i 和 Y_j 分别表示第 i 和第 j 地区的观测值，$\bar{Y}$ 为所选取样本内观测值的平均值。Moran's I 指数的范围在 -1 和 1 之间。若该指数为正值，则表示各区域之间存在正相关的空间关系，并且越接近 1 相关性越强。若指数为负，则表示区域之间存在负的空间关系，并且越接近 -1 说明负相关性强度越大。若该指数为零，则表示区域之间不存在相关性。

在地理邻接、地理距离和经济距离三种空间权重下利用 Moran's I 指数分析了 2001~2020 年我国 30 个省份的生态福利绩效（EW）、技术创新水平（INNOV）的空间相关性，见表 5-14。由表 5-14 可知，在三种不同权重下，生态福利绩效在所有年份都表现出显著的正向空间相关性，这说明我国各地区生态福利绩效具有明显的"空间协同"特征，对比三种权重下的 Moran's I 指数可知，地理邻接和地理距离空间权重下的 Moran's I 指数较大，经济空间权重矩阵下的指数较小，这说明地理距离相邻或相近地区的生态福利绩效呈现集聚优势，具有鲜明的联动发展特性，生态福利绩效表现为"近水楼台先得月"。技术创新的 Moran's I 指数在三种不同空间权重下均显著为正，且在经济距离权重下最大,这说明经济发展程度相似的地区间技术创新外溢效应明显。

表 5-14 核心变量空间相关性的莫兰指数检验

年份	地理邻接权重		地理距离权重		经济距离权重	
	EW	INNOV	EW	INNOV	EW	INNOV
2001	0.126 *	0.287 ***	0.199 ***	0.259 ***	0.148 **	0.262 ***
2003	0.206 **	0.270 ***	0.241 ***	0.251 ***	0.103 **	0.283 ***
2005	0.255 ***	0.321 ***	0.256 ***	0.289 ***	0.118 **	0.352 ***
2007	0.276 ***	0.384 ***	0.255 ***	0.301 ***	0.171 ***	0.422 ***
2009	0.279 ***	0.391 ***	0.261 ***	0.302 ***	0.199 ***	0.465 ***
2011	0.267 ***	0.384 ***	0.269 ***	0.278 ***	0.205 ***	0.473 ***
2013	0.318 ***	0.385 ***	0.311 ***	0.270 ***	0.236 ***	0.481 ***
2015	0.329 ***	0.368 ***	0.317 ***	0.277 ***	0.227 ***	0.434 ***
2017	0.329 ***	0.324 ***	0.325 ***	0.235 ***	0.217 ***	0.361 ***
2019	0.333 ***	0.252 ***	0.334 ***	0.151 **	0.207 ***	0.267 ***
2020	0.334 ***	0.222 **	0.337 ***	0.119 **	0.202 ***	0.227 ***

本节按照"五年计划"区间,将 2001~2020 年划分成"十五(2001~2005 年)""十一五(2006~2010 年)""十二五(2011~2015 年)""十三五(2016~2020 年)"四个时期,进一步通过 Moran 散点图来分析各变量的局部空间自相关特征。Moran 散点图中的第一和第三象限表示目标区域在空间位置中具有相似的属性值,因此显示出正的空间相关性。第二和第四象限表示空间中的相邻区域具有不同的属性值,因此显示出负的空间相关性。其中,第一象限表示观测值高的区域被高值区域包围,其特征是"高高集聚";第二象限表示观测值低的区域被观测值高的区域包围,其特征是"低高集聚";同样,第三象限以"低低集聚"为特征,第四象限以"高低集聚"为特征。

从生态福利绩效看(如图 5-1 所示),在四个不同的时期,绝大多数省份都处于第一和第三象限,第三象限地区数量最多,表明我国生态福利绩效呈现出较强的空间正相关性,其中,江苏、浙江、上海等发达地区始终呈现出"高高集聚"的特征,而多数中西部地区呈现出"低低集聚"的特征。从动态的角度看,"十五"时期我国有 3 个省份处于"高高集聚"的区域,"十三五"时期增加到 5 个,且都属于东部地区,在一定程度上表明了东部地区已成为我国生态福利绩效的增长极。从技术创新水平看（如图 5-2 所示），从"十五"时期到"十三五"时期，位于第一象限和第三象限的地区数量越来越多，位于第二象限和第四象限的地区数量越来越少，这说明我国各地区技术创新的空间相关效应逐渐增大，在空间上表现出明显的正相关性。

上述分析表明，我国各地区的生态福利绩效和技术创新在本节研究期限内全域的空间关联和局域的空间关联均较为显著，这意味着地理空间因素是影响技术创新提升生态福利绩效的重要因素，在实证研究中不能忽略，因此在纳入空间地理因素的基础上，构建空间计量模型来探究技术创新对生态福利绩效的空间影响是合适的。

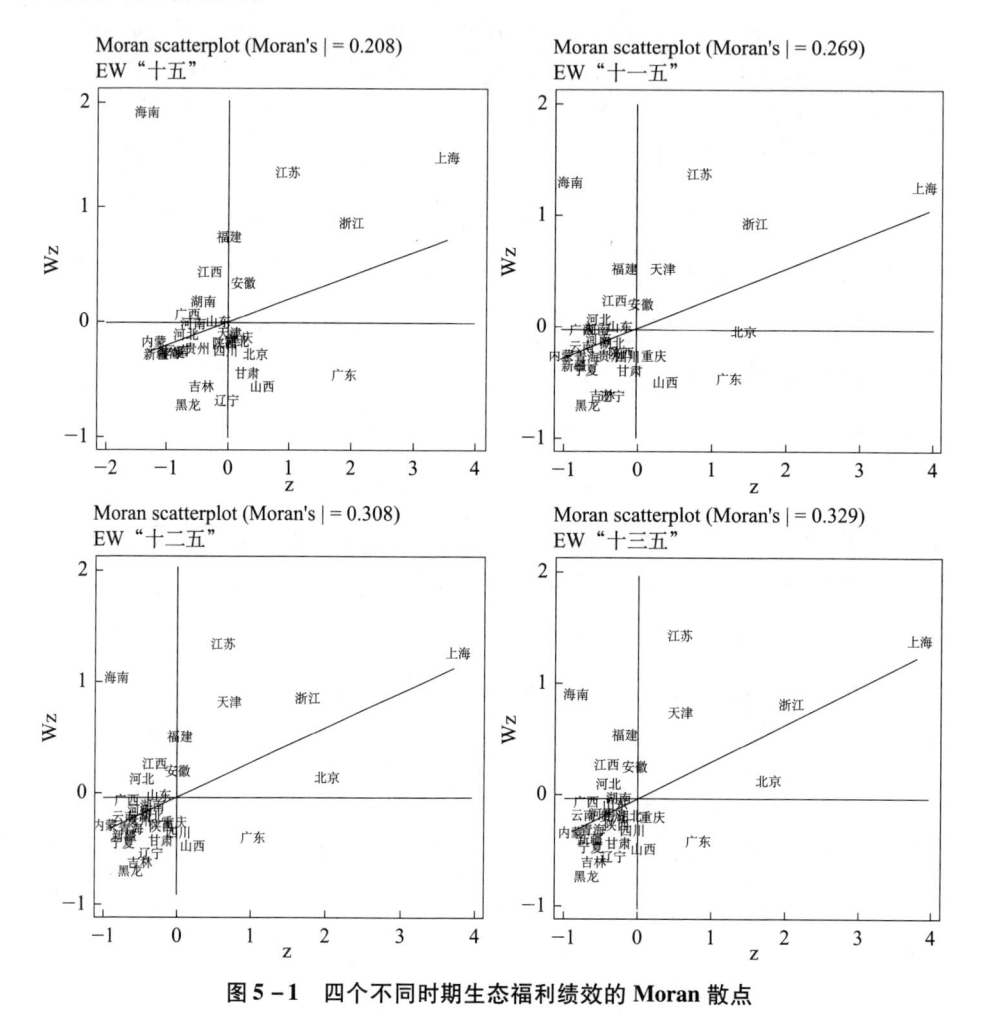

图 5-1 四个不同时期生态福利绩效的 Moran 散点

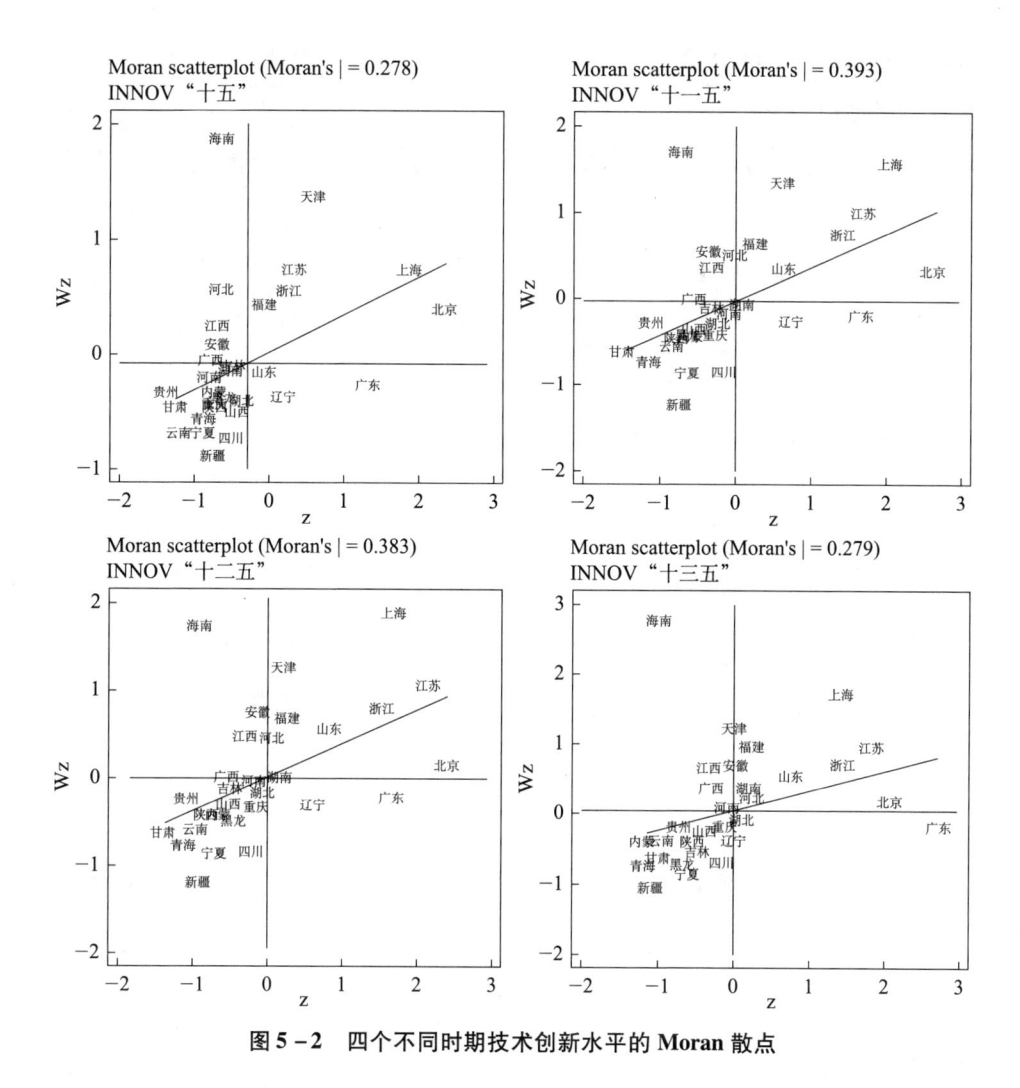

图 5-2 四个不同时期技术创新水平的 Moran 散点

5.3.2 空间杜宾模型的构建

空间计量模型总共有三种模型，第一种模型是空间滞后模型（SLM）。空间滞后模型（SLM）是指当经济变量之间的空间依存性导致空间相关时，需要在传统计量模型中加入带有权重的内生变量；第二种是空间误差模型（SEM）。该模型主要分析经济变量的空间误差项；第三种是空间杜宾模型（SDM）。SDM 模型考虑了自变量空间滞后性与因变量之间的相关性，其估计结果比 SLM 和 SEM 更具解释性。为了考察相邻地区之间的技术创新以及其他因素对生态福利绩效带来的多重影响，本章在后续分析中以空间杜宾模型分析为主，具体的模型设定形式为：

$$EW_{i,t} = \alpha_{it} + \rho WEW_{i,t} + \beta_1 INN_{it} + \beta_2 Z_{i,t} + \eta_1 WINN_{i,t} + \eta_2 WZ_{i,t} + u_{i,t} \quad (5-7)$$

其中，EW 为生态福利绩效，INN 为技术创新，包括技术创新综合水平及三个组成部分，Z 为一系列控制变量，ρ 为空间自回归系数，W 为空间权重矩阵，α 为截距项，u 为随机扰动项。

由于存在内生空间交互项产生的反馈效应，在勒萨热（Lesage，2009）研究的基础上，为了减少甚至避免空间杜宾模型在检验空间效应时出现的偏误，又将空间效应分为直接效应、溢出效应和总效应三个部分。具体的计算公式如下：

$$Y = (I - \rho W)^{-1}\alpha + (I - \rho W)^{-1}(X'\beta + \rho X'\eta) + (I - \rho W)^{-1}\varepsilon \quad (5-8)$$

其中，X' 为模型中所要决定的变量，Y 对 X' 求偏导的第 k 个变量的矩阵如下式：

$$\left[\frac{\partial Y}{\partial x_{1k}} \cdots \frac{\partial Y}{\partial x_{nk}}\right] = (I - \rho W)^{-1} \begin{bmatrix} \beta_k & W_{12}\eta_k & \cdots & W_{1n}\eta_k \\ W_{21}\eta_k & \beta_k & \cdots & W_{2n}\eta_k \\ \vdots & \vdots & \cdots & \vdots \\ W_{n1}\eta_k & W_{2n}\eta_k & \cdots & \beta_k \end{bmatrix} \quad (5-9)$$

式（5-9）中，直接效应（X 对本地区 Y 的影响）由矩阵对角线的平均值计算而得，溢出效应（X 对周边地区 Y 的影响）由矩阵非对角线的平均值计算而得，总效应（X 对 Y 的总影响）由矩阵所有元素平均值计算而得。

5.3.3 实证结果与分析

5.3.3.1 空间杜宾模型的结果分析

根据 Hausman 检验选择固定效应模型，利用空间杜宾模型分析不同权重下技术创新对生态福利绩效的影响，估计结果见表 5-15（因篇幅有限，仅列举了地理邻接和地理距离矩阵下的估计结果）。由表 5-15 可知，模型的 R^2，$sigma^2$ 和 LogL 统计量均表明模型的拟合效果较好，可信度较高。从生态福利绩

第5章 技术创新对生态福利绩效的直接影响分析

效看，在控制了影响生态福利绩效的主要因素以后，生态福利绩效的空间滞后系数（rho）通过了1%的显著性水平检验，并为正值，表明本地区生态福利绩效的提升能够对相邻地区的生态福利绩效产生显著的正向影响。从技术创新综合水平看，在不同空间权重下，技术创新对本地区和相邻地区生态福利绩效的影响均显著为正。从技术创新各个组成部分看，技术创新投入对本地区生态福利绩效的影响显著为正，对相邻地区生态福利绩效的影响为正，但不显著；技术创新产出对本地区及相邻地区生态福利绩效的影响均显著为正；技术创新环境对本地区生态福利绩效的影响在不同权重下存在差异，对相邻地区生态福利绩效的影响显著为正。总体看来，技术创新对生态福利绩效的影响具有较强的正向空间溢出效应。

表5-15 技术创新对生态福利绩效的空间效应分析

解释变量	空间杜宾模型							
	地理邻接矩阵（W1）				地理距离矩阵（W2）			
	(1)	(2)	(3)	(4)	(5)	(6)	(7)	(8)
INN	0.1301*** (6.92)				0.1317*** (7.15)			
$INN1$		0.4664*** (6.28)				0.4353*** (5.90)		
$INN2$			0.2357*** (7.52)				0.2414*** (7.85)	
$INN3$				-0.0020 (-0.05)				0.0632* (1.74)
控制变量	YES	YES	YES	YES	YES	YES	YES	YES
$W \times INN$	0.0918*** (3.92)				0.1750*** (4.63)			
$W \times INN1$		0.0106 (0.13)				0.0069 (0.07)		
$W \times INN2$			0.0812** (2.06)				0.4045*** (5.67)	
$W \times INN3$				0.2803*** (5.46)				0.1209* (1.68)
控制变量	YES	YES	YES	YES	YES	YES	YES	YES

续表

解释变量	空间杜宾模型							
	地理邻接矩阵（W1）				地理距离矩阵（W2）			
	(1)	(2)	(3)	(4)	(5)	(6)	(7)	(8)
ρ	0.5608*** (12.02)	0.6239*** (15.59)	0.6451*** (15.94)	0.6357*** (15.79)	0.5528*** (10.59)	0.6493*** (14.30)	0.6142*** (13.45)	0.7067*** (17.44)
σ^2	0.0011*** (16.64)	0.0011*** (16.50)	0.0011*** (16.49)	0.0011*** (16.54)	0.0011*** (16.88)	0.0011*** (16.74)	0.0011*** (16.84)	0.0012*** (16.67)
Log-L	1170.1659	1156.8642	1161.6271	1148.5145	1177.0873	1158.1820	1182.6831	1138.0224
adj. R-sq	0.6064	0.5354	0.5367	0.5125	0.5964	0.4866	0.5611	0.4095

5.3.3.2 空间杜宾模型的效应分解

由于空间杜宾模型中加入了变量的空间滞后性，因此在分析过程中滞后项的系数估计方向和显著性统计仍然是有效的，但估计系数值的大小已无法反映出自变量对因变量的影响。此时，需要进一步综合考察模型的空间效应。一般情况下，这种综合的空间效应可以分解为直接效应、溢出效应和总效应三个方面。具体来说，直接效应是指一定时期下所研究地区的自变量对因变量的平均影响；溢出效应是指一定时期下所研究地区的自变量对与之相邻地区因变量的平均影响；总效应是指一定时期下所研究地区的自变量对本地区及相邻地区因变量的综合影响。因此，通过采用直接效应、溢出效应和总效应可以更直接、更清晰地分析技术创新对中国生态福利绩效的空间差异化影响。据此，本节对技术创新影响生态福利绩效的三种效应进行了分解讨论，结果见表5-16。

由表5-16可知，从技术创新综合水平的估计结果来看，技术创新对生态福利绩效的直接效应、溢出效应和总效应均显著为正。以地理邻接矩阵为例，技术创新对本地区和相邻地区生态福利绩效的影响系数分别是0.1601和0.3456，且均在1%水平下显著为正，这意味着当技术创新提高1%时，本地区生态福利绩效提高0.1601%，相邻地区生态福利绩效提高0.3456%，可见技术创新对本地区和相邻地区的生态福利绩效均有正向促进作用，且技术创新的这种空间外溢效应大于本地效应。同样在地理距离空间权重下，该结果仍在1%水平下显著为正，在一定程度上证明了估计结果的稳健性。说明随着信息技术的发达以及区域间市场化进程的加快，知识和技术的外溢和扩散渠道越来

第5章 技术创新对生态福利绩效的直接影响分析

越通畅，随着区域间的交流和交往的频繁，相邻城市也可以借助地理和区位优势，通过长期的模仿、学习与相互交流来提高自身城市的技术创新水平，进而推动地区产业结构升级，减少污染排放，提升地区生态福利绩效。从技术创新各个组成部分看，技术创新各个组成部分对生态福利绩效的直接效应、溢出效应和总效应均显著为正。以地理距离矩阵为例，技术创新投入对本地区和相邻地区生态福利绩效的影响系数分别是 0.4863 和 0.7724，且均在 1% 水平下显著为正；技术创新产出对本地区和相邻地区生态福利绩效的影响系数分别是 0.3263 和 1.3508，且均在 1% 水平下显著为正；技术创新环境对本地区和相邻地区生态福利绩效的影响系数分别是 0.0974 和 0.5265，且均在 5% 水平下显著为正。可以看出，技术创新及各个组成部分所产生的空间溢出效应都要远远高于其所产生的直接影响，这进一步说明技术创新显现出强大的空间扩散能力，空间地理因素在生态福利绩效提升中扮演着重要的角色。

表 5-16 技术创新对生态福利绩效的空间效应分解

效应分解	解释变量	空间杜宾模型							
		地理邻接矩阵（W1）				地理距离矩阵（W2）			
		(1)	(2)	(3)	(4)	(5)	(6)	(7)	(8)
直接效应	INN	0.1601*** (7.87)				0.1636*** (8.52)			
	INN1		0.5337*** (6.77)				0.4863*** (6.43)		
	INN2			0.2904*** (7.79)				0.3263*** (9.28)	
	INN3				0.0613 (1.54)				0.0974** (2.40)
	控制变量	YES	YES	YES	YES	YES	YES	YES	YES
溢出效应	INN	0.3456*** (7.25)				0.5215*** (7.38)			
	INN1		0.7353*** (4.32)				0.7724*** (3.53)		
	INN2			0.6050*** (5.13)				1.3508*** (7.10)	
	INN3				0.7033*** (5.84)				0.5265** (2.37)
	控制变量	YES	YES	YES	YES	YES	YES	YES	YES

续表

效应分解	解释变量	空间杜宾模型							
		地理邻接矩阵（W1）				地理距离矩阵（W2）			
		(1)	(2)	(3)	(4)	(5)	(6)	(7)	(8)
总效应	INN	0.5057*** (8.65)				0.6851*** (8.86)			
	INN1		1.2690*** (6.16)				1.2587*** (5.30)		
	INN2			0.8955*** (6.25)				1.6771*** (8.03)	
	INN3				0.7647*** (5.46)				0.6239** (2.59)
	控制变量	YES	YES	YES	YES	YES	YES	YES	YES

5.4 本章小结

本章在第4章直接影响机理分析的基础上，运用2001～2020年中国30个省份的面板数据，基于静态固定效应和动态系统GMM模型，检验了技术创新对生态福利绩效的直接作用，并分区域分时期进行了异质性分析，也进行了一系列稳健性检验，同时探究了技术创新对生态福利绩效的空间溢出效应，进而验证了第4章直接影响机理分析中的假设1。研究结论如下。

一是从整体检验结果得到，静态面板模型和动态面板模型的估计结果表明，技术创新综合水平及各个组成部分对生态福利绩效具有显著正向影响，生态福利绩效存在显著的时间滞后效应和路径依赖。在控制变量中，对外开放度、绿化程度、政府规模对生态福利绩效的影响显著为正，而城市化水平、人口密度对生态福利绩效的影响显著为负。在替换估计方法及内生性分析等一系列稳健性检验后，该估计结果并无发生明显变化，再次证明技术创新对生态福利绩效的正向促进作用。

二是从异质性检验结果得到，时期异质性检验表明，"十五"时期，技术创新综合水平及各个组成部分对生态福利绩效的作用均不显著，到"十三五"

时期，技术创新综合水平及各个组成部分对生态福利绩效的影响均显著为正值，说明技术创新对生态福利绩效的促进作用随时期的变化逐渐增强。区域异质性检验表明，技术创新对生态福利绩效的影响效应存在着一定的差异，相较于中西部地区而言，技术创新对东部地区生态福利绩效的促进效果更为突出。

三是从空间效应的检验结果得到，空间相关性表明，技术创新和生态福利绩效具有显著的正向空间相关性及存在显著的空间集聚特征。采用空间杜宾模型的分析结果表明，技术创新及各个组成部分对本地区及相邻地区的生态福利绩效均具有显著的正向促进作用，且技术创新所发挥的空间外溢效应远大于本地效应，足以说明技术创新表现出强大的空间扩散能力，空间因素不可忽视。

第6章 技术创新对生态福利绩效的间接影响分析

第5章基于2001~2020年中国省际面板数据，利用静态固定效应和动态系统GMM估计方法实证检验了技术创新对生态福利绩效的直接影响。在上述研究中，本书印证了关键结论：技术创新能够显著提升生态福利绩效，并且该结论在经过稳健性和内生性检验后没有产生明显变化。但不可忽略的是，上述实证结论尚未深入到对传导机制展开细致讨论，即技术创新是通过何种渠道提升生态福利绩效？通过这个问题的回答，有助于打开技术创新与生态福利绩效之间的"黑箱"，也益于更好评估当前创新驱动发展"新热潮"的经济绩效。鉴于此，本章在第3章技术创新对生态福利绩效间接影响的理论分析基础上，运用2001~2020年我国30个省级地区[①]的面板数据，利用机制检验模型，以产业结构、能源结构和消费结构为中间变量，实证检验技术创新对生态福利绩效的间接影响，进而帮助我们强化技术创新与生态福利绩效之间关系的认识，为技术创新和生态福利绩效等研究领域补充重要经验证据。

6.1 检验方法选择

间接作用检验最常用的方法是中介效应检验法，即逐步分析法。根据温忠麟等（2014）对中介效应模型的经典研究，总效应等于直接效应与中介效应的总和，可表示为总效应（c）= 直接效应（c'）+ 中介效应（ab）。三步回归

---

① 不含西藏及港、澳、台地区。

第 6 章　技术创新对生态福利绩效的间接影响分析

法是中介效应模型最常用的检验方法，其基本思想是，若 a 与 b 均不等于零，那么中介效应积 ab 也不等于零。其检验方法分为三步：第一步，检验因变量 Y 对自变量 X 的回归系数 c 是否显著；第二步，检验中介变量 M 对自变量 X 的回归系数 a 是否显著；第三步，将中介变量 M 和自变量 X 放在同一回归模型中，检验因变量 Y 对自变量 X 的回归系数 c' 是否显著且系数是否有所减小。可得出以下结论，若 c' 不显著，则说明模型中存在完全中介效应；但若 c' 显著且 $c' < c$，则存在部分中介效应。现有研究大多采用中介效应模型进行间接效应分析，该模型优势在于可以分析自变量对因变量影响的过程和作用机制，即可衡量独立外生变量通过中介变量的间接作用对非独立变量的影响程度。但是，近年来，经典的逐步回归中介效应检验方法受到学术界的颇多质疑，随着对中介效应模型的不断研究，越来越多的学者认为传统的逐步分析法存在检验力较低的问题，即校验过程中容易发生系数乘积显著但得出不显著的结论（Judd and Kenny，1981）。江艇（2022）认为，由温忠麟等（2004，2013）提出的中介效应模型在经济学的应用和检验中是不太合理的，该模型更适合心理学研究，在经济学检验中容易存在一些渠道识别不清或内生偏差等问题。经济学中因果推断的研究主题是考察处理变量对结果变量的因果影响，即运用经济学理论论证关键的识别假设，提高研究手段的因果识别力；而中介效应检验的聚焦点则是处理变量经由中介变量影响结果变量这一间接效应本身，存在检验方法不严谨等问题（Bullock et al.，2010）。

实际上，间接影响就是一种传导机制。因此，为验证技术创新对生态福利绩效的影响渠道，本章借鉴程令国等（2014）对于传导机制研究所采用的方法，在基准回归中加入"中间变量 M"，通过观察自变量估计系数的变化来判断传导机制是否存在以及传导方向。当加入一个中间变量到基准回归中，自变量的系数相对变小，表明该中间变量是自变量影响因变量的正向传导机制。如图 6-1 所示，在以下两种情况中，中间变量 M 都是自变量 X 影响因变量 Y 的正向传导机制：自变量 X 正（或负）向影响中间变量 M，且中间变量 M 也正（或负）向影响因变量 Y。因此，若知中间变量 M 是一个正向传导机制，且 M 正向影响 Y，此时暗含 X 也会正向影响 M，这对应着图 6-1 上方路径。反之，当加入一个中间变量到基准回归中，自变量的系数相对变大，表明该中间变量是自变量影响因变量的负向传导机制。如图 6-2 所示,在以下两种情况中,中间变量 M 都是自变量 X 影响因变量 Y 的负向传导机制:自变量 X 正(或负)向影响中间变量 M,但中间变量 M 却负(或正)向影响因变量 Y。因此,若知中间变量 M 是一个负向传导机制,且 M 正向影响 Y,此时暗含 X 会负向影响 M,这对应着图 6-2 上方路径。

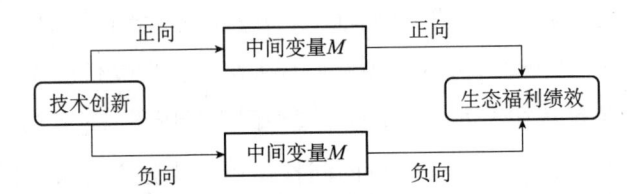

图 6-1 中间变量 M 作为自变量 X 影响因变量 Y 的正向传导机制

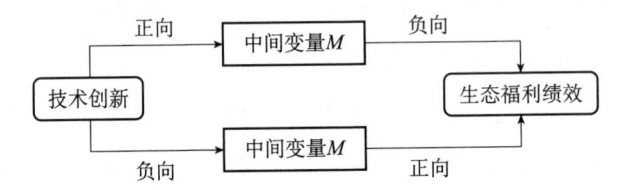

图 6-2 中间变量 M 作为自变量 X 影响因变量 Y 的负向传导机制

6.2 模型构建

6.2.1 模型构建与方法

根据上述检验方法,在前文间接作用理论分析的基础上,将生态福利绩效作为被解释变量,技术创新综合水平作为核心解释变量,将产业结构、能源结构和消费结构作为中间变量,构建机制检验回归模型,旨在揭示技术创新与生态福利绩效之间的间接影响规律。机制检验模型如下:

$$EW_{it} = \alpha_0 + \alpha_1 INN_{it} + \alpha_2 Z_{it} + u_{it} + \varepsilon_{it} \quad (6-1)$$

$$EW_{it} = \gamma_0 + \gamma_1 INN_{it} + \gamma_2 M_{it} + \gamma_c Z_{it} + u_{it} + \varepsilon_{it} \quad (6-2)$$

其中,EW 表示生态福利绩效,为被解释变量;INN 表示技术创新综合水平,为核心解释变量;M 为中间变量,分别表示产业结构、能源结构及消费结构；其他变量的含义见第5章，这里不再赘述。

式（6-1）为基准回归方程，与式（5-1）一致，式（6-2）为加入中间变量的回归方程。参考卡特勒和列拉斯-穆尼（Cutler & Lleras-Muney，2010）等研究中对于影响机制检验的识别策略，根据此方程对相关数据进行回归分析，通过观察回归结果中技术创新的系数前后变化来判断技术创新是否能通过该渠道对生态福利绩效产生影响。依据"机制效应"的估计思路，在分别估计得出回归方程（6-1）式和回归方程（6-2）式中技术创新系数 α_1 和 γ_1 后，通过计算 $1-\alpha_1/\gamma_1$ 可以得到中间变量在解释技术创新对生态福利绩效影响中所占的比重，直观考察各相关机制的解释力度。

6.2.2 变量说明与数据来源

6.2.2.1 变量说明

（1）被解释变量：生态福利绩效（EW），本章运用人均生态足迹与人类福利水平之比进行测度，具体结果采用前文数据，在此不再赘述。

（2）核心解释变量：技术创新综合水平（INN），具体结果采用前文数据，在此不再赘述。

（3）中间变量：本章选取产业结构（IND）、能源结构（ER）和消费结构（CS）作为机制变量。

产业结构（IND）：产业结构升级包含两个层面，分别是产业结构合理化（$IND1$）和产业结构高级化（$IND2$）。其中，对产业结构合理化（$IND1$）的测度，本章主要借鉴了干春晖的研究，采用"泰尔指数法"，其计算公式为：

$$TL = \sum_{i=1}^{n} \frac{Y_i}{Y} \ln\left(\frac{Y_i/L_i}{Y/L}\right) \tag{6-3}$$

式（6-3）中 Y、L 分别表示产值和就业人数，n 表示产业的总数，从式（6-3）的定义可知 TL 的值域范围为 $(0,1)$，TL 值越接近于0，表明产业结构越合理，TL 值越接近于1，表明产业结构越不合理。基于泰尔指数是一个负向指标，为便于实证分析，本章采用泰尔指数的倒数表示产业结构合理化（$IND1$）。产业结构高级化（$IND2$）主要体现了产业结构从低级向高级跃升的过程，本章采用第三产业增加值与第二产业增加值的比值衡量。

能源结构（ER）：能源结构优化有两层含义，一是降低碳基能源的使用比例，二是要提升天然气等优质能源在整个能源供需结构中的比重。因此，本章参考洪雪飞（2019）的研究，选取煤炭能源结构（ER1）和清洁能源结构（ER2）两个指标作为能源结构优化的代理变量。其中，煤炭能源结构（ER1）采用煤炭消费量占能源消费总量的比重来表示，该比重的下降表示能源消费结构的优化。清洁能源结构（ER2）用天然气消费占能源消费总量的比重来表示，该比重的上升表示能源结构的优化。其中，煤炭消费量和天然气消费量是将实物量折合成标准煤来计算的。

消费结构（CS）：消费结构升级是消费数量和消费质量综合提升的结果，是不同层次消费结构综合变化的体现。本章参考王平等（2018）的做法，采用居民消费升级率来衡量消费结构升级，将居民的消费细分为初级消费、中级消费和高级消费三个层次，然后分别选择食品消费、居住消费、交通与通信消费作为各层级消费的代表，计算其在总消费支出中的比重，加权后得到地区居民消费升级率。其中，食品支出的权重为1/6，居住支出的权重为2/6，交通通信支出的权重为3/6，该指标越大表明高级消费支出比例越大，而低级消费支出比例越小，消费升级越明显，因此，该指标为正向指标。由于我国城市和农村消费结构存在较大差异，本章将消费结构划分为城市消费结构（UCS）和农村消费结构（RCS）两个方面。

(4) 控制变量：根据研究需要结合数据的可得性，主要从城市化水平（URB）、经济开放度（OPEN）、政府规模（GOV）、绿化程度（GRE）、人口密度（DEN）等方面考虑技术创新对生态福利绩效的影响与前文选取数据一致，在此不再赘述。

6.2.2.2　数据来源

本章选取2001~2020年全国30个省份为样本。其中，生态福利绩效指标来源于《中国能源统计年鉴》《中国环境统计年鉴》《中国环境年鉴》《中国林业统计年鉴》《中国农业统计年鉴》和各地区教育统计公报及统计年鉴等；技术创新指标来源于《中国统计年鉴》和《中国科技统计年鉴》；产业结构数据来源于《中国统计年鉴》和《中国工业统计年鉴》；能源结构数据来源于

《中国能源统计年鉴》；城市化水平、经济开放度等控制变量的相关数据来源于《中国统计年鉴》。其中，缺失数据采用插值法补齐，表6-1为变量的统计性描述。

表6-1　变量的描述性统计

变量类型	变量名称		均值	方差	最小值	最大值
被解释变量	生态福利绩效（EW）		0.157	0.143	0.021	0.982
解释变量	技术创新综合水平（INN）		0.729	0.312	0.205	2.153
中间变量	产业结构（IND）	产业结构合理化（IND_1）	7.634	9.008	1.322	74.505
		产业结构高级化（IND_2）	1.173	0.627	0.527	5.446
	能源结构（ER）	煤炭能源结构（ER1）	0.531	0.196	0.261	1.413
		清洁能源结构（ER2）	0.055	0.065	0	0.427
	消费结构（CS）	城市消费结构（UCS）	1.004	0.121	0.735	1.332
		农村消费结构（RCS）	1.087	0.078	0.873	1.306
控制变量	城市化（URB）		52.22	14.81	20.35	89.6
	经济开发度（OPEN）		0.303	0.362	0.018	1.733
	绿化程度（GRE）		10.731	0.985	7.279	13.051
	政府规模（GOV）		0.137	0.042	0.036	0.348
	人口密度（DEN）		7.609	0.7	4.025	8.766

6.3　实证结果与分析

正如第3章技术创新对生态福利绩效间接影响的理论分析所述，技术创新能够从"产业结构""能源结构"和"消费结构"三条路径提升生态福利绩效。换言之，技术创新可带来产业结构升级效应，有助于推进全产业链绿色化转型发展；可带来能源结构优化效应，为增加生态福利创造条件；可带来消费结构升级效应，有助于实现社会福利最大化。顺延上述逻辑，本章拟对其三条路径进行传导机制分析，旨在揭示技术创新与生态福利绩效之间的机制黑箱。为了更加全面地验证可能存在的机制，本部分将传导机制检验分为两步，第一步，直接考察技术创新对中间变量的影响，进而分析影响生态福利绩效的传导路径；第二步，运用前文提到的机制检验的估计思路，观测将中间变量作为被解释变量放入模型后，各个变量的系数值及系数显著性的变化情况。

6.3.1 基于产业结构的传导机制分析

产业结构升级一般包括产业结构合理化和产业结构高级化两方面内容，产业结构合理化主要研究各产业之间的有机联系与耦合质量，更多侧重说明资源在各个产业之间的配置情况，产业结构高级化是产业结构由低水平向高水平发展的途径。因此，本章从这两个层面共同检验产业结构升级传导机制的存在性。为缓解技术创新的内生性问题，本章选取技术创新综合水平滞后两期作为工具变量，采用工具变量法的2SLS模型进行估计。

（1）产业结构机制检验一。表6-2是技术创新对产业结构升级的回归结果，目的在于考察技术创新对产业结构升级的影响。本部分将对产业结构合理化和产业结构高级化分别进行检验。表2中的列（1）是全国样本技术创新对产业结构合理化的回归结果，估计系数为9.1413，且通过了1%显著性水平检验，说明技术创新可显著促进产业结构合理化。列（2）和列（3）分别是东部和中西部地区技术创新对产业结构合理化的回归结果，和全国样本所得结论相同，说明对于东部和中西部地区，技术创新同样能够促进产业结构合理化。对比系数和显著性可知，中西部地区技术创新对产业结构合理化的影响远小于全国和东部地区。表6-2中的列（4）、列（5）和列（6）分别是全国、东部及中西部地区技术创新对产业结构高级化的回归结果。由估计结果可知，技术创新对产业结构高级化的影响系数均显著为正值，说明技术创新可显著促进产业结构高级化。对比系数和显著性可知，中西部地区技术创新对产业结构高级化的影响仍小于全国和东部地区。因此，结合产业结构合理化和高级化的估计结果，技术创新可显著促进产业结构升级，但对中西部地区产业结构升级的影响效应相对较弱。

表6-2　　　　产业结构升级的传导机制检验（1）：2sls

变量	产业结构合理化（$IND1$）			产业结构高级化（$IND2$）		
	(1)	(2)	(3)	(4)	(5)	(6)
	全国	东部	中西部	全国	东部	中西部
INN	9.1413 *** (4.03)	9.5933 *** (3.17)	2.8955 ** (2.47)	1.5994 *** (5.73)	2.4609 *** (6.57)	0.9814 ** (2.49)

续表

变量	产业结构合理化（IND1）			产业结构高级化（IND2）		
	(1)	(2)	(3)	(4)	(5)	(6)
	全国	东部	中西部	全国	东部	中西部
URB	0.1394*** (4.00)	0.2716*** (3.22)	0.0154 (0.93)	0.0015 (0.47)	-0.0051 (-0.79)	-0.0016 (-0.74)
OPEN	11.5242*** (7.65)	7.6371*** (4.20)	1.4011 (0.95)	0.3555*** (3.13)	0.6262*** (3.67)	-0.5267*** (-3.04)
GRE	-2.2374*** (-6.46)	-3.5836*** (-5.01)	0.3923*** (2.60)	-0.3656*** (-8.28)	-0.6727*** (-8.47)	-0.1157*** (-6.39)
GOV	6.8613 (1.01)	-9.4552 (-0.87)	21.8986*** (4.48)	2.4707*** (4.63)	4.8466*** (5.44)	1.1696** (2.47)
DEN	-0.0129 (-0.04)	1.0195 (0.58)	0.1503 (1.03)	-0.1517*** (-4.09)	-0.6045*** (-3.69)	-0.0862*** (-4.93)
_cons	13.0954*** (2.99)	14.0385 (0.83)	-7.2241*** (-2.72)	4.5540*** (7.81)	10.5714*** (6.52)	2.2810*** (8.77)
个体固定	YES	YES	YES	YES	YES	YES
Obs	540	198	342	540	198	342
Wald F 统计量	2349.405	2895.891	427.565	2349.405	2895.891	427.565

注：***、**、*分别表示在1%、5%、10%的水平上通过显著性检验，括号内为标准误，本章下表同。

（2）产业结构机制检验二。传导机制检验的第二个角度是把产业结构合理化、高级化放入基准模型（6-1）中，观察模型（6-2）中各个变量的系数值以及系数显著性的变化情况。表6-3是技术创新通过产业结构升级影响生态福利绩效的机制检验结果。其中，列（1）、列（2）和列（3）是全国、东部和中西部地区技术创新对生态福利绩效的基准回归结果。由估计结果可知，技术创新对生态福利绩效的影响系数均显著为正，说明技术创新可显著提升生态福利绩效，与上章结论相符。列（4）、列（5）和列（6）分别是全国、东部和中西部地区在基准回归基础上加入产业结构合理化的回归结果。对于全国层面，对比列（1）和列（4），技术创新对生态福利绩效的估计系数由0.2593下降到0.1843，显著性水平也有所下降（z值由8.16下降到6.76），由此说明产业结构合理化在技术创新对生态福利绩效的影响中起到了正向促进作用，传导机制检验通过。借鉴卡特勒和列拉斯-穆尼（Cutler and Lleras-Muney，2010）关于中间机制的识别策略可知，产业结构合理化在技术创新对生态福利绩效的影响中所占的解释比重为 28.92%。对于东部地区，对比列（2）和列（5），技术创新对生态福利绩效的估计系数由 0.2083 下降到 0.1286，且显著性水平也在下降（z 值由 3.98 下降到 2.35），说明东部地区也通过了产业结构合理化的中间机制检验。同样可得出东部地区产业结构合理化这一中间变量所占的解释比重为 38.26%。对于中西部地区，对比列（3）和列（6），技术创新对生态福利绩效的估计系数由 0.1436 上升到 0.1506，且列（6）中产业结构合理化对生态福利绩效的影响在 5% 水平上显著为负，这表明中西部地区产业结构合理化是技术创新影响生态福利绩效的负向传导机制。

列（7）、列（8）和列（9）分别是全国、东部和中西部地区在基准回归基础上加入产业结构高级化的回归结果。对于全国层面，比较列（1）和列（7），技术创新对生态福利绩效的估计系数由 0.2593 下降到 0.2249，且显著性水平也在下降，可以认为产业结构高级化是技术创新影响生态福利绩效的正向传导机制，且产业结构高级化在解释技术创新对生态福利绩效的作用中所占的比重为 13.26%。对于东部地区，比较列（2）和列（8），加入产业结构高级化这一中间变量后，技术创新的估计系数和显著性均在下降，且产业结构高级化在解释技术创新对东部地区生态福利绩效的作用中所占的比重为 7.63%，说明产业结构高级化也是东部地区技术创新影响生态福利绩效的重要机制。对于中西部地区，比较列（3）和列（9），加入产业结构高级化中间变量后，技术创新的估计系数显著上升，且列（9）中产业结构高级化对生态福利绩效的影响系数显著为负，足以说明产业结构高级化是中西部地区技术创新对生态福利绩效的负向传导机制。

表 6-3　　　　　产业结构升级的传导机制检验（2）：2sls

变量	生态福利绩效（EW）								
	基准			产业结构合理化（IND1）			产业结构高级化（IND2）		
	(1)	(2)	(3)	(4)	(5)	(6)	(7)	(8)	(9)
	全国	东部	中西部	全国	东部	中西部	全国	东部	中西部
INN	0.2593*** (8.16)	0.2083*** (3.98)	0.1436*** (6.24)	0.1843*** (6.76)	0.1286** (2.35)	0.1506*** (6.31)	0.2249*** (6.53)	0.1924*** (2.74)	0.1907*** (8.23)

续表

变量	生态福利绩效（EW）								
	基准			产业结构合理化（IND1）			产业结构高级化（IND2）		
	(1)	(2)	(3)	(4)	(5)	(6)	(7)	(8)	(9)
	全国	东部	中西部	全国	东部	中西部	全国	东部	中西部
IND1				0.0082*** (7.33)	0.0083*** (7.73)	-0.0024** (-2.28)			
IND2							0.0053 (0.61)	0.0064 (0.51)	-0.0480*** (-5.11)
URB	-0.0010** (-1.97)	0.0029*** (2.69)	-0.0015*** (-3.98)	-0.0021*** (-4.81)	0.0006 (0.71)	-0.0015*** (-3.81)	-0.0007 (-1.60)	0.0029*** (2.64)	-0.0016*** (-4.34)
OPEN	0.2296*** (11.46)	0.1637*** (6.35)	0.0293 (0.59)	0.1351*** (6.42)	0.0999*** (3.62)	0.0327 (0.65)	0.1994*** (11.89)	0.1597*** (5.82)	0.0040 (0.08)
GRE	-0.0218*** (-4.79)	0.0011 (0.11)	0.0012 (0.40)	-0.0035 (-0.82)	0.0311*** (3.15)	0.0021 (0.70)	-0.0078 (-1.53)	-0.0055 (0.35)	-0.0043 (-1.39)
GOV	0.2452** (2.40)	-0.2000 (-1.19)	0.3389*** (5.23)	0.1890** (2.25)	-0.1209 (-0.83)	0.3919*** (5.95)	0.2225** (2.40)	-0.2313 (-1.27)	0.3951*** (6.94)
DEN	0.0095** (1.98)	0.0691*** (2.91)	0.0069** (2.27)	0.0096** (2.38)	0.0606*** (3.58)	0.0072** (2.40)	0.0165*** (3.14)	0.0730*** (2.75)	0.0027 (0.91)
_cons	0.0755 (1.17)	-0.7582*** (-3.14)	-0.0320 (-0.77)	-0.0318 (-0.55)	-0.8756*** (-4.92)	-0.0494 (-1.20)	-0.2102** (-2.22)	-0.8265** (-2.55)	0.0775* (1.79)
个体固定	YES		YES	YES	YES	YES		YES	YES
Obs	540		198	540	540			198	342

因此，从两步检验机制可以看出，在全国层面，技术创新可通过促进产业结构升级正向影响生态福利绩效，且产业结构合理化的传导效应大于产业结构高级化。原因在于技术创新水平的提高一方面有利于优化要素资源配置，逐步提高生产效率，促使产业内部结构发生调整，淘汰落后产能；另一方面不断推动传统产业被低污染、低耗能和高附加值新兴产业所替代，使得原有产业采用新技术新装备改造工艺流程，提高了产品的绿色科技含量，促进产品升级换代，推进新型和绿色产业链体系建设（顾典，2021），从而促进生态福利绩效的提升。从不同区域看，产业结构升级所发挥的传导机制存在区域差异。东部

地区存在产业结构升级的正向传导机制,且产业结构合理化传导效应大于产业结构高级化,中西部地区存在产业结构升级的负向传导机制,即技术创新不能通过促进产业结构升级提升生态福利绩效。主要原因在于东部地区经济发展水平较高,产业发展基础较好,较高的人力资本水平和物质资源的汇集促进产业结构优化并发挥正外部性,产生共生经济效应,提高资源配置效率,提升经济绿色发展水平,促进生态福利绩效提升(郭炳南等,2022)。中西部地区经济发展水平落后,产业结构层次不高,生产性服务业和高技术制造业产业发展水平较低,可能会受环境污染等负面影响,进而降低了中间变量对生态福利绩效的促进作用。

6.3.2 基于能源结构的传导机制分析

技术创新通过促进企业减少能源消耗,提高利用效率,实现能源结构清洁化调整,降低地区污染物排放,从而获得经济效益和生态效益。为了检验这一传导机制,本章从煤炭能源结构和清洁能源结构两个方面进行能源结构优化的传导机制检验,有利于更加准确、详细、合理地解释能源结构优化对技术创新影响生态福利绩效的间接效应,增强了研究的解释力度。

(1)能源结构机制检验一。表6-4是技术创新对能源结构优化的回归结果,目的在于考察技术创新对能源结构优化的影响。本部分将对煤炭能源结构和清洁能源结构分别进行检验。列(1)~列(3)是全国、东部及中西部地区技术创新对煤炭能源结构的估计结果。可以看出,全国层面技术创新对煤炭能源结构的估计系数显著为负值,说明技术创新可有效降低煤炭资源的消耗量。东部地区技术创新对煤炭能源结构的估计系数显著为负值,而中西部地区估计系数显著为正值,说明在东部地区技术创新同样能够对煤炭消耗起到抑制作用,而中西部地区技术创新难以发挥减少煤炭资源使用量的作用。列(4)~列(6)是全国、东部及中西部地区技术创新对清洁能源结构的估计结果。可以看出,全国、东部及中西部地区技术创新对清洁能源的估计系数均在1%的水平上显著为正,说明技术创新可显著促进清洁能源的开发和使用。因此,结合估计结果可知,全国及东部地区技术创新可从煤炭能源抑制和清洁能源促进两方面共同实现能源结构优化,而中西部地区技术创新仅对能源结构优化起某一方面（清洁能源促进）的作用。

表6-4　　　　　能源结构优化的传导机制检验（1）：2sls

变量	煤炭能源结构（ER1）			清洁能源结构（ER2）		
	(1)	(2)	(3)	(4)	(5)	(6)
	全国	东部	中西部	全国	东部	中西部
INN	-0.0679*** (-4.09)	-0.0861*** (-3.29)	0.2992** (2.41)	0.1196*** (5.92)	0.1050*** (5.33)	0.0900*** (3.87)
URB	0.0005 (0.61)	-0.0026 (-1.62)	-0.0035** (-2.08)	0.0003 (1.00)	-0.0024*** (-2.61)	0.0003 (0.88)
OPEN	-0.1624*** (-5.49)	0.0162 (0.40)	-0.7503*** (-5.61)	-0.0005 (-0.06)	0.0229 (1.18)	0.2080*** (5.35)
GRE	0.0675*** (6.80)	0.0016 (0.08)	0.1044*** (6.66)	-0.0375*** (-8.06)	-0.0755*** (-6.33)	-0.0292*** (-7.60)
GOV	-0.0597 (-0.40)	0.1847 (0.96)	0.1612 (0.71)	0.1512*** (2.74)	0.3882*** (3.39)	0.1665** (2.45)
DEN	0.0402*** (4.00)	0.0556** (2.43)	0.0011 (0.09)	-0.0007 (-0.19)	0.0130 (0.81)	-0.0011 (-0.31)
_cons	-0.4235*** (-3.76)	0.1497 (0.58)	-0.4989*** (-2.93)	0.3398*** (5.87)	0.7166*** (3.95)	0.2418*** (5.94)
个体固定	YES	YES	YES	YES	YES	YES
Obs	540	198	342	540	198	342

（2）能源结构机制检验二。表6-5是分别将煤炭能源结构和清洁能源结构放入基准模型后的回归结果，通过观察核心变量的系数值及显著性情况来检验技术创新是否可以通过能源结构优化来影响生态福利绩效。其中，列（1）~列（3）是基准回归结果，表明技术创新可提升生态福利绩效，与上文结果一致。列（4）~列（6）是全国、东部及中西部地区煤炭能源结构的机制检验结果。对于全国层面，比较列（1）和列（4），模型中加入煤炭能源结构变量后，技术创新对生态福利绩效的估计系数由0.2593下降到0.2517，且列（4）中煤炭能源结构的估计系数显著为负，结合机制检验（一）中技术创新对煤炭能源结构的负向估计结果可知，煤炭能源结构是技术创新影响生态福利绩效的正向传导机制，即技术创新水平的提高可通过降低煤炭能源消耗量，

减少二氧化碳等污染气体的排放，最终达到经济发展与环境保护共赢的一种新经济形态。对于东部地区，比较列（2）和列（5），检验结果与全国层面所得结论相同，即东部地区技术创新也可通过降低煤炭能源消耗这一途径提升生态福利绩效。对于中西部地区，比较列（3）和列（6），加入煤炭能源结构变量后，技术创新对生态福利绩效的估计系数显著上升，且列（6）中煤炭能源结构的估计系数显著为负，结合机制检验（一）中技术创新对煤炭能源结构的正向估计结果可知，煤炭能源结构是技术创新影响生态福利绩效的负向传导机制，即中西部地区技术创新不能通过降低煤炭能源消耗这一途径提升生态福利绩效。由中间机制的识别策略可知，全面层面煤炭能源结构在技术创新对生态福利绩效的影响中所占的解释比重为2.93%，东部地区煤炭能源结构所占的解释比重为9.12%。

列（7）、列（8）和列（9）分别是全国、东部和中西部地区在基准回归基础上加入清洁能源结构的回归结果。对于全国层面，比较列（1）和列（7），技术创新对生态福利绩效的估计系数和显著性水平均在下降，且列（7）中清洁能源结构对生态福利绩效的估计系数显著为正，可以认为清洁能源结构是技术创新影响生态福利绩效的正向传导机制。对于东部和中西部地区，比较列（2）和列（8）、列（3）和列（9），估计结果与全国层面所得结论相同，表明东部和中西部地区清洁能源结构的正向传导机制依然通过检验。由中间机制的识别策略可知，全国层面清洁能源结构在技术创新对生态福利绩效的影响中所占的解释比重为16.27%，东部地区清洁能源结构所占的解释比重为18%，中西部地区所占的解释比重为7.87%。

表6-5　　　　　　　能源结构优化的传导机制检验（2）：2sls

变量	生态福利绩效（EW）								
	基准			煤炭能源结构（ER1）			清洁能源结构（ER2）		
	(1)	(2)	(3)	(4)	(5)	(6)	(7)	(8)	(9)
	全国	东部	中西部	全国	东部	中西部	全国	东部	中西部
INN	0.2593*** (8.16)	0.2083*** (3.98)	0.1436*** (6.24)	0.2517*** (8.65)	0.1893** (2.41)	0.1590*** (7.14)	0.2171*** (3.30)	0.1708** (2.35)	0.1323*** (5.68)
ER1				-0.1104*** (-5.71)	-0.2187*** (-6.87)	-0.0513*** (-3.86)			

续表

变量	生态福利绩效（EW）								
	基准			煤炭能源结构（ER1）			清洁能源结构（ER2）		
	(1)	(2)	(3)	(4)	(5)	(6)	(7)	(8)	(9)
	全国	东部	中西部	全国	东部	中西部	全国	东部	中西部
ER2							0.3519*** (3.01)	0.3567*** (5.58)	0.1251** (2.24)
URB	-0.0010** (-1.97)	0.0029*** (2.69)	-0.0015*** (-3.98)	-0.0009* (-1.95)	0.0021** (2.23)	-0.0017*** (-4.65)	-0.0009* (-1.85)	0.0027** (2.37)	-0.0015*** (-4.24)
OPEN	0.2296*** (11.46)	0.1637*** (6.35)	0.0293 (0.59)	0.2117*** (11.26)	0.1686*** (6.49)	-0.0091 (-0.19)	0.2295*** (11.57)	0.1658*** (6.41)	0.0033 (0.07)
GRE	-0.0218*** (-4.79)	0.0011 (0.11)	0.0012 (0.40)	-0.0144*** (-3.43)	0.0016 (0.16)	0.0066** (2.27)	-0.0270*** (-5.52)	-0.0054 (-0.43)	0.0049 (1.40)
GOV	0.2452** (2.40)	-0.2000 (-1.19)	0.3389*** (5.23)	0.2386** (2.40)	-0.1448 (-0.93)	0.3472*** (5.68)	0.2662** (2.55)	-0.1658 (-0.95)	0.3180*** (4.85)
DEN	0.0095** (1.98)	0.0691*** (2.91)	0.0069** (2.27)	0.0140*** (2.89)	0.0858*** (3.83)	0.0069** (2.46)	0.0094* (1.94)	0.0703*** (2.92)	0.0070** (2.29)
_cons	0.0755 (1.17)	-0.7582*** (-3.14)	-0.0320 (-0.77)	0.0287 (0.46)	-0.7135*** (-3.27)	-0.0576 (-1.48)	0.1226* (1.89)	-0.6952*** (-2.77)	-0.0622 (-1.41)
个体固定	YES	YES	YES	YES	YES	YES	YES	YES	YES
Obs	540	198	342	540	198	342	540	198	342

因此，从两步检验机制可以看出，在全国层面，技术创新可通过能源结构优化提升生态福利绩效，且清洁能源结构的传导效应大于煤炭能源结构。可以看出，技术创新带来的技术进步一方面会使传统的煤炭、石油等能源消费减少，另一方面会不断开发和利用清洁能源，促进传统生产方式向绿色低碳的生产模式转变，提升经济集约程度，减少能源消耗和污染排放（史安娜，2019），从而实现生产、生活方式向勤俭节约、绿色低碳、文明健康的方向转变，最终提升生态福利绩效。从不同区域检验结果可以看出，能源结构优化所发挥的传导机制存在区域差异。东部地区存在显著的"技术创新—能源结构优化—生态福利绩效"的传导机制，且清洁能源结构的传导效应大于煤炭能源结构，而中西部地区主要是发挥清洁能源结构的中介因子。原因在于中西部地区依靠资源禀赋优势，具备丰富的清洁能源，在技术创新支持下不断建立清洁能源基地，发展替代性清洁能源，从而降低对可耗竭能源的依存度（谢里，

2021），促进生态福利绩效提升。

6.3.3 基于消费结构的传导机制分析

消费结构按经济发展水平的不同，可分为农村消费结构和城市消费结构，技术创新通过消费结构升级间接影响生态福利绩效可能会存在两条传导路径。因此，本章从城市消费结构和农村消费结构这两条路径共同检验消费结构升级传导机制的存在性。

（1）消费结构机制检验一。表6-6是技术创新对消费结构升级的回归结果，目的在于考察技术创新对消费结构升级的影响。本部分将对城市消费结构和农村消费结构分别进行检验。列（1）和列（4）分别是全国层面技术创新对城市消费结构和农村消费结构的估计结果，可以发现技术创新的提升有利于促进城市消费结构升级，其系数为0.3180且在1%水平上显著，也有利于农村消费结构升级，其系数为0.1787且在1%水平上显著，验证了技术创新对消费结构升级的促进作用。列（2）和列（5）分别是东部地区技术创新对城市和农村消费结构的估计结果，和全国层面所得结论相同，说明技术创新对消费结构升级的促进作用在东部地区依然有效。列（3）和列（6）分别是中西部地区技术创新对城市和农村消费结构的估计结果，列（3）结果显示技术创新可显著促进城市消费结构升级，列（4）结果显示技术创新对农村消费结构升级的估计系数为不显著的负值，说明中西部地区的技术创新水平难以满足农村消费结构升级的需求。因此，结合估计结果可知，全国及东部地区技术创新可从城市消费结构和农村消费结构两条路径共同实现消费结构升级，而中西部地区技术创新仅能实现城市消费结构升级。

表6-6　　　　　消费结构升级的传导机制检验（1）：2sls

变量	城市消费结构（UCS）			农村消费结构（RCS）		
	(1)	(2)	(3)	(4)	(5)	(6)
	全国	东部	中西部	全国	东部	中西部
INN	0.3180*** (10.87)	0.1038*** (6.32)	0.3117*** (12.84)	0.1787*** (7.62)	0.0428*** (3.90)	-0.1660 (-0.93)
URB	0.0006 (1.23)	-0.0003 (-0.40)	-0.0017** (-2.28)	-0.0002 (-0.50)	0.0006 (0.73)	-0.0005 (-0.93)

续表

变量	城市消费结构（UCS）			农村消费结构（RCS）		
	(1)	(2)	(3)	(4)	(5)	(6)
	全国	东部	中西部	全国	东部	中西部
OPEN	-0.0951*** (-5.13)	-0.0820*** (-3.37)	-0.0576 (-0.88)	-0.0373*** (-3.37)	-0.0630*** (-3.69)	-0.0349 (-0.62)
GRE	-0.0101* (-1.92)	-0.0206* (-1.94)	-0.0187*** (-3.45)	-0.0073* (-1.70)	0.0043 (0.56)	-0.0127** (-2.06)
GOV	-0.2836*** (-3.60)	-0.0990 (-0.90)	-0.2735*** (-2.60)	-0.3623*** (-4.91)	-0.1647* (-1.74)	-0.6357*** (-6.92)
DEN	0.0084* (1.92)	0.0926*** (6.28)	-0.0146*** (-3.40)	0.0138*** (4.08)	0.0451*** (4.23)	0.0124*** (3.13)
_cons	0.8533*** (13.41)	0.4088** (2.52)	1.0980*** (15.49)	1.0054*** (19.01)	0.6159*** (5.40)	1.1311*** (16.27)
个体固定	YES	YES	YES	YES	YES	YES
Obs	540	198	342	540	198	342

（2）消费结构机制检验二。表6-7是全国及区域层面消费结构升级传导机制的检验结果。其中，列（1）~列（3）是基准回归结果，与上文结论一致，即技术创新可显著提升生态福利绩效。列（4）~列（5）分别是全国、东部和中西部地区在基准回归的基础上引入城市消费结构变量的检验结果。对比列（1）和列（4）发现，基于全国层面，加入城市消费结构变量后，技术创新对生态福利绩效的影响系数由0.2593下降至0.2394，显著性水平也在下降（Z值由8.16下降至3.14），列（4）中城市消费结构对生态福利绩效的影响为正值，表明了城市消费结构升级是技术创新影响生态福利绩效的一个正向传导机制，即技术创新可通过城市消费结构升级提升生态福利绩效。同理，对比列（2）和列（5）、列（3）和列（6）可知，加入城市消费结构中间变量后，东部及中西部地区技术创新对生态福利绩效的影响系数和显著性均在下降，城市消费结构对生态福利绩效的影响均显著为正，可见技术创新在东部及中西部地区均可通过城市消费结构升级对生态福利绩效产生促进作用，即区域层面的正向传导机制也检验通过。由中间机制的识别策略可知，全面层面城市消费结构在技术创新对生态福利绩效的影响中所占的解释比重为7.67%，东部地区城市消费结构所占的解释比重为6.33%，中西部地区所占的解释比重

为 10.58%。

列（7）~列（9）分别是全国、东部和中西部地区在基准回归基础上农村消费结构的回归结果。对于全国层面，对比列（1）和列（7），技术创新对生态福利绩效的估计系数和显著性水平均在下降，且列（7）中农村消费结构对生态福利绩效的估计系数显著为正，可以认为农村消费结构是技术创新影响生态福利绩效的正向传导机制。对于东部地区，对比列（2）和列（8），估计结果与全国层面所得结论相同，表明东部地区农村消费结构的正向传导机制也通过检验。对于中西部地区，对比列（3）和列（9）发现，加入农村消费结构变量后，技术创新对生态福利绩效的影响系数没有下降且不显著，表明尽管农村消费结构升级能够促进中西部地区生态福利绩效的提升，但是这依然无法显著催化技术创新对生态福利绩效的影响。由中间机制的识别策略可知，全国层面农村消费结构在技术创新对生态福利绩效的影响中所占的解释比重为12.49%，东部地区所占的解释比重为9.45%。

表6-7　　　　　消费结构升级的传导机制检验（2）：2sls

变量	生态福利绩效（EW）								
	基准			城市消费结构（UCS）			农村消费结构（RCS）		
	(1)	(2)	(3)	(4)	(5)	(6)	(7)	(8)	(9)
	全国	东部	中西部	全国	东部	中西部	全国	东部	中西部
INN	0.2593*** (8.16)	0.2083*** (3.98)	0.1436*** (6.24)	0.2394*** (3.34)	0.1951** (2.27)	0.1284** (2.23)	0.2269*** (3.77)	0.1886** (2.02)	0.1963 (0.33)
UCS				0.0622 (1.18)	0.1267*** (3.50)	0.0487*** (3.97)			
RCS							0.1808** (2.25)	0.4602*** (6.65)	0.3175*** (9.52)
URB	-0.0010** (-1.97)	0.0029*** (2.69)	-0.0015*** (-3.98)	-0.0010** (-2.08)	0.0030*** (3.09)	-0.0017*** (-4.64)	-0.0009** (-1.98)	0.0024** (2.54)	-0.0017*** (-4.87)
OPEN	0.2296*** (11.46)	0.1637*** (6.35)	0.0293 (0.59)	0.2355*** (11.05)	0.1906*** (6.97)	0.0229 (0.46)	0.2364*** (11.55)	0.2180*** (7.83)	0.0182 (0.43)
GRE	-0.0218*** (-4.79)	0.0011 (0.11)	0.0012 (0.40)	-0.0212*** (-4.58)	0.0079 (0.74)	-0.0008 (-0.27)	-0.0205*** (-4.46)	-0.0025 (-0.24)	-0.0027 (-0.96)
GOV	0.2452** (2.40)	-0.2000 (-1.19)	0.3389*** (5.23)	0.2628** (2.44)	-0.1676 (-1.01)	0.3085*** (4.82)	0.3108*** (2.62)	-0.0583 (-0.34)	0.1370** (2.23)

续表

变量	生态福利绩效（EW）								
	基准			城市消费结构（UCS）			农村消费结构（RCS）		
	(1)	(2)	(3)	(4)	(5)	(6)	(7)	(8)	(9)
	全国	东部	中西部	全国	东部	中西部	全国	东部	中西部
DEN	0.0095**	0.0691***	0.0069**	0.0090*	0.0389*	0.0052*	0.0070	0.0303	0.0108***
	(1.98)	(2.91)	(2.27)	(1.91)	(1.77)	(1.71)	(1.50)	(1.43)	(3.88)
_cons	0.0755	-0.7582***	-0.0320	0.0224	-0.8918***	0.0900*	-0.1063	-1.2880***	0.3271***
	(1.17)	(-3.14)	(-0.77)	(0.26)	(-3.72)	(1.68)	(-0.92)	(-5.13)	(6.13)
个体固定	YES	YES	YES	YES	YES	YES	YES	YES	YES
Obs	540	198	342	540	198	342	540	198	342

因此，从两步检验机制可以看出，在全国层面，技术创新会通过促进消费结构升级提升生态福利绩效，其传导机制通过城乡消费结构的协同作用实现，且农村消费结构的传导效应大于城市消费结构。原因在于当前我国城乡消费结构逐步趋同，已出现消费城市化现象。一方面，技术创新实现了城市居民生活的转变，不断呈现出绿色消费为主流的趋势（周南南，2021）；另一方面，在现代信息技术发展下，新生代农村居民呈现出流动性大、接受新观念快、模仿性强等特点，在知识和技能的不断外溢下，农村居民会更倾向接受环保观点，养成绿色生活习惯，进行低碳消费，从而促进绿色福利的增长。在区域层面，消费结构升级所发挥的传导机制存在区域差异。东部地区中间机制由城乡消费结构共同传导，原因在于我国东部地区经济发达，城乡差距较小，城乡居民消费结构趋同，在技术创新与生态福利绩效中的作用路径也应一致。中西部地区中间机制主要由城市消费结构传导，农村消费结构传导路径不明显，原因在于我国中西部地区城乡差距较大，城市居民收入高、消费能力强，技术创新在促进城市居民绿色消费和提升生态产品供给水平等方面实现了环境、经济与社会效益的多赢，而农村居民的收入及消费行为对技术创新的反映不明显。

6.4 稳健性检验

以上回归结果初步验证了本书的理论假设，即技术创新可通过产业结构升级、能源结构优化及消费结构升级影响生态福利绩效。为了检验上述结论的可靠性,本节在不改变模型形式的前提下,从更换核心解释变量、缩减时间样本和解决内生性干扰三个方面对回归结果进行稳健性检验。

(1) 更换核心解释变量。考虑到专利授权是技术创新的认证,本节将专利授权数作为单一指标表示技术创新进行稳健性检验。为体现技术创新的真实价值,借鉴白俊红(2016)的做法,按照发明专利0.5的权重、实用新型专利0.3的权重、外观设计专利0.2的权重把三大专利加权求和,并取对数处理。具体回归结果见表6-8、表6-9和表6-10。

表6-8展示了产业结构升级传导机制检验的估计结果。由表6-8列(1)、列(2)可知,技术创新可显著促进产业结构合理化和高级化,即技术创新可显著促进产业结构升级,由列(3)、列(4)、列(5)可知,在基准回归基础上加入产业结构合理化和高级化变量后,技术创新对生态福利绩效的影响系数显著下降。因此,更换核心解释变量后,技术创新通过产业结构升级影响生态福利绩效的传导机制仍然存在。

表6-8 基于产业结构传导机制的稳健性检验(更换核心解释变量)

变量	机制检验一		机制检验二		
	$IND1$	$IND2$	EW	EW	EW
	(1)	(2)	(3)	(4)	(5)
INN	2.2228***	0.2244***	0.0589***	0.0495***	0.0380***
	(5.27)	(9.27)	(11.43)	(9.98)	(7.63)
$IND1$				0.0042***	
				(8.82)	
$IND2$					0.0932***
					(11.56)
$\_cons$	-10.0667**	0.2687	-0.3965***	-0.3536***	-0.4216***
	(-2.14)	(0.99)	(-6.88)	(-6.52)	(-8.13)
控制变量	YES	YES	YES	YES	YES
个体固定	YES	YES	YES	YES	YES
obs	540	540	540	540	540

表6-9展示了能源结构优化传导机制的估计结果。从表6-9可以看出,技术创新水平的提高既可以降低煤炭资源消耗,又可以促进清洁能源利用,加

入两个中间变量后,技术创新对生态福利绩效的影响系数均在下降,可见技术创新通过能源结构优化影响生态福利绩效的传导机制也存在。

表 6-9　基于能源结构传导机制的稳健性检验(更换核心解释变量)

变量	机制检验一		机制检验二		
	ER1	ER2	EW	EW	EW
	(1)	(2)	(3)	(4)	(5)
INN	-0.0423*** (3.97)	0.0211*** (8.48)	0.0589*** (11.43)	0.0495*** (12.34)	0.0414*** (8.25)
ER1				-0.2221*** (-7.84)	
ER2					0.8299*** (10.38)
_cons	0.7582*** (9.32)	-0.0868*** (-3.12)	-0.3965*** (-6.88)	-0.2281*** (-3.88)	-0.3244*** (-6.09)
控制变量	YES	YES	YES	YES	YES
个体固定	YES	YES	YES	YES	YES
obs	540	540	540	540	540

表 6-10 展示了消费结构升级传导机制的估计结果。同样,由表 6-10 可以看出,技术创新对城乡消费结构升级均具有促进作用,加入中间变量后,技术创新对生态福利绩效的影响系数均在下降,可见技术创新对生态福利绩效的影响由城乡消费结构共同传导,即消费结构升级在技术创新与生态福利绩效之间的传导机制同样成立。

表 6-10　基于消费结构传导机制的稳健性检验(更换核心解释变量)

变量	机制检验一		机制检验二		
	UCS	RCS	EW	EW	EW
	(1)	(2)	(3)	(4)	(5)
INN	0.0496*** (8.88)	0.0294*** (6.21)	0.0589*** (11.43)	0.0480*** (8.97)	0.0486*** (9.63)
UCS				0.2201*** (5.82)	
RCS					0.3505*** (8.09)

续表

变量	机制检验一		机制检验二		
	UCS	RCS	EW	EW	EW
	(1)	(2)	(3)	(4)	(5)
_cons	0.1092*	0.4045***	-0.3965***	-0.4206***	-0.5383***
	(1.75)	(7.63)	(-6.88)	(-7.49)	(-9.39)
控制变量	YES	YES	YES	YES	YES
个体固定	YES	YES	YES	YES	YES
obs	540	540	540	540	540

（2）缩减时间样本。考虑到2008年国际金融危机给世界经济带来的巨大负向影响，本节剔除具有异常性的2009年和2010年相关数据进行稳健性检验，回归结果见表6-11、表6-12和表6-13。表6-11展示了产业结构升级传导机制检验的估计结果。由表6-11可知，技术创新可显著促进产业结构升级，加入中间变量后，技术创新对生态福利绩效的影响系数显著下降，说明在缩减时间样本后，产业结构升级的传导机制仍然通过检验。表6-12和表6-13分别是能源结构优化和消费结构升级传导机制检验的估计结果。同样按照上文机制检验的两个步骤，能源结构优化和消费结构升级的传导机制依然存在。

表6-11 基于产业结构传导机制的稳健性检验（缩减时间样本）

变量	机制检验一		机制检验二		
	IND1	IND2	EW	EW	EW
	(1)	(2)	(3)	(4)	(5)
INN	7.0705***	0.6767***	0.2955***	0.2621***	0.2339***
	(4.14)	(6.45)	(14.58)	(13.84)	(12.56)
IND1				0.0047***	
				(9.70)	
IND2					0.0909***
					(11.97)
_cons	-10.3052**	0.1916	-0.2664***	-0.2178***	-0.2838***
	(-2.01)	(0.61)	(-4.37)	(-3.88)	(-5.27)
控制变量	YES	YES	YES	YES	YES
个体固定	YES	YES	YES	YES	YES
obs	480	480	480	480	480

表 6-12 基于能源结构传导机制的稳健性检验（缩减时间样本）

变量	机制检验一		机制检验二		
	ER1	ER2	EW	EW	EW
	(1)	(2)	(3)	(4)	(5)
INN	-0.1340***	0.1003***	0.2955***	0.2779***	0.2259***
	(-4.46)	(9.95)	(14.58)	(13.70)	(10.85)
ER1				-0.1309***	
				(-4.44)	
ER2					0.6930***
					(8.24)
_cons	0.5846***	-0.0552	-0.2664***	-0.1898***	-0.2281***
	(6.47)	(-1.82)	(-4.37)	(-3.05)	(-3.97)
控制变量	YES	YES	YES	YES	YES
个体固定	YES	YES	YES	YES	YES
obs	480	480	480	480	480

表 6-13 基于消费结构传导机制的稳健性检验（缩减时间样本）

变量	机制检验一		机制检验二		
	UCS	RCS	EW	EW	EW
	(1)	(2)	(3)	(4)	(5)
INN	0.1207***	0.1288***	0.2955***	0.2642***	0.2520***
	(5.08)	(6.76)	(14.58)	(13.33)	(12.54)
UCS				0.2583***	
				(7.13)	
RCS					0.3373***
					(7.50)
_cons	0.0897	0.4888***	-0.2664***	-0.2896***	-0.4313***
	(1.26)	(8.54)	(-4.37)	(-4.97)	(-6.97)
控制变量	YES	YES	YES	YES	YES
个体固定	YES	YES	YES	YES	YES
obs	480	480	480	480	480

综上所述，通过更换解释变量和缩减时间样本对技术创新影响生态福利绩效的中间机制进行检验，估计结果均显示：技术创新能够通过产业结构升级、能源结构优化和消费结构升级产生中间效应，从而促进生态福利绩效提升。这也证实了研究假设 2、假设 3 和假设 4 的成立。

(3) 纠正内生性问题。第一，双向固定效应模型回归。由于未观测地区的个体差异所导致的遗漏变量问题可能会带来变量之间的内生性干扰，因此本章采用同时控制时间和个体的双向固定效应模型重新检验技术创新对产业结构、能源结构和消费结构的影响，可将不随时间变化的因素排除在外，某种意义上减轻了遗漏变量导致的内生性问题。表 6-14 中列（1）和列（2）的回归结果表明技术创新可显著促进产业结构合理化和产业结构高级化，即技术创新有利于实现产业结构升级；列（3）和列（4）的回归结果表明技术创新可同时降低煤炭资源消耗量和促进清洁能源的开发和使用，即技术创新有利于实现能源结构优化；列（5）和列（6）的回归结果表明技术创新可显著促进城市和农村消费结构升级，即技术创新有利于实现消费结构升级。

第二，滞后自变量回归。本章主要研究技术创新可通过经济结构升级对生态福利绩效产生影响，但技术创新对经济结构的影响可能会导致双向因果问题。为解决双向因果导致的内生性问题，借鉴程广斌和侯林岐（2022）的研究，将解释变量技术创新滞后一期，与当期的被解释变量经济结构进行回归。因为 t 期的经济结构不会对 t-1 期的技术创新产生影响，所以滞后自变量回归可以在一定程度上解决双向因果导致的内生性问题。从表 6-15 可以看出，当解释变量滞后一期时，技术创新对产业结构、能源结构及消费结构的影响方向仍未发生变化。所以，在可能出现的双向因果导致的内生性问题得到控制之后，技术创新对经济结构升级的正向作用仍比较明显，说明研究结果较稳健。也就是说，技术创新带来的经济结构升级是提升地区生态福利绩效的重要传导路径。

表 6-14　　　　　　　　双向固定效应模型回归结果

变量	产业结构升级		能源结构优化		消费结构升级	
	IND1	IND2	ER1	ER2	UCS	RCS
	（1）	（2）	（3）	（4）	（5）	（6）
INN	3.3936* (1.71)	0.6789*** (6.85)	-0.1523*** (-4.51)	0.0727*** (6.21)	0.0414** (2.16)	0.1268*** (6.78)
URB	-0.4622*** (-6.25)	-0.0404*** (-11.19)	0.0074*** (5.94)	-0.0021*** (-5.01)	-0.0014** (-2.08)	-0.0024*** (-3.20)
OPEN	-2.2236 (-1.27)	-0.0211 (-0.25)	-0.0327 (-1.10)	-0.0308*** (-2.98)	-0.0191 (-1.13)	-0.0800*** (-4.44)

续表

变量	产业结构升级		能源结构优化		消费结构升级	
	IND1	IND2	ER1	ER2	UCS	RCS
	(1)	(2)	(3)	(4)	(5)	(6)
GRE	1.0051*	-0.1080***	-0.0539***	0.0049	0.0181***	0.0103*
	(1.66)	(-3.66)	(-5.24)	(1.38)	(3.10)	(1.66)
GOV	11.4217	2.1792***	-0.6209***	0.2275***	0.2022***	0.2465***
	(1.63)	(6.36)	(-5.21)	(5.50)	(2.98)	(3.42)
DEN	-0.0665	-0.1321***	0.0002	-0.0115***	-0.0075**	-0.0074*
	(-0.18)	(-7.29)	(0.04)	(-5.26)	(-2.09)	(-1.96)
_cons	15.7352**	4.3661***	0.8865***	0.0979**	0.7243***	1.0080***
	(2.20)	(12.47)	(7.27)	(2.31)	(10.42)	(13.68)
时间固定	YES	YES	YES	YES	YES	YES
个体固定	YES	YES	YES	YES	YES	YES
Obs	600	600	600	600	600	600

表6-15　滞后自变量回归结果

变量	产业结构升级		能源结构优化		消费结构升级	
	IND1	IND2	ER1	ER2	UCS	RCS
	(1)	(2)	(3)	(4)	(5)	(6)
L.INN	5.2515**	0.6905***	-0.1791***	0.0930***	0.0479**	0.0149**
	(2.31)	(6.35)	(-4.81)	(7.26)	(2.29)	(2.07)
_cons	17.5474**	0.4466	0.8763***	0.0649	0.7597***	0.9810***
	(2.22)	(1.41)	(6.76)	(1.46)	(10.40)	(12.22)
控制变量	YES	YES	YES	YES	YES	YES
时间固定	YES	YES	YES	YES	YES	YES
个体固定	YES	YES	YES	YES	YES	YES
Obs	600	600	600	600	600	600

6.5　本章小结

本章运用2001~2020年中国30个省份的面板数据，以产业结构、能源结构和消费结构为中间变量，构建了技术创新影响生态福利绩效的机制检验模型。从全国层面和区域层面分别剖析了技术创新对生态福利绩效的间接影响，并逐一检验了三种传导机制的存在性，进而验证了第 3 章理论分析中的假设 2。主要结论如下。

  基于产业结构传导机制的检验结果表明：从全国层面看，技术创新会通过促进产业结构合理化和产业结构高级化提升生态福利绩效，即产业结构升级的正向传导机制在全国成立，且产业结构合理化的传导效应大于产业结构高级化。从区域层面看，东部地区产业结构升级的正向传导机制也显著存在，产业结构合理化的传导效应同样大于产业结构高级化；而中西部地区存在产业结构升级的负向传导机制，即技术创新不能通过促进产业结构升级提升生态福利绩效。

  基于能源结构传导机制的检验结果表明：从全国层面看，技术创新有利于降低煤炭资源消耗，提高清洁能源使用，进而通过能源结构优化效应提升生态福利绩效，即能源结构优化的正向传导机制通过检验，且清洁能源结构的传导效应大于煤炭能源结构。从区域层面看，东部地区存在显著的"技术创新—能源结构优化—生态福利绩效"的正向传导机制，且清洁能源结构的传导效应大于煤炭能源结构；而中西部地区的能源结构优化效应总体偏弱，主要是发挥清洁能源结构的中介因子。

  基于消费结构传导机制的检验结果表明：从全国层面看，技术创新能够促进城乡消费结构升级，进而提升生态福利绩效，即消费结构升级的正向传导机制通过检验，且农村消费结构的传导效应大于城市消费结构。从区域层面看，东部地区消费结构升级所发挥的中间机制由城乡消费结构共同传导；而中西部地区消费结构升级所发挥的中间机制主要由城市消费结构传导，农村消费结构传导路径不明显。

第 7 章　技术创新对生态福利绩效影响的门槛效应分析

第 5 章和第 6 章考察了技术创新对生态福利绩效的直接影响和间接影响。研究表明，技术创新既可直接影响生态福利绩效，也可通过产业结构升级效应、能源结构优化效应和消费结构升级效应间接影响生态福利绩效。然而，本书第 3 章提到技术创新的实现有赖于完善的制度体系，技术创新对生态福利绩效的促进作用是否能够完全发挥，还与一国或一地区的制度环境息息相关。因此，要全面系统地考察出技术创新对生态福利绩效的影响，其中复杂多样的约束机制是不容忽视的，本章旨在考察在制度因素约束下技术创新如何影响生态福利绩效。该研究一般以分组和交叉检验为主，分组检验法主要以人为选取分割点方式将样本划分为若干组，受主观影响程度高且无法估计最优区间，交叉检验虽然在一定程度上反映了影响因素的强弱，但仍无法验证估计门槛值的准确性和显著性。汉森（Hansen，1999）提出的面板门槛模型将门槛值视为一个未知变量引入实证模型中，构建解释变量回归系数的分段函数，并对门槛值和门槛效应进行一系列估计和检验，较好地弥补了上述方法的局限。鉴于此，本章在第 3 章技术创新对生态福利绩效门槛效应的理论分析基础上，基于 2001～2020 年中国省际面板数据，运用面板门槛回归模型，考察在市场化程度、环境规制和财政分权的作用下，技术创新对生态福利绩效的影响规律及其约束机制，并分析地区之间的异质性，系统检验制度因素约束下技术创新影响生态福利绩效的门槛效应。

7.1　面板门槛模型原理

面板门槛模型是指当模型中引入的外部经济参数达到某个特定值时，会导致原有模型的经济参数发生结构性变化,可将该特定值称为门槛值。模型中样本数据的内生性决定了该模型门槛值的数量及大小,从而避免了因主观设置所导致的偏差。

为了更好地理解面板门槛回归模型的原理,本章在汉森(Hansen,1999,2000)提出的面板门槛回归模型的基础上,结合自抽样次数 Bootstrap 抽样,根据数据本身的特征内生地划分区间。在传统门槛模型的基础上,将未知阈值作为变量建立在模型中,形成不连续函数,以检验是否存在阈值效应,并有效估计模型参数值。以下是面板门槛模型估计的具体操作步骤。首先,以单门槛模型为例,模型公式如下:

$$y_{it} = \beta_1 \times x_{it} I(q_{it} \leq \gamma) + \beta_2 \times x_{it} I(q_{it} > \gamma) + u_i + \varepsilon_{it} \quad (7-1)$$

其中,x_{it} 是解释变量,i 是样本总量,t 是所在年份,q_{it} 是门槛变量,y_{it} 是被解释变量。β_1、β_2 是面板门槛模型的系数,ε_{it} 是随机干扰项,u_i 是个体效应,$I(\cdot)$ 是指示性函数,γ 是模型中需要测算的门槛值。当 $q_{it} \leq \gamma$ 时,$I(\cdot) = 1$,当 $q_{it} > \gamma$ 时,$I(\cdot) = 0$。根据这些条件,我们可以将式(7-1)改写成以下两个分段函数:

$$\begin{cases} y_{it} = x_{it} \beta_1 + u_i + \varepsilon_{it}, q_{it} \leq \gamma \\ y_{it} = x_{it} \beta_2 + u_i + \varepsilon_{it}, q_{it} > \gamma \end{cases} \quad (7-2)$$

当然,在实际的研究过程中可能会有两个或更多的阈值。因此,有必要建立一个双阈值或多阈值面板模型。双阈值面板模型表示为:

$$y_{it} = x_{it} \beta_1 I(q_{it} \leq \gamma_1) + x_{it} \beta_2 I(\gamma_1 < q_{it} \leq \gamma_2) + x_{it} \beta_3 I(q_{it} > \gamma_2) + u_i + \varepsilon_{it}$$
$$(7-3)$$

其中,γ_1、γ_2 表示两个不同的门槛值,其他同上。

在确定模型中各个参数的估计值和门槛的最优值后,还要对门槛效果是否显著及门槛估计值与真实值是否相等这两方面进行检验。

一方面,检验门槛效应是否显著。以单一门槛为例,对应的原假设为 H_0;$\beta_1 = \beta_2$;对应的备选假设为 H_1;$\beta_1 \neq \beta_2$,检验统计量为:

$$F_1 = \frac{S_0 - S_1(\hat{\gamma})}{\hat{\sigma}^2} \quad (7-4)$$

其中，S_0 是 H_0 原假设下残差的平方和，$S_1(\hat{\gamma})$ 是备选假设下的残差平方和。考虑到门槛值 γ 在原始假设下很难识别，且 F_1 统计的分布是非标准的。因此，汉森提出使用 Bootstrap 自采样方法来获得其渐近分布，然后构造其 p 值，以 p 值为标准作为拒绝或接受原假设的基础。

另一方面，检验门槛估计值与真实值是否相等。原假设为 H_0，$\gamma = \gamma_0$，似然比检验统计量为：

$$LR_1(\gamma) = \frac{S_0 - S_1(\hat{\gamma})}{\hat{\sigma}^2} \quad (7-5)$$

实际上，上述统计量是不服从标准分布的，但汉森提出了一个计算接受域的简单公式，即当 $LR_1(\gamma_0) < c(\alpha)$ 时接受原假设，反之拒绝，其中 α 表示模型变量的显著性水平，且 $c(\alpha) = -2\log(1 - \sqrt{1-\alpha})$。当然，以上假设是基于单门槛模型的，多门槛或双重门槛模型的检验可以在以上方法上进行拓展。

7.2 面板门槛模型构建

7.2.1 模型构建与方法

由前面 3.3 的理论分析可知，在不同的市场化程度、环境规制、财政分权情况下，技术创新对生态福利绩效的影响是不同的。依据上述过程，本章建立技术创新与生态福利绩效的单一面板门槛模型与双重面板模型，见式 (7-6) 和式 (7-7)。

单一门槛模型：

$$EW_{it} = \beta_0 + \beta_1 INN_{it} \times I\{q_{it} \leq \gamma\} + \beta_2 INN_{it} \times I\{q_{it} > \gamma\} + \beta_3 Z_{it} + u_i + \varepsilon_{it} \quad (7-6)$$

双重门槛模型：

$$EW_{it} = \beta_0 + \beta_1 INN_{it} \times I\{q_{it} \leq \gamma_1\} + \beta_2 INN_{it} \times I\{\gamma_1 < q_{it} \leq \gamma_2\} + \beta_3 INN_{it} \times I\{q_{it} > \gamma_2\} + \beta_4 Z_{it} + u_i + \varepsilon_{it} \quad (7-7)$$

其中，$I(\cdot)$ 为示性函数，q 为门槛变量，分别是市场化程度、环境规制、财政分权，EW 为被解释变量生态福利绩效，INN 为核心解释变量技术创新综合水平，Z 为控制变量，ε 为随机扰动项。

本章按照汉森（Hansen，2000）的思路，先用 Bootstrap 法取得残差平方和的 F 值分布，并递推最终确定门限效应的存在性及门限值个数，在残差平方和最小化原则下估计门槛值，并检验门槛效应的显著性和门槛值的真实性。

7.2.2 变量说明与数据来源

7.2.2.1 变量说明

（1）被解释变量：生态福利绩效（EW），本章运用人均生态足迹与人类福利水平之比进行测度，具体结果采用前文数据，在此不再赘述。

（2）核心解释变量：技术创新综合水平（INN），具体结果采用前文数据，在此不再赘述。

（3）门槛变量：本章选取市场化程度（INS）、环境规制（ENV）、财政分权（FD）作为门槛变量。

市场化程度（INS）：我国各地区在政府调控、金融体系、知识产权保护等方面存在较大的差异，这说明各地区市场化程度差距较大。学术界对于市场化程度的衡量尚未达到统一的标准。施等（Shi et al.，2017）在研究市场制度与中国对外投资之间的关系时，采用市场化综合指数及二级指标（要素市场发育指数和政府与市场的关系指数）来衡量市场化程度。邓翔等（2022）从微观视角出发采用个体与私人从业人员总量与单位与个体从业人员总量来衡量市场化程度。王小鲁等（2019）运用主成分加权分析法得到各地区的市场化总指数，能够很好反映出各地区的市场化进程。因此，本章借鉴王小鲁等的研究，采用市场化总指数来衡量地区市场化程度，数据来自 2021 年发布的《中国各省份市场化指数报告》。

环境规制（ENV）：目前对环境规制的测算大致有三种方法。第一种用内生变量代替环境规制，如徐敏燕和左和平（2013）认为，地方经济越发达，环境规制就越严格，地方人均收入水平可以作为环境规制的代理变量。但也有学者认为，虽然环境规制强度与人均收入水平之间存在较高的相关性，但从长期来看，二者并不能形成稳定的变化关系（原毅军等，2010）。第二种是可以采用政府命令型环境法规（刘炯，2015），如环境污染罚款、污染税等；也可采用市场激励型环境规制指标，如污染控制投资与企业生产成本的比率（李眺，2013）。第三种是利用各种污染物的综合治理来衡量环境法规（原毅军和谢荣辉，2014），如工业废水排放达标率、二氧化硫去除率等。本章出于研究设计和数据可获得性需要，采用综合指数法来测算环境规制水平（原毅军，2019），选取工业固体废物综合利用率、工业废气治理设施运行费与工业废气排放量比值、工业废水治理设施运行费与工业废水排放量之比来测算环境规制综合指数。计算步骤如下：首先，对各项指标进行标准化；其次，采用熵权法确定指标权重，根据权重和标准化值计算环境规制综合指标。综合指数得分越高，说明政府对环境的要求越严格。

财政分权（FD）：现有文献对财政分权的衡量一般有三种方法，分别是财政自由度法、财政支出分权法和财政收入分权法，其中后两者的应用是最为广泛的。依据上文理论分析，财政分权更多地强调地方政府所承担的财政支出责任，因此本章选取支出法来测度财政分权。在以往文献中，大多数研究以地方财政支出占中央财政支出的比例来衡量财政分权，但是该指标并不能准确反映地区财政分权程度，而是更侧重于反映地方政府支出的相对规模。因此，本章借鉴汪克亮等（2021）、康玺等（2022）的研究思路，将人口规模的影响考虑在内，以各省人均财政支出占中央人均财政支出与各省人均财政支出总和的比例来表示各地区财政分权程度，该指标显示，地区财政分权程度与地方政府所承担的支出责任是一致的。

（4）控制变量：如城市化水平（URB）、经济开放度（$OPEN$）、政府规模（GOV）、绿化程度（GRE）、人口密度（DEN）等都会对生态福利绩效产生影响，与前文选取数据一致，在此不再赘述。

7.2.2.2 数据来源

本章选取 2001~2020 年全国 30 个省份为样本。其中，生态福利绩效指标、技术创新指标及相关控制变量指标的数据来源同 6.3.2 节；环境规制各项指标数据来源于《中国环境年鉴》和《中国统计年鉴》；财政分权指标数据来源于《中国统计年鉴》和《新中国六十年统计资料汇编》；市场化程度指标参考王小鲁等编制的《中国分省份市场化指数（2021）》。其中，缺失数据采用插值法补齐，表7-1为变量的统计性描述。

表7-1　　　　　　　　　　变量的统计性描述

变量类型	变量名称	均值	方差	最小值	最大值
被解释变量	生态福利绩效（EW）	0.157	0.143	0.021	0.982
解释变量	技术创新综合水平（INN）	0.729	0.312	0.205	2.153
门槛变量	市场化程度（INS）	6.203	1.873	2.370	11.109
	环境规制（ENV）	6.986	5.186	0.509	54.793
	财政分权（FD）	0.797	0.087	0.541	0.937
控制变量	城市化（URB）	52.22	14.81	20.35	89.6
	经济开发度（OPEN）	0.303	0.362	0.018	1.733
	绿化程度（GRE）	10.731	0.985	7.279	13.051
	政府规模（GOV）	0.137	0.042	0.036	0.348
	人口密度（DEN）	7.609	0.7	4.025	8.766

7.3　实证结果与分析

正如第3章技术创新对生态福利绩效门槛效应的理论分析所述，技术创新作为绿色转型的内在动力，对生态福利绩效的影响并非是一个简单的作用过程，可能会受到相关制度的影响，且会随着制度差异而呈现出不同的特征。因此，基于汉森（Hansen，2000）提出的面板门槛模型和估计方法，在以上理论研究基础上，本章从市场化程度、环境规制和财政分权三个方面系统检验技术创新对中国生态福利绩效影响的门槛效应，同时对全样本和不同区域分别进行检验和判断，并进行一系列稳健性检验。

7.3.1　市场化程度门槛效应分析

7.3.1.1　全样本门槛效应检验

根据上文设定的模型形式及处理思路，本节以市场化程度为门槛变量，

第7章 技术创新对生态福利绩效影响的门槛效应分析

分析技术创新与生态福利绩效之间的关系，对式（7-7）进行面板门槛估计。通过格点搜索法可确定模型中的门槛值的数量及大小，自抽样次数（bootstrap）和格点距离（grid）的设定值差异会对模型的回归时间和估计结果的精确度产生影响。对比之下，本章统一使用300次bootstrap和grid（100）。

表7-2展示了基于总样本的市场化程度门槛效应检验结果。结果显示，单门槛模型通过了1%的显著性检验，而双门槛模型没有通过检验，表明技术创新对生态福利绩效的影响存在市场化程度单门槛效应。图7-1为市场化程度门槛检验的似然比（LR）图。图中的虚线表示5%显著性水平上的置信值为7.35（临界值），虚线以下表示γ的95%的置信区间。根据门槛效应模型原理，门槛估计值是LR为零时γ的取值。可以看出，模型中被搜索到的门槛值在8.63附近，代表市场化程度为8.63左右。以该门槛值为分界点，技术创新与生态福利绩效之间的关系大体呈现两段不同的特征。结合Hausman检验和门槛效应检验的结果，利用固定效应的单门槛回归模型分别对式（7-7）进行估计。此外，为克服异方差对估计结果可能造成的不利影响，对样本数据实施了稳健标准差检验，表7-3展示回归结果。

表7-2 全样本市场化程度门槛效应检验结果

变量	门槛数	F值	P值	10%临界值	5%临界值	1%临界值	BS次数
市场化程度（INS）	单一门槛	77.33	0.0000	35.0911	40.7703	53.2982	300
	双重门槛	11.69	0.6700	38.4181	47.3859	63.8497	300

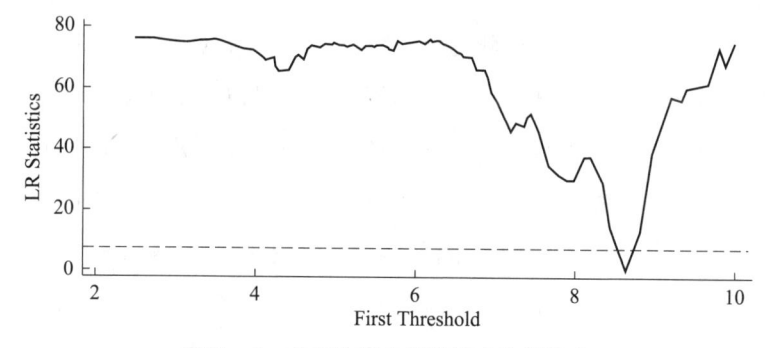

图7-1 市场化程度门槛检验的似然比

表 7-3　　　　总样本市场化程度门槛的模型估计结果

变量	系数	标准误	t 值
INS1（INS≤8.6300）	0.2018***	0.0660	3.06
INS2（INS>8.6300）	0.2622***	0.0702	3.73
URB	-0.0043**	0.0019	-2.21
OPEN	0.1228***	0.0345	3.55
GRE	0.0266	0.0193	1.38
GOV	0.3018*	0.1765	1.71
DEN	-0.0081	0.0061	-1.31
_cons	-0.2661	0.2836	-0.94
obs	600		
R^2	0.5749		

注：***、**、*分别表示在1%、5%、10%的水平上通过显著性水平，本章下表同。

由表7-3可知，从全国层面看，当市场化程度低于门槛值（8.63）时，技术创新对生态福利绩效的影响系数为0.2018，且在1%的水平上通过了显著性检验，表明在此门槛区间内技术创新每增加1%，生态福利绩效会提升0.2018%；当市场化水平跨越该门槛值（8.63）时，影响系数上升至0.2622，且通过了1%的显著性水平检验，此时技术创新每增加1%，生态福利绩效会提升0.2622%。由此可见，技术创新对生态福利绩效的影响效应会受到一定程度的市场化门槛约束，随着市场化水平的提高，技术创新对生态福利绩效的正向促进效应表现出显著的边际效率递增的影响规律。其原因可能在于：较高的市场化水平通过激发创新主体的市场活力，降低投资不确定性风险，减少交易成本，激励企业进行技术创新尤其是绿色技术创新（徐浩，2018），促进生产要素跨区域自由流动，弥补企业创新资源的劣势以及实现资源的优化配置，进而为技术创新发挥绿色福利效应提供强有力的支撑（杨劭，2012）。从实际情况来看，在样本考察期内，全国层面的市场化平均水平为6.896，尚未跨过门槛值，使得市场化改革对技术创新影响生态福利绩效的效果还比较有限。在中国大力实施创新驱动发展战略和生态文明建设的背景下，应不断提升市场化水平，促使市场化程度尽早跨过门槛值，最大限度释放技术创新对生态福利绩效的正向促进效应。

7.3.1.2 不同区域门槛效应检验

总样本门槛模型考察了技术创新对生态福利绩效的门槛效应，但其门槛值是否存在地区差异性还需进一步研究。基于前文面板门槛模型的检验方法，本节进一步对东部和中西部地区市场化程度的门槛效应进行检验。表7-4展示了不同区域市场化程度的门槛效应检验结果。由表7-4可以看出，东部和中西部地区单门槛模型通过了1%的显著性检验，而双门槛模型没有通过检验，表明东部和中西部地区技术创新对生态福利绩效均存在单门槛效应。表7-5展示了不同区域市场化程度门槛的模型估计结果，其中，东部地区技术创新对生态福利绩效影响的单门槛值是9.9300，中西部地区的单门槛值是7.4700。

表7-4 不同区域市场化程度门槛效应检验结果

区域	变量	门槛数	F值	P值	10%临界值	5%临界值	1%临界值	BS次数
东部	市场化程度（INS）	单一门槛	101.24	0.0000	34.4449	41.4004	50.9751	300
		双重门槛	17.83	0.2733	25.7360	31.5553	41.4622	300
中西部	市场化程度（INS）	单一门槛	29.19	0.0033	14.4849	17.0948	23.1134	300
		双重门槛	13.63	0.2167	34.6290	45.5280	55.9060	300

表7-5 不同区域市场化程度门槛的模型估计结果

变量	东部地区	中西部地区
$INS1$（$INS \leqslant 9.9300$）	0.1685 ** (2.41)	
$INS2$（$INS > 9.9300$）	0.2718 *** (3.91)	
$INS1$（$INS \leqslant 7.4700$）		0.0514 ** (2.17)
$INS2$（$INS > 7.4700$）		0.0876 *** (3.66)
_cons	-0.2587 (-0.88)	0.1136 ** (2.31)
控制变量	YES	YES
Obs	220	380
R^2	0.7848	0.5445

注：括号内为标准误。

从东部地区看,当市场化水平低于门槛值 9.9300 时,技术创新对生态福利绩效的影响系数为 0.1685,且通过了 5% 的显著性水平检验;当市场化水平高于 9.9300 时,技术创新的影响系数上升到 0.2718,且通过了 1% 的显著性水平检验。因此,对于东部地区,随着市场化水平的提高,技术创新对生态福利绩效的正向促进作用逐渐增强。从中西部地区看,当市场化水平低于门槛值 7.4700 时,技术创新对生态福利绩效的影响系数为 0.0514,且通过了 5% 的显著性水平检验;当市场化水平高于 7.4700 时,技术创新的影响系数上升到 0.0876,且通过了 1% 的显著性水平检验。同样,对于中西部地区,在市场化改革强有力的支撑下,技术创新对生态福利绩效的正向促进效应也呈递增趋势。通过对比东部和中西部地区的门槛效应可以看出,东部地区技术创新通过市场化门槛效应影响生态福利绩效的弹性系数显著高于中西部地区。主要原因是东部地区是中国经济高度发达的地区,相应的市场制度要好于中西部地区（周小亮等,2017）,经济发展要素也更齐全（周健,2021）。而且,东部地区的技术创新水平也较高,在强劲的市场化改革下,促进生态福利绩效提升的效果将高于中西部地区。因此,各地区应不断提高市场化水平,突破市场化水平的门槛制约,最大限度地发挥制度支撑作用,驱动生态福利绩效的提升。

7.3.2 环境规制门槛效应分析

7.3.2.1 全样本门槛效应检验

在前文门槛效应分析的基础上,本节进一步探究环境规制是否同样影响技术创新与生态福利绩效之间的关系。

表 7-6 展示了基于总样本的环境规制门槛效应检验结果。结果显示,单门槛模型和双门槛模型均通过了 10% 的显著性水平检验,三重门槛没有通过检验,表明技术创新对生态福利绩效的影响存在环境规制双门槛效应。图 7-2 为环境规制门槛检验的似然比（LR）图。可以看出,模型中第一个被搜索到的门槛值在 8.3147 附近,代表环境规制为 8.3147 左右;第二个被搜索到的门槛值在 12.2757 附近,代表环境规制为 12.2757 左右。以这两个门槛值为分界点,技术创新与生态福利绩效之间的关系大体呈现三段不同的特征。结合 Hausman 检验和门槛效应检验的结果,利用固定效应的双门槛回归模型分别对

式（7-7）进行估计，表7-7展示回归结果。

表7-6 全样本环境规制门槛效应检验结果

变量	门槛数	F值	P值	10%临界值	5%临界值	1%临界值	BS次数
环境规制（ENV）	单一门槛	39.73	0.0533	26.9786	41.2911	71.7622	300
	双重门槛	26.98	0.0767	24.3030	37.7529	56.5771	300
	三重门槛	10.21	0.6500	34.5514	40.0505	55.4605	300

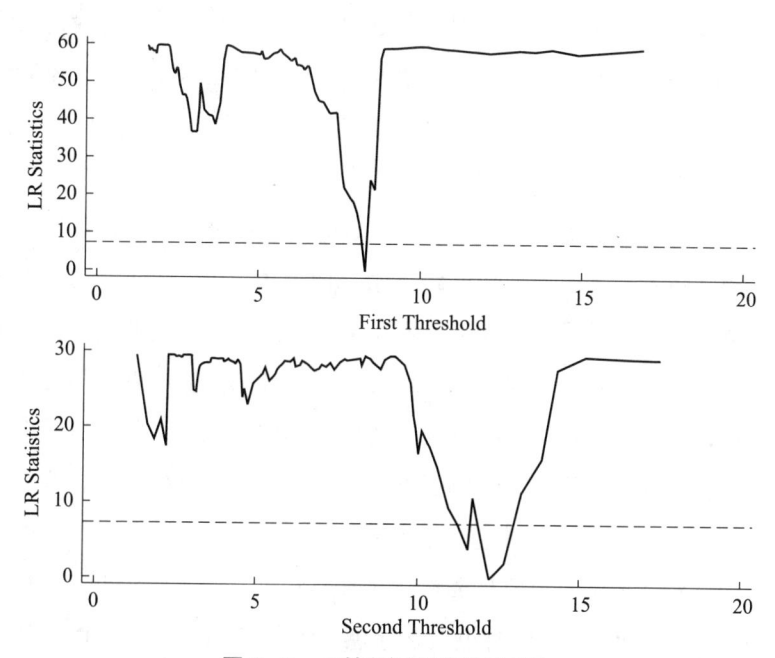

图7-2 环境规制门槛的似然比

表7-7 总样本环境规制门槛的模型估计结果

变量	系数	标准误	t值
ENV1（ENV≤8.3147）	0.2121***	0.0757	2.80
ENV2（8.3147＜ENV≤12.2757）	0.2459***	0.0839	2.93
ENV3（ENV＞12.2757）	0.2833***	0.0748	3.79
URB	-0.0056**	0.0022	-2.53
OPEN	0.0889*	0.0450	1.97
GRE	0.0339	0.0227	1.50
GOV	0.4963**	0.2305	2.15
DEN	-0.0116	0.0071	-1.64

续表

变量	系数	标准误	t 值
_cons	-0.1163	0.2288	-0.51
obs	600		
R^2	0.5652		

由表 7-7 可知，从全国层面看，当环境规制强度低于第一门槛值 8.3147 时，技术创新的影响系数为 0.2121，且通过 1% 显著性水平的检验，表明在第一门槛区间内，技术创新对生态福利绩效具有显著的正向促进效应；当环境规制强度跨越第一门槛值（8.3147）并小于第二门槛值（12.2757）时，技术创新的影响系数为 0.2459，且通过了 1% 显著性水平的检验，表明在第二门槛区间内，技术创新对生态福利绩效仍具有显著的正向促进效应，并且这种正向促进效应有所增强。当环境规制强度跨越第二门槛值（12.2757）时，影响力进一步增强至 0.2833，且通过了 1% 显著性水平的检验。由此可见，技术创新对生态福利绩效的影响效应会受到一定程度的环境规制门槛约束，随着环境规制强度的变化，技术创新对生态福利绩效的促进作用表现出显著的边际效率递增规律。其主要原因是：当环境规制强度较低时，环境污染成本在企业总成本中所占的比例较少，基本不会对企业造成威胁，那么企业获取先进技术的动力及资源利用的针对性不强，主要将要素投入到那些见效快、风险小、科技含量低的领域（周鹏飞，2022），同时也缺乏绿色技术创新的动力，从而导致技术创新促进生态福利绩效提升的效应有限。当环境规制强度较强时，企业生产污染排放的成本较大，为了在激烈的市场竞争中提高自己的核心竞争力从而获得超额利润，企业会将生产要素投向那些绿色生产技术较高的行业。同时在技术外溢效应下，其他企业通过"干中学"及模仿创新（朱东波，2020），不断加强自身的绿色技术水平，提高生产清洁能力，也在一定程度上强化了技术创新对生态福利绩效的促进效应。从实际情况看，在样本考察期内，全国层面的环境规制平均水平为 6.986，尚未跨过门槛值，使得环境规制对技术创新影响生态福利绩效的效果还比较有限。因此，在中国大力实施绿色发展战略的背景下，进一步提高环境规制强度，促使各地区尽早跨过环境规制的门槛值，能够最大限度地发挥技术创新对生态福利绩效的提升效应。

7.3.2.2 不同区域门槛效应检验

总样本门槛模型考察了技术创新对生态福利绩效的门槛效应,但其门槛值是否存在地区差异性还需进一步研究。本节进一步对东部和中西部地区环境规制的门槛效应进行检验。表 7-8 展示了不同区域环境规制的门槛效应检验结果。可以看出,东部和中西部地区单门槛模型和双门槛模型均通过了显著性检验,表明东部和中西部地区技术创新对生态福利绩效均存在双门槛效应。表 7-9 展示了不同区域环境规制门槛的模型估计结果,其中,东部地区技术创新对生态福利绩效影响的门槛值分别是 11.8063 和 16.7443,中西部地区的门槛值分别是 5.9226 和 7.1319。

表 7-8　不同区域环境规制门槛效应检验结果

区域	变量	门槛数	F 值	P 值	10% 临界值	5% 临界值	1% 临界值	BS 次数
东部	环境规制 (ENV)	单一门槛	89.56	0.0033	31.0866	37.1952	56.8108	300
		双重门槛	39.10	0.0267	24.9543	32.3078	46.7243	300
		三重门槛	18.93	0.2033	40.6736	59.2758	86.7328	300
中西部	环境规制 (ENV)	单一门槛	222.16	0.0000	26.5604	31.1168	46.3305	300
		双重门槛	138.77	0.0000	21.4422	25.4717	38.0446	300
		三重门槛	75.94	0.7167	146.2313	169.7724	200.9356	300

表 7-9　不同区域环境规制门槛的模型估计结果

变量	东部地区	中西部地区
ENV1 (ENV≤11.8063)	0.1210* (1.90)	
ENV2 (11.8063 < ENV≤16.7443)	0.3863*** (6.03)	
ENV3 (ENV >16.7443)	0.2764*** (3.70)	
ENV1 (ENV≤5.9226)		0.0324*** (3.19)
ENV2 (5.9226 < ENV≤7.1319)		0.0671*** (6.59)
ENV3 (ENV >7.1319)		0.1043*** (8.66)

续表

变量	东部地区	中西部地区
_cons	-0.4899 (-1.70)	0.0659* (2.09)
控制变量	YES	YES
Obs	220	380
R^2	0.8207	0.8011

从东部地区看，技术创新对生态福利绩效的正向促进作用存在先增强后减弱的影响效应，这与全样本的情况存在差异。具体来看，当环境规制强度小于11.8063时，技术创新对生态福利绩效的影响系数为0.1210，且通过了10%的显著性水平检验；当环境规制强度介于11.8063~16.7443之间时，影响系数上升至0.3863，且通过了1%的显著性水平检验；当环境规制强度大于16.7443时，影响系数下降至0.2764，且通过了1%的显著性水平检验。可见，对于东部地区，技术创新对生态福利绩效的促进效应随环境规制强度的增加先上升后下降。从中西部地区看，技术创新对生态福利绩效的促进效应随环境规制强度的增加不断上升，这与全样本的情况一致。对比东部与中西部地区的门槛效应可知，东部地区环境规制的激励效应有所减弱，而中西部地区仍需依赖有效的环境规制政策。其主要原因在于，东部地区企业创新能力普遍较强，其推动绿色转型更多地依赖于产业政策的创新，以及市场的资源配置和竞争功能，而非环境规制（原毅军，2014），过高的环境规制反而会导致企业的发展重心偏移，对其生产或投资上的选择造成不良影响，不利于企业利用创新技术改善生态福利（史敦友，2021）。反观中西部地区，创新基础相对薄弱，产业结构较单一，新兴产业仍处于起步阶段，对其施加相对严厉的环境规制，反而更能倒逼企业发展绿色技术，并通过激励约束机制建立环保技术市场（伍格致，2019），进而更有力促进生态福利绩效的提升。因此，各地区应制定差异化的环境规制，最大限度地发挥技术创新的绿色福利效应。

7.3.3 财政分权门槛效应分析

7.3.3.1 全样本门槛效应检验

在前文门槛效应分析的基础上，本节进一步探究财政分权是否同样影响技术创新与生态福利绩效之间的关系。表 7-10 展示了基于总样本的财政分权门槛效应检验结果。结果显示，单门槛模型和双门槛模型通过了显著性水平检验，三重门槛没有通过检验，表明技术创新对生态福利绩效的影响存在财政分权双门槛效应。

表 7-10　　全样本财政分权门槛效应检验结果

变量	门槛数	F 值	P 值	10% 临界值	5% 临界值	1% 临界值	BS 次数
财政分权（FD）	单一门槛	60.18	0.0067	23.2501	28.5566	56.1592	300
	双重门槛	38.95	0.0100	21.3766	28.4659	34.3369	300
	三重门槛	15.06	0.5400	39.5947	46.5200	66.6131	300

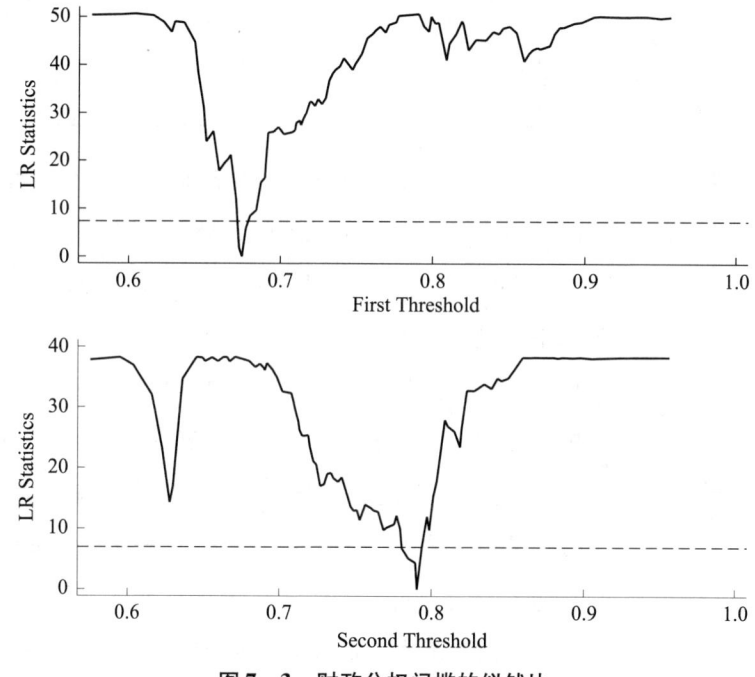

图 7-3　财政分权门槛的似然比

图 7-3 为财政分权门槛检验的似然比（LR）图。可以看出，模型中第一个被搜索到的门槛值在 0.6746 附近，代表财政分权为 0.6746 左右；第二个被搜索到的门槛值在 0.7906 附近，代表财政分权为 0.7906 左右。以这两个门槛值为分界点，技术创新与生态福利绩效之间的关系大体呈现三段不同的特征。结合 Hausman 检验和门槛效应检验的结果，利用固定效应的双门槛回归模型

分别对式（7-7）进行估计，表7-11展示回归结果。

表7-11　　　　　　　总样本财政分权门槛的模型估计结果

变量	系数	标准误	t值
FD1（FD≤0.6746）	0.1578**	0.0657	2.40
FD2（0.6746＜FD≤0.7906）	0.2178***	0.0584	3.73
FD3（FD＞0.7906）	0.1957***	0.0672	2.91
URB	-0.0050**	0.0018	-2.76
OPEN	0.0745*	0.0409	1.82
GRE	0.0444*	0.0242	1.84
GOV	0.4420*	0.2579	1.71
DEN	-0.0053	0.0062	-0.86
_cons	-0.2430	0.2409	-1.01
obs	600		
R^2	0.6030		

由表7-11可知，从全国层面看，技术创新对生态福利绩效有显著的正向影响效应，但这种正向作用呈现出先增强后减弱的趋势。具体看来，当财政分权程度低于第一门槛值0.6746时，技术创新对生态福利绩效的影响系数为0.1578，且通过了5%水平性检验；当财政分权程度处于0.6746～0.7906之间时，技术创新对生态福利绩效的促进作用最大，影响系数为0.2178，且通过了1%水平性检验；当财政分权程度高于第二门槛值0.7906时，技术创新对生态福利绩效的影响仍在1%的水平上通过了显著性检验，但影响力度下降至0.1957。可见，在财政分权制度的作用下技术创新能够促进生态福利绩效的提升，但这一程度应被限定在适度的范围内，即只有当财政分权程度介于0.6746～0.7906之间时，技术创新才能最大限度地促进生态福利绩效提升。其原因可能在于：财政分权程度过低时，地方经济的发展权限较弱，一方面，降低了政府所提供产品和公共服务的数量和质量，不利于人们对社会福利的满意度；另一方面，也向社会发出政府管理能力不足的信号，对企业创新投资产生负面影响（杨小东等，2020）。财政分权程度过高时，地方经济自主性过强，在自利投资偏好的驱动下，地方政府在区域创新中的优势被削弱，也放松对"高污染，高产出"企业的监管，从而不利于技术创新绿色福利效应的发

第7章 技术创新对生态福利绩效影响的门槛效应分析

挥。只有适度的财政分权,才有利于地方政府合理调整财政支出结构,较少地致力于政绩考核的竞争之中,较多地关注民生和经济可持续发展,一方面通过政府购买和价格补贴等方式改善基础设施建设、提高扶植高附加值、高效益行业的发展,另一方面重视人才引进,提升地区人力资本水平和创新水平,促使创新潜力充分释放(郑威,2021)。从实际情况看,在样本考察期内,全国层面的财政分权平均水平为0.797,已超过最优财政分权区间,这就意味着单就分权本身而言,可能已经对技术创新的绿色福利效应产生消极影响。因此,在中国经济新常态下,需要以"适度区间"为参考,适当降低财政分权程度,尽量避免技术创新提升生态福利绩效的边际递减效应。

7.3.3.2 不同区域门槛效应检验

全样本门槛模型考察了财政分权下技术创新对生态福利绩效的影响,但其门槛效应是否存在地区差异性需做进一步的门槛特征检验。本节进一步对东部和中西部地区财政分权的门槛效应进行检验。表7-12展示了不同区域财政分权的门槛效应检验结果。可以看出,东部地区技术创新对生态福利绩效存在双门槛效应,而中西部地区仅存在单门槛效应。表7-13展示了不同区域财政分权门槛的模型估计结果,其中,东部地区技术创新对生态福利绩效影响的门槛值分别是0.8487和0.9157,中西部地区的门槛值是0.7873。

表7-12 不同区域财政分权门槛效应检验结果

区域	变量	门槛数	F值	P值	10%临界值	5%临界值	1%临界值	BS次数
东部	财政分权 (FD)	单一门槛	132.28	0.0000	26.3572	35.1895	49.1242	300
		双重门槛	66.60	0.0000	18.5514	24.9233	32.3150	300
		三重门槛	13.35	0.2367	23.2132	33.4879	58.9868	300
中西部	财政分权 (FD)	单一门槛	61.27	0.0000	25.1539	30.0651	44.8905	300
		双重门槛	11.08	0.5133	21.8302	26.4602	36.6956	300

表7-13 不同区域财政分权门槛的模型估计结果

变量	东部地区	中西部地区
$FD1$ ($FD \leq 0.8487$)	0.2025 ** (2.85)	
$FD2$ ($0.8487 < FD \leq 0.9157$)	0.3319 *** (4.36)	

续表

变量	东部地区	中西部地区
$FD3$（$FD>0.9157$）	0.2386 *** (3.76)	
$FD1$（$FD\leqslant 0.7873$）		0.0604 ** (2.41)
$FD2$（$FD>0.7873$）		0.0982 ** (3.14)
_cons	-0.2515 (-0.71)	0.0750 (1.30)
控制变量	YES	YES
Obs	220	380
R^2	0.7674	0.5843

从东部地区看，技术创新对生态福利绩效的正向促进作用存在先增强后减弱的影响效应，这与全样本的情况较为一致。具体来看，当财政分权程度低于0.8487时，技术创新对生态福利绩效的影响系数为0.2025，且通过了5%的显著性检验；当财政分权程度介于0.8487~0.9157之间时，技术创新的影响系数上升至0.3319，且通过了1%的显著性检验；当财政分权程度高于0.9157时，技术创新的影响系数下降至0.2386，且通过了1%的显著性检验。从中西部地区看，技术创新对生态福利绩效的影响存在正向边际递增的影响关系，这与全样本的情况有所差异。具体来看，当财政分权程度低于0.7873时，技术创新的影响系数为0.0604，且通过了5%的显著性检验；当财政分权程度高于0.7873时，技术创新对生态福利绩效的正向影响进一步增强，影响系数为0.0982，且通过了1%的显著性检验。可见，对于中西部地区，技术创新对生态福利绩效的促进作用会随着财政分权程度的提高而逐步强化。对比东部与中西部地区的技术创新对生态福利绩效的门槛效应可知，东部地区财政分权激励的正面效应正逐渐减弱，而中、西部地区可能仍然需要依赖增长型财政分权体制。其主要原因在于，东部地区现处于经济转型后期阶段，财政分权过高的趋害作用将日益明显，如重复建设、过度投资等，引发严重的资源错配效应，促使企业过度依赖政府，进而降低企业创新活力与动力。而中西部地区由于经济发展基础相对薄弱，企业的发展仍离不开地方政府的有效支持，财政支持带来

的技术改进为创新赋能效应的充分实现提供更大的空间（魏鹏等，2022）。因此，东部地区应适当降低财政分权程度，而中西部地区可进一步提升分权水平，但需避免财政分权过高带来的负面影响。

7.4 稳健性检验

以上回归结果初步验证了本书的理论假设，即技术创新对生态福利绩效的影响存在相关制度因素的门槛效应，在不同市场化程度、环境规制和财政分权水平下，技术创新对生态福利绩效的影响是不同的。为了检验上述结论的可靠性，本节在不改变模型形式的前提下，从更换核心解释变量和增加控制变量两个方面对回归结果进行稳健性检验。

（1）更换核心解释变量。与上文 6.5 节相同，本节将专利授权数作为单一指标表示技术创新进行稳健性检验。借鉴白俊红（2016）的做法，按照发明专利 0.5 的权重、实用新型专利 0.3 的权重、外观设计专利 0.2 的权重把三大专利加权求和，并取对数处理。根据面板门槛模型的建模步骤，首先对模型进行门槛存在性检验，即以市场化程度、环境规制和财政分权分别作为门槛变量，依次对单一门槛、双重门槛与三重门槛模型进行检验，检验结果见表 7-14。其次对模型门槛参数进行估计，模型估计结果见表 7-15。

表 7-14　　　　　门槛检验结果（更换核心解释变量）

变量	门槛数	F 值	P 值	10%临界值	5%临界值	1%临界值	BS 次数
市场化程度 （INS）	单一门槛	93.63	0.0000	25.0463	33.9556	49.3559	300
	双重门槛	9.55	0.5333	29.4313	42.3315	50.0446	300
环境规制 （ENV）	单一门槛	80.38	0.0167	29.9658	39.6462	86.7032	300
	双重门槛	34.57	0.0567	28.4628	36.4012	51.2858	300
	三重门槛	21.15	0.4700	51.0446	68.8236	96.8374	300
财政分权 （FD）	单一门槛	53.45	0.0133	26.2855	34.8186	60.3703	300
	双重门槛	23.63	0.0933	22.6216	29.8170	40.9962	300
	三重门槛	12.08	0.5200	29.5991	34.8141	56.2444	300

表7-15　面板门槛模型的估计结果(更换核心解释变量)

变量	市场化程度(INS)	环境规制(ENV)	财政分权(FD)
	模型1	模型2	模型3
INS1（INS≤8.6300）	0.0503*** (3.23)		
INS2（INS>8.6300）	0.0575*** (3.59)		
ENV1（ENV≤8.3147）		0.0503** (2.54)	
ENV2（8.3147<ENV≤11.6176）		0.0551*** (2.85)	
ENV3（ENV>11.6176）		0.0553*** (2.86)	
FD1（FD≤0.6746）			0.0429** (2.59)
FD2（0.6746<FD≤0.7270）			0.0464*** (2.80)
FD3（FD>0.7270）			0.0408** (2.50)
控制变量	YES	YES	YES
_cons	-0.3977 (-1.48)	-0.4146 (-1.64)	-0.3889 (-1.58)
obs	600	600	600
R^2	0.5602	0.5262	0.5305

由表7-14可以看出,市场化程度门槛变量通过了单一门槛检验,环境规制门槛变量通过了双重门槛检验,财政分权门槛变量通过了双重门槛检验,与上文检验结果一致。由表7-15可知,替换核心解释变量后,门槛回归结果虽然在系数值上有一定差异,但是在门槛数量、符号方向和显著性方面基本具有一致性,表明技术创新对生态福利绩效的影响存在制度因素的门槛效应,本章的研究结果具有稳健性。

（2）增加控制变量。为了确保模型结果稳健可靠，本节通过增加控制变量的方法进行稳健性检验。根据程广斌等（2022）的研究，本节增加两个控制变量，分别是基础设施水平和医疗卫生水平，其中，基础设施水平（INF）采用每万人公路长度衡量；医疗卫生水平（MED）采用每万人医生人数来衡量。面板门槛模型的结果见表7-16。

表7-16 面板门槛模型的估计结果（增加控制变量）

变量	市场化程度（INS）模型1	环境规制（ENV）模型2	财政分权（FD）模型3
INS1（INS≤8.6300）	0.2044 *** (3.16)		
INS2（INS>8.6300）	0.2622 *** (3.81)		
ENV1（ENV≤8.3147）		0.1961 *** (3.17)	
ENV2（8.3147<ENV≤12.2757）		0.2354 *** (3.25)	
ENV3（ENV>12.2757）		0.2746 *** (4.17)	
FD1（FD≤0.6746）			0.1181 ** (2.13)
FD2（0.6746<FD≤0.7906）			0.2103 *** (3.93)
FD3（FD>0.7906）			0.1615 *** (3.06)
INF	0.0059 (1.11)	0.0165 ** (2.23)	0.0123 * (1.72)
MED	0.0135 (1.40)	0.0413 ** (2.50)	0.0422 ** (2.68)
控制变量	YES	YES	YES
_cons	-0.2730 (-0.95)	-0.1297 (-0.54)	-0.3097 (-1.16)
obs	600	600	600
R^2	0.5774	0.5858	0.6107

由表7-16可知，在增加控制变量后，市场化程度、环境规制和财政分权

的门槛值均没有发生变化,并且在门槛区间内,技术创新对生态福利绩效的影响系数及显著程度也没有发生显著变化,因此可以认为模型是稳健的。

7.5 本章小结

本章运用 2001~2020 年中国 30 个省份的面板数据,构建了技术创新影响生态福利绩效的面板门槛模型,实证检验了在制度因素影响下技术创新与生态福利绩效之间的关联效应。从全国层面和区域层面分别剖析了技术创新对生态福利绩效的门槛效应,并逐一检验了市场化程度、环境规制和财政分权三种门槛效应的存在性,进而验证了第 3 章理论分析中的假设 3。主要结论如下。

基于市场化程度门槛的研究结论。一是总样本层面,技术创新对生态福利绩效的影响存在单门槛效应。在市场化程度门槛条件下,技术创新对生态福利绩效的正向促进效应表现为边际效率递增的影响规律。在样本考察期内,全国层面的市场化平均水平尚未跨过门槛值。二是分区域层面,对于东部和中西部地区而言,技术创新对生态福利绩效的影响均存在市场化程度的单门槛效应,其影响程度随市场化水平的提高而不断强化。对比东部与中西部地区,东部地区的影响系数远大于中西部地区,表明市场改革的推动作用在东部地区更容易显现。

基于环境规制门槛的研究结论。一是总样本层面,技术创新对生态福利绩效的影响存在双门槛效应。随着环境规制强度的变化,技术创新对生态福利绩效的促进作用呈现出明显的边际递增趋势。在样本考察期内,全国层面的环境规制平均强度尚未跨过门槛值。二是分区域层面,对于东部和中西部地区而言,技术创新对生态福利绩效的影响均存在环境规制的双门槛效应。东部地区技术创新对生态福利绩效的促进效应随环境规制强度的增加先上升后下降,中西部地区技术创新对生态福利绩效的促进效应随环境规制强度的增加不断上升。

基于财政分权门槛的研究结论。一是总样本层面,技术创新对生态福利绩效的影响存在双门槛效应。随着财政分权程度的提高,技术创新对生态福利绩效的促进作用表现出先增强后减弱的趋势,财政分权程度应被限定在适度范围内。在样本考察期内,全国层面的财政分权平均程度已经跨过第二门槛值,说明财政分权可能已经对技术创新的绿色福利效应产生消极影响。二是分区域层面,东部地区存在财政分权双门槛效应,与全样本的情况一致,说明东部地区财政分权激励的正面效应正逐渐减弱;中西部地区存在财政分权单门槛效应,技术创新对生态福利绩效的促进作用随着财政分权程度的提高而不断强化,说明中西部地区仍然需要依赖增长型的财政分权体制。

第 8 章　结论与对策建议

本章节将结合前面的分析，总结出本书的研究结论，并依据相关的结论，结合当前创新驱动战略以及生态文明建设，在技术创新与生态福利绩效的现状分析及水平测度基础上、在技术创新作用生态福利绩效的理论机理及实证分析研究的基础上，从推进区域创新和生态福利协调发展、提升技术创新促进效应、充分发挥中介作用、突破制度门槛约束等四个维度提出提升地区生态福利绩效的相关对策建议，达到促进经济可持续发展的目的。

8.1　研究结论

本书立足中国国情，结合国内、国外专家提出的相关理论及研究成果，对技术创新和生态福利绩效的概念内涵进行了界定和分析，在技术创新驱动的运行机制下，搭建技术创新与生态福利绩效的逻辑关联，形成以"直接影响—间接影响—门槛效应"为主线的理论体系，初步构建了技术创新与生态福利绩效关系的理论研究框架；接着了解中国现阶段技术创新和生态福利绩效的发展现状并测算中国各地区技术创新水平及生态福利绩效水平；最后基于测度分析结果实证检验了技术创新对生态福利绩效的直接影响、间接影响及制度门槛效应。研究结论主要包括以下几个方面。

（1）从技术创新活动的发展现状及技术创新水平的测度来看，首先，对技术创新活动现状进行初步概况，主要表现为：一是我国技术创新人员和资金投入逐年增加，但结构分配不合理，R&D 活动中的基础研究和应用研究在人员和资金投入方面远低于试验发展研究；二是创新产出不断增加，但质量有待提高，我国专利申请和授权量迅速增长，但发明专利的比例较低；三是创新效益不显著，高技术产业的主营业务收入和利润总额增速整体放缓；四是区域层面发展不平衡，东部地区技术创新活动处于较高水平，而西部地区创新活动较低。其次，基于我国 2001～2020 年 30 个地区数据，从创新投入、创新产出和创新环境三个方面构建技术创新综合水平的指标体系，采用均方差权值法进行测度研究。结果表明，2001～2020 年我国各地区技术创新水平大幅提高，在国家创新战略背景下，各地区不断增加技术创新投入，优化技术创新环境，技术创新成果不断涌现，使得地区技术创新水平不断提高；地区间技术创新水平存在明显差异，地区创新水平与经济增长相对一致，二者之间形成良性互动，最终形成"马太效应"，技术创新水平呈现东高西低的"梯度分布"，各分项指标上的表现与综合创新水平上的表现相同；区域技术创新呈现空间集聚格局，一方面通过对技术创新二级指标及综合指标的分析发现，北京、广东、上海、江苏、浙江这五个地区排名都是遥遥领先，另一方面通过探索性空间数据分析发现，技术创新水平较高地区主要集中在东部沿海区域，并在长三角、京津冀城市群表现出明显的"集群化"特征，技术创新水平较低地区在西部区域形成片状分布态势。

（2）从生态福利的发展现状及生态福利绩效的测度来看，首先，从资源、环境和社会福利方面了解我国生态福利的发展现状。其中，我国资源消耗增速总体减缓，但区域差异显著；污染排放控制取得一定成效，但环境污染问题依然严峻；经济增长平稳向好，但仍存在发展不平衡问题，如地区间人口预期寿命不均衡，发达地区平均预期寿命高于欠发达地区，教育发展城乡不平衡，城镇劳动力人口平均受教育年限高于农村。其次，我国 2001～2020 年 30 个地区数据，运用自然资源消耗与人类福利之比对生态福利绩效进行测度研究。结果表明，2001～2020 年我国自然资源消耗水平与地区经济发展呈反向变化关系，西部地区自然资源消耗水平最高，东部地区自然资源消耗水平最低，发达地区自然资源消耗水平在逐步减少，而一些不发达地区自然资源消耗水平仍在增加；我国人类福利水平整体呈上升趋势，且地区间差距不断缩小，东部地区福利水平高于中西部地区，但西部地区与中部地区差距在逐渐缩小；我国生态福利绩效整体呈现上升趋势，但增长速度较慢，且空间分布不均衡性强，自然资源消耗低且人类福利高的地区具有较高的生态福利绩效，大多属于经济发达地区，反之亦然，东部地区的生态福利绩效远远高于中西部地区，且差距有逐渐增加趋势，东部地区生态福利绩效增长较快，西部地区一直维持在低位，生态福利绩效尚未形成均衡的空间分布格局。

（3）从技术创新对生态福利绩效的直接影响来看，近年来我国技术创新整体具有正向外部性特征，能够有效提升生态福利绩效。整体检验表明，技术创新及各个组成部分对生态福利绩效具有显著正向影响，生态福利绩效存在显著的时间滞后效应和路径依赖。时间异质性检验表明，随着时间积累，技术创新对生态福利绩效的影响愈发显著。区域异质性检验表明，相较于中西部地区而言，技术创新对东部地区生态福利绩效的提升效果更为突出。空间效应检验表明，技术创新与生态福利绩效之间存在显著的正向空间相关性，并呈现出显著的空间集聚性，技术创新及各个组成部分对本地区及相邻地区的生态福利绩效均具有显著的正向促进作用，且技术创新所发挥的空间外溢效应远大于本地效应。

（4）从技术创新对生态福利绩效的间接影响来看，技术创新可通过优化经济结构提升生态福利绩效。产业结构传导机制的检验表明，从全国范围来看，技术创新对产业结构的合理化、高级化起着重要的促进作用，产业结构的合理调整进一步作用于生态福利绩效水平的提升；从区域看，东部地区产业结构升级的传导机制显著存在，而中西部地区产业结构升级的传导机制不显著。能源结构传导机制的检验结果表明，从全国看，技术创新可通过降低煤炭消耗，提高清洁能源使用，进而提升生态福利绩效；从区域看，东部地区存在显著的能源结构优化的传导机制，而中西部地区的传导机制总体偏弱，主要是发挥清洁能源结构的中介因子。消费结构传导机制的检验结果表明，从全国看，技术创新会通过促进城乡消费结构升级影响生态福利绩效；从区域看，东部地区传导机制由城乡消费结构共同传导，中西部地区传导机制主要由城市消费结构传导。

（5）从技术创新对生态福利绩效影响的门槛效应来看，技术创新对生态福利绩效的影响存在制度因素的门槛效应。基于市场化程度门槛的研究发现，从全国看，技术创新对生态福利绩效的影响存在递增性的单门槛效应；从区域看，东部和中西部地区市场化程度的门槛效应与全国一致，且东部地区的影响系数远大于中西部地区。基于环境规制门槛的研究发现,从全国看,技术创新对生态福利绩效的影响存在边际效率递增的双门槛效应;从区域看,东部地区技术创新对生态福利绩效的促进效应随环境规制强度的增加先上升后下降,中西部地区技术创新对生态福利绩效的促进效应随环境规制强度的增加不断上升。基于财政分权门槛的研究发现,从全国看,技术创新对生态福利绩效的影响存在先增强后减弱的双门槛效应;从区域看,东部地区与全国情况一致,财政分权激励的正面效应正逐渐减弱,中西部地区技术创新对生态福利绩效的影响呈现边际递增趋势,仍需依赖增长型的财政分权体制。

8.2 对策建议

前文分析了中国现阶段技术创新和生态福利绩效的发展现状并测算了中国各地区技术创新水平及生态福利绩效水平,进一步按照"直接影响—间接影响—门槛效应"的理论分析框架,对技术创新影响生态福利绩效的效应和路径进行了理论分析与实证检验。根据研究成果可以发现,技术创新影响生态福利绩效是一个复杂的系统,该系统受到内部、外部多种因素的共同影响。本章结合中国各地区技术创新和生态福利绩效的发展现状,以及技术创新影响生态福利绩效的直接、间接和门槛效应的实证检验结果,对生态福利绩效的提升作出相应的对策建议。

8.2.1 坚持因地制宜,推进区域创新和生态福利协调发展

(1) 积极发展区域协同创新。前文测度分析得出,中国各地区技术创新水平整体处于不断上升趋势,但地区间存在明显差异,技术创新水平较高地区在东部表现出明显的"集群化"特征,技术创新水平较低地区在西部形成片状分布态势。客观上说,在利益的驱动下,创新型人才会集中在科研条件好、基础设施完善的地区,而东部地区恰好满足这些条件。因此,东部地区已成为了高新技术人才、高等院校、科研机构和科技型企业的重要聚集地,同时也会对其他地区的创新资源产生"虹吸效应"。东部地区拥有良好的地理条件和资

源优势，汇集了国内顶尖的大学和科研机构。一方面，应大力构建创新公共服务平台，促进创新要素的自由流通，实现科研成果的快速转化，完善配套的金融服务体系，优化创新环境，增强科技服务功能；另一方面，在创新的溢出效应和辐射效应下，应充分发挥多个自主创新示范区的带动作用，依托区域优势，不断加强与其他国家级示范区的技术合作，激发周边地区技术创新活力，实现区域协调发展，进而缩小区域间创新差距。例如，上海总部经济和全球科技创新中心的建立，将吸引更多的国内外企业在此建立亚洲研发基地；浙江、广东、江苏等地区应依托产业优势和人力资本优势，大力推进科技创新项目建设。西部地区由于存在创新要素缺乏、创新主体不到位、政府对科技的投入不足、科技成果转化率低和产学研合作机制不完善等问题，导致地区技术创新能力较低。但不可置疑的是，西部地区也有一定的技术创新基础，在基础研究方面有一定的实力。例如，在人才引进的优惠政策下，西部地区拥有一批优秀的高校和科研机构，以及先进的航空航天技术和军事技术。因此，西部地区应不断加强产业共性技术和知识教育的投入，增强企业的创新意识，强化企业的创新主体地位，大力支持企业开展创新活动，为区域技术创新创造良好的基础和保障。此外，要充分释放西部地区的创新潜力和活力，以国家鼓励发展高技术产业为契机，大力推动西部地区国防和军事的科技发展，选择具有禀赋优势的产业重点开展自主创新。同时，在优势产业自主创新的基础上，也要重视技术模仿与合作。西部地区要在尊重知识产权的基础上，大力发展模仿创新和合作创新，不仅要加强西部地区与东部地区的创新合作，还要发展高校、企业和科研机构之间的"产学研"创新合作。

（2）提高区域生态福利绩效的协调性。前文测度分析得出，中国生态福利绩效水平整体处于较低水平，且增长速度较慢，同时表现出明显的地区差异。中国生态福利绩效水平的区域间差异均呈现扩大趋势，表明中国生态福利绩效水平的区域协同性较弱。因此，为缩小区域间生态福利绩效的发展差异，各地区应立足自身禀赋优势，发展优势产业，以绿色产业为发展重点，因地制宜采取差异化区域发展战略，尽快出台绿色产业的引导办法，加快培育区域绿色发展新动能，促进生态福利绩效的有效提升，进而实现区域经济发展的可持续性。中国生态福利绩效的空间分布呈现出"东强、中西弱"的特征。因此，各地区应针对"增长停滞"的痛点，寻找提高生态福利的新途径。东部地区依托资金和技术优势，持续发展高新技术产业，在产品生产上逐步用节能减排技术取代传统技术，全面实现生产观念的绿色转型，在区位优势下，共同带动其他地区的绿色产业发展，共享生态福利。中西部地区应以中部崛起、长江经济带发展、西部大开发战略、国家"一带一路"倡议为重要机遇，充分利用地区间生态福利绩效的正向空间相关性，发挥区域间的正向溢出效应，加强相邻地区生态绩效水平的提升对本地区生态福利绩效的正向带动作用。同时，基于地区生态福利绩效的路径依赖，在东部地区产业转移下，应不断构建东西部地区优势互补、相互促进的空间发展格局，形成区域绿色发展的协同机制，从而实现区域生态福利绩效提升的协作性。需要注意的是，在区域间绿色发展的合作与交流中，提升生态福利绩效的区域整体性离不开政府政策的相关支持。

8.2.2 协调配置创新要素，提升技术创新促进效应

本书从创新要素体系的角度分析了技术创新综合水平及各个子系统对生态福利绩效的直接影响。技术创新对生态福利绩效的直接影响的实证检验结果表明，技术创新及各个子系统对生态福利绩效具有显著的正向影响。从技术创新对生态福利绩效空间影响的回归结果来看，技术创新及各个子系统对本地区和相邻地区的生态福利绩效均有正向促进作用，且空间外溢效应远大于本地效应。因此，要强化创新要素的协调配置，提高技术创新综合水平，实现其对生态福利绩效的积极推动作用。

（1）加大技术研发投入。实现突破性创新的关键环节在于技术研发。技术研发投入的提高可以加快技术创新成果的转化，创新成果的转化可以对生态福利绩效的提升提供高新技术等方面的支撑。首先，技术研发经费投入力度应通过税收优惠政策、政府财政补贴方式多元化等来加强技术研发资金的投入。可以采取的主要措施有：对科研活动分门别类适当给予科技拨款支持与奖励；对科研设备的使用采取部分有偿使用，降低研发成本，促进科研成果转化；购置科研设备上给予适当的税收优惠或者采取先征后返的方式减免增值税的税额等。此外，要重视基础研究经费的投入，加强技术研发阶段核心竞争基础，合理配比基础应用与试验发展的研发资金。若是基础研究取得重大原创突破，原

创突破促进颠覆性核心技术的产生，颠覆性核心技术就会推动中国产业走向全球价值链的中高端。其次，加强科研人员的劳动报酬和科研经费等人才培养支出，规范科研经费的使用，完善高新技术人才培养环境，加强企业、科研机构、高校三方人才培养合作，实现高层次创新型科技人力资本聚集，为技术研发创新提供多元技术人才支撑。此外，要重视对创新人才的培训再教育问题，积极提供多种培训平台，开展多层次、多形式和多渠道的人才培训，尤其注重有关地区建设方面的技术人才培养，实现高质量高素质的技术创新队伍对促进地区经济、人口福利发展的积极作用。

（2）提高创新产出质量。加快多层次技术转化体系建设，提高技术研发创新投入产出有效转化率，促进整个社会财富的增加，实现资源循环再利用，进而提升生态福利绩效水平。第一，应充分提供技术创新成果转化和应用的资金支持，实现技术创新成果的市场转化率，促进创新成果的市场应用和商业价值的实现。第二，把握市场需求和发展方向，以市场需求为导向，提高科技研发创新及技术应用能力。一方面，要强化企业研发人员深入市场调研，获取更多有效市场信息，尤其是社会福利需求和绿色消费需求等，促进生态福利水平提升；另一方面，要积极开拓科研机构与市场经济有效对接的渠道，丰富技术创新成果转化的形式以及市场化路径，以多元化持续升级的技术应用创新推动生态福利持续向好。第三，加强创新成果转化平台建设，强化技术、人才、资本等创新资源与创新成果转化平台的深度融合。加强科研机构与企业的合作，共建技术创新成果转化平台，完善科技创新服务和保障措施，提高创新产出数量、质量，加速推动科技创新成果转化为现实生产力的能力。

（3）营造良好创新环境。良好的创新文化氛围，先进的企业投资理念，齐全的基础配套设施，能激励、吸引更多的创新主体开展更多的创新活动，增强企业创新活力，为创新驱动发展注入强劲动力。第一，完善地区人文环境，价值观念上倡导尊重、热爱创新，创新思维导向上注重培养理性批判思维，创新文化氛围上树立崇尚科学、尊重科学的文化环境。同时，地区应支持教育和职业培训的可持续性发展，注重人力资本的集聚效应及层次多样性，降低技术创新和学习的成本，提升地区人力资本存量，为经济绿色转型提供优质的社会人文环境保障。第二，提升企业投资环境建设质量，充分调动企业积极地进行创新投入，企业借助孵化器引进外部高端人才，促进企业传统的固有模式向科技创新转变，激发其创新动力，实现地区产业结构优化升级。此外，鼓励并引导高新技术产业如信息技术、新能源、生物技术、医疗设备等积极开展创业或投资活动，税收优惠上各地区应制定合理的区间，形成促进高技术企业成长的合理的税收减免政策，使之成为创业或投资活动的有力保障。第三，加强创新基础设施建设，实现高技术产业及服务产业的集聚效应，促进经济绿色发展。同时，加强信息网络硬件建设，综合运用人工智能、云计算、大数据、物联网等前沿技术建设，促进企业间交互式学习，整合市场不同行为主体的互补性资源，加快技术创新的转化能力。

(4) 发挥创新外溢效应。采取以点带面的方式，打造创新驱动绿色生态福利增长的样板区域，形成创新驱动的增长极，充分发挥样板区域的"空间溢出效应"和"示范效应"带动其周边地区的创新发展，最终实现全国创新驱动水平整体上升的目的。第一，借助技术创新的空间关联效应，拓宽区域间知识交流的渠道，充分发挥知识与技术的空间溢出效应，打破区域分割和市场分割，促进不同区域间产品的流动，以产品流动带动创新成果的广泛传播。第二，着力促进地区间创新合作，以提升地区生态福利绩效水平为目标，开展地区之间新型的产业分工、技术合作与污染防治联防联控工作，实现技术创新与生态福利的深度融合。同时，建立以中心城市带动区域发展的新模式，推动区域板块融合互动，以边界城市为依托，形成跨区域的绿色创新协作机制及创新要素流动机制。第三，根据地区发展实际，采取差异化的创新驱动发展策略。例如，对于东部地区，继续加快关键技术如绿色智能制造、现代能源技术等的研发和应用，实现产业链、价值链及创新链三链的深度融合，打造高端化、智能化、服务化、绿色化的现代产业发展基地。对于中西部地区，保证核心地区为引领，增强地方政府间的创新合作渠道，因地制宜引进东部地区先进的创新成果，促进中西部地区在生态修复、资源循环利用、污染防控等技术领域实现新突破。

8.2.3 充分发挥中介作用，增强经济结构转型动力

本书在理论与实证研究过程中发现，技术创新能通过经济结构优化对生态

福利绩效产生重要的影响。因此，要提升生态福利绩效水平，不但要持续增强技术创新能力建设，而且要对产业结构升级、能源结构优化、消费结构升级等制定有效措施，强化其发挥作用的有利条件。

（1）鼓励技术创新，推动产业结构优化升级。随着日渐严重的资源约束、要素配置扭曲和产能过剩等问题不断暴露，传统企业面临着发展的瓶颈期，传统行业要想不被市场淘汰并重新获得快速发展，传统行业必须进行不断的创新，提高传统行业发展质量，实现产业发展方式升级改造，同时，要兼顾发展的效率和资源节约问题，实现集约式发展。对传统企业而言，要鼓励产业部门根据自身发展特点寻找可持续发展的途径，减少传统行业对自然禀赋的依赖程度，深化市场化改革，提高对市场化的敏感度以及及时捕捉新的消费点，引导传统产业完成升级。当技术创新达到生产的可能性边界上，不仅会推动产业结构升级，同时为企业生产规模和产出的效率产生重要作用，加速高新技术产业的集聚和优化。另外，要加强技术创新与相关产业的有机结合，构建科技创新公共服务平台，实现科技型企业与科研基地的信息共享，建立产业创新战略联盟，大大降低创新企业获取最新市场需求的门槛，并在主导产业技术创新的带动下，提高整个领域的产业创新水平。对于高科技产业而言，政府要发挥调控作用形成高科技产业集聚，促进高新技术产业与区域内企业之间的双向流动，一方面要通过引进高科技人才，为高科技产业的发展提供外部保障；另一方面要鼓励并引导社会资本向高新技术产业集中，从而加快高新行业的发展，有利于增进生态福祉。

（2）优化能源结构，提高能源利用效率。实证检验结果表明清洁能源比例提升对生态福利绩效有显著的正向影响，煤炭能源比例提升对生态福利绩效有显著的负向影响，同时技术创新可以通过优化调整能源结构来提升生态福利绩效。因此，必须要降低煤炭等传统能源消费占比，持续增加清洁能源比例，提高能源利用效率，合理控制能源消费总量。首先，要有效压减煤炭消费量，减少化石能源消费比重。职能部门要管理好煤炭等传统能源的减量替代工作，提高煤炭洗选加工比例，同时要切实落实推进天然气利用的激励政策，从多方面着手，减少煤炭消耗。其次，大幅提升清洁能源的开发力度和规模。深化供给侧结构性改革，持续推动有能力的地区发展太阳能发电布局，落实降低风电成本，优化风电开发布局，因地制宜推进生物质能和地热能开发利用等。最后，完善技术创新体制机制，统筹技术创新构建长期发展思路。通过采用低能耗、高资源利用率和少污染的生产工艺和设备，大幅提高绿色低碳和节能减排等技术的投资力度；采用新能源与化石能源耦合发展技术、能效技术、与能源相关联的"电网、负荷、储能"技术新能源替代技术，碳捕获利用及封存技术，优化工艺规范。通过新技术、新工艺等措施促进能源利用向高效、清洁生产转型，进而实现经济、社会与环境的可持续发展。

（3）加强技术开发，引导消费转变。实证检验结果表明技术创新会通过城乡消费结构升级影响生态福利绩效。因此，以新技术引领居民消费升级尤为重要。其一，要发挥科学技术引领作用，充分利用互联网+大数据，加快全社会生产生活方式的数字化、智能化改造，打造数字经济，以新科技引领居民消费升级。充分利用大数据分析，指导居民消费者更好更快地了解产品信息，加强新兴支付手段开发，畅通扩展支付渠道，让消费更有效率、更加便利化，为促进消费全方位升级提供技术支持，增加居民社会福利。其二，在消费总支出中，城市居民基本生活消费仍然占有较大比重，基于此，政府、企业及高校可以加强对生活消费方面的新技术研究。政府可以通过引导舆论或出台各项优惠政策等方式引导居民扩大绿色消费方面的支出（如对绿色智能家电等产品提供购买提供补贴）。企业或高校也可以通过对环保材料的开发和使用来降低对环境的污染。此外，还可以通过产业发展引导消费市场的转变，限制高污染、高消耗企业的发展，不断提升居民绿色福利水平。最后，可以充分利用城市技术外溢促进农村居民转变消费理念，提升农村内需，挖掘农村消费市场发展潜力，缩小城乡居民在消费上的差距，促进居民共享生态福利。

8.2.4 突破制度门槛约束，推进技术与制度的良性互动

本书通过理论分析和面板门槛模型分析了制度视角下技术创新与生态福利绩效的关系，研究发现技术创新对生态福利绩效的影响受到制度因素的门槛约束。因此，深化体制改革，突破制度约束，着力提升创新发展的制度支撑能力，是新时代背景下充分发挥技术创新绿色福利效应的重要手段。

（1）进一步提高市场化水平。基于市场化程度门槛的研究发现，技术创

新对生态福利绩效的正向影响效应随市场化水平的提高而增强。因此，提高市场化水平是提高生态福利的关键，各地区要努力为技术创新所发挥的绿色福利效应提供良好的市场环境。首先，坚持深化"放管服"改革，创造便利化市场环境，减少制度性障碍对要素市场配置效率的负面影响，达到技术、信息和知识要素的统一市场，在区域间的流通上、行政区划上减少流通壁垒，建设竞争充分的便利化市场环境。其次，充分发挥市场竞争的作用，通过改革收入分配制度、完善生产要素价格等手段，积极推进市场竞争良性循环，以公平有序的市场竞争倒逼企业不断开展创新活动，创造行业发展的绿色需求，增强节能减排创新动力，促进绿色福利增长。最后，完善企业开展创新活动的相关制度激励。完善金融体系制度，加大企业创新服务机制平台建设，规范风险投资，减少企业融资的成本，引导资本投向新兴高新技术产业领域，促使产业朝绿色、健康的方向发展；同时健全法律制度，特别是产权保护制度，改变创新产品被严重侵权的现状，促使技术创新成果更快更好地转化为现实生产力，提高生态福利水平。

（2）合理确定环境规制强度。基于环境规制门槛的研究发现，技术创新对生态福利绩效的正向影响具有边际效率递增趋势。目前，中国大多数地区生态福利绩效水平较低，政府应通过相对严格的环境规制政策有效约束企业的生产行为，加强企业绿色技术引导，提升地区整体的绿色技术进步，进而引发"波特效应"，增加绿色福利。第一，完善相关环境管理的政策制度，确保政策执行方向与经济发展目标一致。通过严格的环境规制提高企业环境污染的成本，鼓励企业制定发展战略不要只从经济利益出发，而是要重视绿色创新，促使其不断进行绿色创新行为。第二，在严格环境规制下，政府需进一步采取具有长期激励效果的环境规制措施，激发企业绿色创新行为的内在意愿。与此同时，持续跟进企业绿色创新的进程，及时调整和改进环境规制政策的实施，以达到和企业创新行为相匹配的政策效果，最大程度地发挥环境规制强化企业绿色创新行为的水平，从而促进生态福利的增长。第三，注重环境规制政策的区域协调。东部地区应适当放松环境管制，深入市场机制改革，充分发挥市场的力量推动技术创新的绿色福利效应。中西部地区应提高现有规制强度，制定更为严格的环境标准，将环境规制作为重要抓手，利用较高的倒逼弹性，建立创新长效机制。

（3）把握适度的财政分权水平。基于财政分权门槛的研究发现，技术创新对生态福利绩效的正向影响具有先递增后递减的特征。所以要把握适度的财政分权水平，使得财政分权水平位于合适的区间，实现技术创新与生态福利绩效的协同共进。厘清政府的绿色发展和创新责任，合理进行中央与地方在环境治理与保护、技术创新等方面的权利与责任划分。一方面，优化各级地方政府的财权和事权结构，引导地方政府以绿色发展为指引，促使地方加大环保支出及创新支出，在满足法律法规要求的限度与合理门槛值区间的前提下，充分发挥地方财政的杠杆作用，缓解企业在技术创新活动中的研发融资约束、补偿创新风险损失、矫正创新活动中的外部性问题等；建立和完善有关环保与创新和谐发展方面的专项转移支付制度，在财政收支方面形成中央和地方政府之间的有效匹配，发挥财政分权的积极影响，实现技术创新的绿色福利效应。另一方面，财政分权不可步入极端范围，要警惕地方政府放松环境管制、"逐底"竞争等短视化行为，也要重视税源建设的复杂性与财政支出效率的提升问题，最大限度地保证财政收支平衡。此外，要注重财政分权的区域协调，东部地区可适度减少财政分权，以减少财政分权对技术创新提升绿色福利带来的负面影响；中西部地区可适当提高财政分权，强化技术创新对绿色福利水平提升的效果。

8.3　研究不足与展望

本书系统研究了技术创新对生态福利绩效的直接、间接和门槛影响效应，在研究内容、研究对象和研究方法上有一定程度拓展，可以为技术创新相关领域开展深层次研究以及具体政策制定提供有益的理论与现实借鉴。但由于客观条件与研究能力和时间有限，本研究仍存在一些不足和进一步的研究设想。

第一，从研究视角看，本研究主要从相对宏观角度来考察技术创新对生态福利绩效的影响，也就是说，从省级层面测度我国各地区的技术创新和生态福利绩效水平，并分析了技术创新对生态福利绩效的影响机制。需要注意的是，一方面，鉴于创新驱动在具体实施中，不同的城市或者不同类型的企业，其对生态福利绩效的实际效果、影响机制也会有所差异，本研究的实证分析内容还可以从城市层面或企业层面作进一步地深入拓展；另一方面，对于某些特定的高能耗、高污染行业来说，其对突破资源与环境约束、实现技术创新驱动高质量发展的现实紧迫性更强，未来可以重点对这些高能耗、高污染行业的技术创新与生态福利绩效之间的关系展开细致研究。

第二，从研究内容上看，本研究从当前中国创新发展的现实情境出发，基于现有的统计数据，将技术创新这一目标层细化分解为创新投入、创新产出与创新环境这三大指标层，并通过均方差权值法得到各个指标的综合评分，从而对技术创新对生态福利绩效的影响进行客观的定量分析。在实际生产环节中，技术创新远比想象的要复杂，还应从更多层面来全面考察技术创新对生态福利绩效的影响。比如深入到创新价值链的内部，研究技术创新各个环节对生态福利绩效的作用，有利于打开"黑箱"，发现其薄弱环节；也可研究不同创新模式对生态福利绩效的影响，对各地如何选择合适的创新模式提升生态福利绩效提出参考依据。因此，未来研究可以构建一个更为丰富的技术创新驱动分析框架，从而更全面客观地评价技术创新对生态福利绩效的真实影响。

参考文献

[1] 白俊红,王林东.创新驱动是否促进了经济增长质量的提升?[J].科学学研究,2016,34(11):1725-1735.

[2] 边靓.中国城市生态福利绩效研究[D].重庆:重庆大学,2020.

[3] 蔡强,田丽娜.技术创新与消费需求的耦合协调发展——基于东北老工业基地的研究[J].经济问题,2017(9):20-26.

[4] 蔡烁纯.基于PLS-SEM的中国生态福利绩效影响机理研究[D].福州:福建师范大学,2020.

[5] 曹彩虹.生态经济学研究的早期理论准备[J].生态经济,2016,32(7):211-214,219.

[6] 曹星星.中国"一带一路"沿线省区经济高质量发展评价分析[D].南昌:江西财经大学,2020.

[7] 曾刚,胡森林.技术创新对黄河流域城市绿色发展的影响研究[J].地理科学,2021,41(8):1314-1323.

[8] 昌忠泽,陈昶君,张杰.产业结构升级视角下创新驱动发展战略的适用性研究——基于中国四大板块经济区面板数据的实证分析[J].经济学家,2019(8):62-74.

[9] 程广斌,侯林岐.财政分权视角下的地方政府竞争模式与区域技术创新研究[J].现代经济探讨,2021(6):28-37.

[10] 程广斌,王朝阳.环境分权下科技创新与地区生态福利绩效[J].华东经济管理,2022,36(3):44-54.

[11] 程虹,陈文津.质量能力是影响企业创新关键性因素吗?——基于中国企业-劳动力匹配调查的实证分析[J].上海经济研究,2019(1):29-42.

[12] 程艳茹. 我国生态福利绩效区域差异性及影响因素研究 [D]. 大连：大连理工大学，2017.

[13] 邓远建，杨旭，陈光炬，等. 中国生态福利绩效水平的空间非均衡及动态演进 [J]. 中国地质大学学报（社会科学版），2020，20（4）：115-127.

[14] 邓远建，杨旭，马强文，等. 中国生态福利绩效水平的地区差距及收敛性 [J]. 中国人口·资源与环境，2021，31（4）：132-143.

[15] 杜两省，胡海洋，姚晨. 制度环境、技术创新资本流动与区域发展——基于空间集聚视角的研究 [J]. 西南民族大学学报（人文社科版），2020，41（2）：142-151.

[16] 段夏磊. 城市多中心结构对生态福利绩效的影响研究 [D]. 长沙：湖南大学，2021.

[17] 方时姣，肖权. 中国区域生态福利绩效水平及其空间效应研究 [J]. 中国人口·资源与环境，2019，29（3）：1-10.

[18] 冯烽. 内生视角下能源价格、技术进步对能源效率的变动效应研究——基于PVAR模型 [J]. 管理评论，2015，27（4）：38-47.

[19] 冯吉芳，袁健红. 生态福利绩效——可持续发展新的分析工具 [J]. 科技管理研究，2016，36（12）：240-244.

[20] 冯吉芳，袁健红. 中国区域生态福利绩效及其影响因素 [J]. 中国科技论坛，2016（3）：100-105.

[21] 冯吉芳. 中国绿色发展的创新驱动机制研究 [D]. 南京：东南大学，2017.

[22] 付宏，毛蕴诗，宋来胜. 创新对产业结构高级化影响的实证研究——基于2000—2011年的省际面板数据 [J]. 中国工业经济，2013（9）：56-68.

[23] 付伟，赵俊权，杜国祯. 资源可持续利用评价——基于资源福利指数的实证分析 [J]. 自然资源学报，2014，29（11）：1902-1915.

[24] 傅家骥. 技术创新学 [M]. 北京：清华大学出版社，1998.

[25] 傅为忠，李怡玲. 区域技术创新能力对环境绩效影响的实证研究——

基于 SEM-PLS 和 DEA 相结合 [J]. 工业技术经济, 2015, 34 (8): 81-90.

[26] 高波. 创新驱动消费主导型经济增长的机制和路径 [J]. 河北学刊, 2020, 40 (1): 142-153.

[27] 龚胜刚, 孙智君. 企业生态效益及其实现机制探讨 [J]. 经济管理, 2007 (20): 4-7.

[28] 谷国锋, 滕福星. 区域科技创新运行机制与评价指标体系研究 [J]. 东北师大学报, 2003 (4): 24-30.

[29] 顾典. 产业结构优化升级对中国生态经济的影响研究 [D]. 上海: 上海社会科学院, 2021.

[30] 郭炳南, 刘堂发, 唐利, 等. 环境规制对长江经济带生态福利绩效的门槛效应研究 [J]. 生态经济, 2020, 36 (3): 155-161.

[31] 郭炳南, 唐利, 姜彦彦, 等. 中国生态福利绩效的区域差异、分布动态与随机收敛研究 [J]. 生态经济, 2022, 38 (5): 153-160, 176.

[32] 郭炳南, 唐利, 张浩. 环境规制、产业结构升级与生态福利绩效——基于中国省际面板数据的实证分析 [J]. 西部经济管理论坛, 2022, 33 (2): 46-55.

[33] 郭炳南, 唐利, 张浩. 环境规制与长江经济带生态福利绩效的空间效应研究 [J]. 经济体制改革, 2021 (3): 73-79.

[34] 郭炳南, 王宇, 姜彦彦, 等. 技术进步偏向对中国生态福利绩效的影响 [J]. 经济论坛, 2021 (6): 59-71.

[35] 郭炳南, 姚霞飞, 张浩. 财政纵向失衡、环境规制与生态福利绩效——基于中国 30 个省份面板数据的实证检验 [J]. 林业经济, 2022, 44 (6): 20-34.

[36] 郭玉晶, 宋林, 乔小乐. 自主创新、技术引进与技术进步的通径分析 [J]. 中国科技论坛, 2016 (12): 16-21, 34.

[37] 韩立民, 康焱. 制度保障、市场环境与民营企业技术效率 [J]. 山西大学学报 (哲学社会科学版), 2020, 43 (6): 109-117.

[38] 郝宏杰, 付文林. 劳动力技术禀赋与消费性服务业增长——来自中国省级层面的经验证据 [J]. 财贸研究, 2015, 26 (2): 35-43.

[39] 洪雪飞. 空间效应视角下经济增长、能源消费与环境质量关系研究 [D]. 哈尔滨：哈尔滨工业大学，2019.

[40] 洪勇，周业付. 市场分割、技术创新与能源效率 [J]. 哈尔滨商业大学学报（社会科学版），2022（4）：93-104，118.

[41] 侯建，白婉婷，陈建成. 创新活力对区域绿色发展转型的门槛机理研究：人力资本视角 [J]. 科技管理研究，2021，41（15）：207-214.

[42] 胡美娟. 综合福利视角下城市生态福利绩效演化过程、机制与路径优化 [D]. 南京：南京师范大学，2020.

[43] 胡森林，鲍涵，郝均，等. 环境规制对长三角城市绿色发展的影响——基于技术创新的作用路径分析 [J]. 自然资源学报，2022，37（6）：1572-1585.

[44] 胡志强，喻雅文. 技术创新效率对企业IPO后长期绩效的影响研究——基于创业板高科技企业样本的实证研究 [J]. 北京工商大学学报（社会科学版），2017，32（5）：87-96.

[45] 黄娟，李枥霖. 生态文明视角下资源节约与科技创新驱动 [J]. 中国国土资源经济，2013，26（8）：32-35.

[46] 黄裕洪. 财政分权、区域技术创新与生态可持续发展 [J]. 财政科学，2021（4）：81-92.

[47] 季良玉. 技术创新路径与中国制造业产业集约化发展 [J]. 山西财经大学学报，2017，39（6）：51-63.

[48] 江艇. 因果推断经验研究中的中介效应与调节效应 [J]. 中国工业经济，2022，No.410（5）：100-120.

[49] 姜磊，季民河. 我国技术进步对能源效率的影响——空间异质性视角 [J]. 技术经济，2011，30（11）：73-78.

[50] 蒋雪梅，祝坤福. 基于内外资企业能耗强度差异的工业节能潜力分析 [J]. 管理评论，2017，29（1）：12-18，92.

[51] 解垩，陈昕. 纵向财政失衡对生态福利绩效的影响机制研究 [J]. 南京师大学报（社会科学版），2022（5）：136-147.

[52] 金晓彤，黄蕊. 技术进步与消费需求的互动机制研究——基于供给

侧改革视域下的要素配置分析［J］. 经济学家, 2017 (2): 50-57.

［53］康玺, 张学升, 申学锋. 财政分权的绿色发展效应: 作用机制与空间溢出［J］. 财政科学, 2022 (6): 97-107.

［54］李宝琴. 科技创新对居民福利的影响研究［J］. 技术经济与管理研究, 2021 (9): 7-11.

［55］李北伟, 鞠德珩. 经济转型过程中的技术创新问题［J］. 经济纵横, 2010 (8): 38-41.

［56］李斌, 赵新华. 经济结构、技术进步、国际贸易与环境污染——基于中国工业行业数据的分析［J］. 山西财经大学学报, 2011, 33 (5): 1-9.

［57］李成宇, 张士强, 张伟, 等. 中国省际生态福利绩效测算及影响因素研究［J］. 地理科学, 2019, 39 (12): 1875-1883.

［58］李凡. 党的十八大以来长三角城市生态福利绩效评价及启示研究［D］. 南京: 南京大学, 2021.

［59］李格, 高达. 技术创新、环境规制与城市绿色全要素能源效率——基于动态面板门槛模型的实证分析［J］. 城市问题, 2021 (5): 94-103.

［60］李光龙, 孙宏伟, 周云蕾, 等. 财政分权下科技创新与城市绿色发展效率［J］. 统计与信息论坛, 2020, 35 (9): 83-93.

［61］李慧华, 袁健红, 冯吉芳. 中国区域人类福利与自然消耗脱钩关系及其影响因素研究［J］. 中国科技论坛, 2018 (3): 135-142.

［62］李俭国, 肖磊. 创新驱动与我国经济发展方式转变［J］. 当代经济研究, 2015 (8): 68-75.

［63］李兰冰, 李焕杰. 技术创新、节能减排与城市绿色发展［J］. 软科学, 2021, 35 (11): 46-51.

［64］李莉, 魏鹏, 王志强, 等. 财政分权和环境规制对中国生态福利绩效的影响［J］. 济南大学学报 (自然科学版), 2022, 36 (6): 635-644.

［65］李猛. 能源结构约束下的技术创新与中国低碳经济困境［J］. 江苏社会科学, 2011 (2): 95-99.

［66］李强, 魏巍, 徐康宁. 技术进步和结构调整对能源消费回弹效应的估算［J］. 中国人口·资源与环境, 2014, 24 (10): 64-67.

[67] 李政, 刘丰硕. 财政科技支出对城市减排的影响及机制分析 [J]. 福建论坛（人文社会科学版）, 2021（4）: 63-75.

[68] 廖果平, 秦剑美. 绿色技术创新能否有效改善环境质量？——基于财政分权的视角 [J]. 技术经济, 2022, 41（4）: 17-29.

[69] 林木西, 耿蕊, 李国柱. 省域生态福利绩效水平的空间非均衡性研究——基于MLD指数与分布动态学模型 [J]. 东岳论丛, 2019, 40（10）: 73-83.

[70] 林平凡, 刘城. 区域创新体系中产业突破性创新能力形成机理研究 [J]. 广东社会科学, 2014（6）: 16-23.

[71] 刘冰. 技术创新的消费推动论 [J]. 科学管理研究, 2007（1）: 9-12.

[72] 刘朝, 王梓林, 原慈佳. 结构视域下自主技术创新对工业碳排放的影响及趋势预测 [J]. 中国人口·资源与环境, 2022, 32（7）: 12-21.

[73] 刘国平, 诸大建. 中国省域碳排放福利绩效研究 [J]. 会计与经济研究, 2013, 27（6）: 74-81.

[74] 刘国平. 中国能源福利绩效及其因素分解研究：基于G20数据 [J]. 经济问题探索, 2017（1）: 24-30.

[75] 刘燕娜, 黄玉梓, 余建辉. 生态省建设中科技创新与绿色管理 [J]. 福建农林大学学报（哲学社会科学版）, 2005（1）: 53-56.

[76] 刘奕杉. 技术进步与消费方式变迁研究 [D]. 北京：北京交通大学, 2016.

[77] 刘中文, 姜小冉. 基于模糊积分的区域技术创新能力评价体系与模型研究 [J]. 科技管理研究, 2010, 30（3）: 166-168.

[78] 龙亮军, 王霞, 郭兵. 基于改进DEA模型的城市生态福利绩效评价研究——以我国35个大中城市为例 [J]. 自然资源学报, 2017, 32（4）: 595-605.

[79] 龙亮军, 王霞. 上海市生态福利绩效评价研究 [J]. 中国人口·资源与环境, 2017, 27（2）: 84-92.

[80] 龙亮军. 基于两阶段Super-NSBM模型的城市生态福利绩效评价研

究［J］．中国人口·资源与环境，2019，29（7）：1-10.

［81］龙亮军．中国主要城市生态福利绩效评价研究——基于PCA-DEA方法和Malmquist指数的实证分析［J］．经济问题探索，2019（2）：69-79.

［82］龙亮军．综合福利视角下中国生态文明建设绩效评价及国际比较［J］．自然资源学报，2019，34（6）：1259-1272.

［83］路畅，王媛媛，于渤，等．制度环境、技术创新与传统产业升级——基于中国省际面板数据的门槛回归分析［J］．科技进步与对策，2019，36（14）：62-68.

［84］马文聪，叶阳平，李小转，等．政府科技资助对企业研发产出的影响——基于我国大中型工业企业的实证研究［J］．管理评论，2019，31（11）：94-107.

［85］毛建辉，苏冬蔚．环境规制与区域技术创新：促进还是抑制？——基于政府行为视角的分析［J］．暨南学报（哲学社会科学版），2019，41（5）：1-16.

［86］毛韵．我国经济发展方式转变的制度保障［J］．贵州师范大学学报（社会科学版），2011（4）：50-55.

［87］聂普焱，罗益泽，谭小景．市场集中度和技术创新对工业碳排放强度影响的异质性［J］．产经评论，2015，6（3）：25-37.

［88］裴璐．人力资本对生态福利绩效的影响效应分析［D］．蚌埠：安徽财经大学，2022.

［89］亓朋，徐昱东，邓丽娜．国内外生态福利绩效研究综述［J］．沈阳工业大学学报（社会科学版），2017，10（6）：521-526.

［90］秦军，唐华一．技术创新推动低碳经济发展的机理研究［J］．生态经济，2015，31（9）：39-42.

［91］屈小娥，赵昱钧，王晓芳．我国对"一带一路"沿线国家OFDI是否促进了绿色发展——基于制度环境和吸收能力视角的实证检验［J］．国际经贸探索，2022，38（6）：89-102.

［92］冉启英，王健龙，王伟龙，等．土地财政、技术创新与中国绿色发展［J］．南京财经大学学报，2021（4）：64-74.

[93] 任海军, 赵景碧. 技术创新、结构调整对能源消费的影响——基于碳排放分组的 PVAR 实证分析 [J]. 软科学, 2018, 32 (7): 30-34.

[94] 任雪娇, 郭韬, 丁小洲. 制度环境对创新型企业创新绩效影响的门槛效应 [J]. 商业研究, 2019 (4): 106-115.

[95] 申俊喜, 徐晓凡. 消费升级引领战略性新兴产业高质量发展——基于全球价值链攀升的视角 [J]. 南京工业大学学报 (社会科学版), 2021, 20 (5): 49-64, 111-112.

[96] 申亚楠, 郭春明. 企业持续技术创新能力形成机制研究——基于万华化学的案例分析 [J]. 经济问题, 2016 (4): 90-95.

[97] 沈悦, 赵强, 朱雅玲. 产业智能化对消费升级的作用机制研究——理论分析与实证检验 [J]. 经济纵横, 2021 (3): 78-88.

[98] 石大千, 丁海, 卫平, 等. 智慧城市建设能否降低环境污染 [J]. 中国工业经济, 2018 (6): 117-135.

[99] 史安娜, 唐琴娜. 长江经济带低碳技术创新对能源碳排放的影响研究 [J]. 江苏社会科学, 2019 (2): 54-62.

[100] 史敦友. 异质性环境规制、技术创新与中国工业绿色化 [J]. 贵州财经大学学报, 2021 (3): 83-93.

[101] 司秋利, 张涛. 金融结构、创新模式与技术创新效率 [J]. 金融评论, 2022, 14 (1): 80-98, 123-124.

[102] 宋德勇, 毕道俊. 环境规制下技术创新对产业结构升级的影响——基于长江沿岸中心城市面板数据的实证分析 [J]. 经济经纬, 2022, 39 (1): 79-87.

[103] 宋德勇, 毕道俊. 技术创新能否实现环保与就业的"双重红利"——基于285个地级市面板数据的实证检验 [J]. 经济问题探索, 2021 (9): 55-66.

[104] 孙早, 许薛璐. 产业创新与消费升级: 基于供给侧结构性改革视角的经验研究 [J]. 中国工业经济, 2018 (7): 98-116.

[105] 唐松, 苏雪莎, 赵丹妮. 金融科技与企业数字化转型——基于企业生命周期视角 [J]. 财经科学, 2022 (2): 17-32.

[106] 唐未兵, 傅元海, 王展祥. 技术创新、技术引进与经济增长方式转变 [J]. 经济研究, 2014, 49 (7): 31-43.

[107] 汪克亮, 赵斌, 丁黎黎, 等. 财政分权、政府创新偏好与雾霾污染 [J]. 中国人口·资源与环境, 2021, 31 (5): 97-108.

[108] 王德春, 罗章. 环境政策影响下产业结构升级与生态福利绩效互动研究 [J]. 预测, 2021, 40 (3): 83-89.

[109] 王德春. 环境政策、产业结构升级与生态福利绩效 [D]. 重庆: 重庆大学, 2020.

[110] 王锋正, 刘宇嘉, 孙玥. 制度环境、开放式创新与资源型企业转型 [J]. 科技进步与对策, 2020, 37 (5): 114-123.

[111] 王季, 郭彬彬. 基于价值链的开放式创新运行机制研究 [J]. 经济与管理研究, 2012 (9): 122-125.

[112] 王俊松, 贺灿飞. 技术进步、结构变动与中国能源利用效率 [J]. 中国人口·资源与环境, 2009, 19 (2): 157-161.

[113] 王莉. 论技术对消费方式变革的影响 [J]. 沈阳大学学报, 2007 (4): 101-104, 110.

[114] 王平, 王琴梅. 消费金融驱动城镇居民消费升级研究——基于结构与质的多重响应 [J]. 南京审计大学学报, 2018, 15 (2): 69-77.

[115] 王珊娜, 张勇, 纪韶. 创新型人力资本对中国经济绿色转型的影响 [J]. 经济与管理研究, 2022, 43 (7): 79-96.

[116] 王圣云, 韩亚杰, 任慧敏, 等. 中国省域生态福利绩效评估及其驱动效应分解 [J]. 资源科学, 2020, 42 (5): 840-855.

[117] 王胜. 消费需求与技术创新关系研究 [J]. 科技管理研究, 2007 (3): 19-21.

[118] 王喜平, 罗金芳. 京津冀生态福利绩效及时空演变研究 [J]. 科技管理研究, 2020, 40 (21): 249-255.

[119] 王兆峰, 王梓瑛. 长江经济带生态福利绩效空间格局演化及影响因素研究——基于超效率 SBM 模型 [J]. 长江流域资源与环境, 2021, 30 (12): 2822-2832.

[120] 王紫彦. 基于 super-SBM 模型的山西省城市生态福利绩效及其影响因素研究 [D]. 太原：山西财经大学，2022.

[121] 魏鹏，李莉，李润，等. 地方政府竞争、环境规制与生态福利绩效 [J]. 统计与决策，2022（22）：164-169.

[122] 温馨，郭燕飞，杨琪敏. 新形势下技术创新对能源转型的影响研究 [J]. 科技创业月刊，2021，34（6）：9-11.

[123] 伍格致，游达明. 环境规制对技术创新与绿色全要素生产率的影响机制：基于财政分权的调节作用 [J]. 管理工程学报，2019，33（1）：37-50.

[124] 肖黎明，吉荟茹. 绿色技术创新视域下中国生态福利绩效的时空演变及影响因素——基于省域尺度的数据检验 [J]. 科技管理研究，2018，38（17）：243-251.

[125] 肖黎明，肖沁霖. 黄河流域城市生态福利绩效格局分异及空间收敛分析 [J]. 软科学，2021，35（2）：46-53.

[126] 肖黎明，张仙鹏. 可持续理念下绿色创新效率与生态福利绩效耦合协调的时空特征 [J]. 自然资源学报，2019，34（2）：312-324.

[127] 谢里，陈宇. 节能技术创新有助于降低能源消费吗？——"杰文斯悖论"的再检验 [J]. 管理科学学报，2021，24（12）：77-91.

[128] 谢晓芳. 城镇居民消费对我国商贸流通业发展的影响——基于技术创新异质性视角 [J]. 商业经济研究，2020（19）：14-17.

[129] 辛伟，任保平. 中国高品质消费引领高质量供给的机制和路径研究 [J]. 消费经济，2021，37（6）：13-20.

[130] 辛晓华，吕拉昌. 中国主要城市技术创新影响环境污染的空间分异与机理 [J]. 地理科学，2021，41（1）：129-139.

[131] 熊彼特. 经济发展理论 [M]. 北京：商务印书馆，1991.

[132] 徐浩，冯涛. 制度环境优化有助于推动技术创新吗？——基于中国省际动态空间面板的经验分析 [J]. 财经研究，2018，44（4）：47-61.

[133] 徐维祥，徐志雄，刘程军. 黄河流域地级城市土地集约利用效率与生态福利绩效的耦合性分析 [J]. 自然资源学报，2021，36（1）：114-130.

[134] 徐维祥，徐志雄，刘程军．能源结构、生态环境与经济发展——门槛效应与异质性分析［J］．统计与信息论坛，2020，35（10）：81-89．

[135] 徐兴珍，彭金发．浅析科技创新与生态文明建设协调发展［J］．长春理工大学学报（社会科学版），2014，27（10）：13-15．

[136] 徐昱东，亓朋，童临风．中国省级地区生态福利绩效水平时空分异格局研究［J］．区域经济评论，2017（4）：123-131．

[137] 徐志雄，徐维祥，刘程军．城市生态福利绩效的动态演进及其影响因子探析——以黄河流域地级及以上城市为例［J］．城市问题，2021（7）：52-60．

[138] 鄢哲明，杨志明，杜克锐．低碳技术创新的测算及其对碳强度影响研究［J］．财贸经济，2017，38（8）：112-128．

[139] 闫雅芬．技术创新影响工业绿色转型的效应与路径研究［D］．北京：北京科技大学，2021．

[140] 颜青，殷宝庆，刘洋．绿色技术创新、节能减排与制造业高质量发展［J］．科技管理研究，2022，42（18）：190-198．

[141] 杨爱婷．基于可持续发展和福利增长的经济绩效研究［D］．武汉：华中科技大学，2012．

[142] 杨德林，周亮，吴贵生．技术创新研究在中国［J］．技术经济，2009，28（1）：1-10，41．

[143] 杨劼，李建钢．我国技术创新能力提升的保障措施研究：基于制度保障的视角［J］．科学管理研究，2012，30（5）：1-4，9．

[144] 杨小东，冉启英，张晋宁．城市创新行为、财政分权与环境污染［J］．产业经济研究，2020（3）：1-16．

[145] 殷贺，王为东，王露，等．低碳技术进步如何抑制碳排放？——来自中国的经验证据［J］．管理现代化，2020，40（5）：90-94．

[146] 原毅军，陈喆．环境规制、绿色技术创新与中国制造业转型升级［J］．科学学研究，2019，37（10）：1902-1911．

[147] 臧漫丹，诸大建，刘国平．生态福利绩效：概念、内涵及G20实证［J］．中国人口·资源与环境，2013，23（5）：118-124．

[148] 张晖明, 丁娟. 论技术进步、技术跨越对产业结构调整的影响 [J]. 复旦学报（社会科学版）, 2004 (3): 81-85.

[149] 张竞娴. 中国生态福利绩效测度及影响因素研究 [D]. 郑州: 华北水利水电大学, 2020.

[150] 张帅, 史清华. 应用人类发展指数和生态足迹的可持续发展研究——基于强可持续的研究范式 [J]. 上海交通大学学报（哲学社会科学版）, 2017, 25 (3): 99-108.

[151] 张文星. 长江中游经济带城市生态福利绩效评价研究 [D]. 武汉: 华中师范大学, 2020.

[152] 张悦, 王晶晶, 程钰. 中国工业碳排放绩效时空特征及技术创新影响机制 [J]. 资源科学, 2022, 44 (7): 1435-1448.

[153] 张治河, 郭星, 易兰. 经济高质量发展的创新驱动机制 [J]. 西安交通大学学报（社会科学版）, 2019, 39 (6): 39-46.

[154] 赵建国, 齐默达, 关文. 财政分权赋能经济发展的新路径——基于技术创新路径的检验 [J]. 财政研究, 2021, 465 (11): 73-85.

[155] 赵启纯. 制度质量对技术创新产出的门槛效应研究 [J]. 宏观经济研究, 2017, 222 (5): 91-96, 149.

[156] 赵文哲. 财政分权与前沿技术进步、技术效率关系研究 [J]. 管理世界, 2008, 178 (7): 34-44.

[157] 赵玉林, 裴承晨. 技术创新、产业融合与制造业转型升级 [J]. 科技进步与对策, 2019, 36 (11): 70-76.

[158] 郑万吉, 叶阿忠. 空间视角下财政分权的碳排放效应研究——基于半参数空间面板滞后模型 [J]. 软科学, 2017, 31 (1): 72-75, 94.

[159] 郑威, 陆远权. 财政压力、技术创新与绿色全要素生产率 [J]. 贵州财经大学学报, 2021, 213 (4): 101-110.

[160] 郑玉雨. 我国省域生态福利绩效评价及空间格局研究 [D]. 杭州: 杭州电子科技大学, 2020.

[161] 郑展鹏, 王雅柔, 骆笑天, 等. 环境规制对技术创新影响的门槛效应研究 [J]. 经济经纬, 2022, 39 (6): 14-23.

[162] 钟海梅. 高质量发展视角下中国生态福利绩效研究 [D]. 合肥: 安徽大学, 2021.

[163] 周键, 刘阳. 制度嵌入、绿色技术创新与创业企业碳减排 [J]. 中国人口·资源与环境, 2021, 31 (6): 90-101.

[164] 周南南, 林修宇. 技术创新、消费转型与区域经济发展——基于区域差异视角分析 [J]. 调研世界, 2021 (5): 49-59.

[165] 周鹏飞, 沈洋. 环境规制、绿色技术创新与工业绿色发展 [J]. 河北大学学报 (哲学社会科学版), 2022, 47 (4): 100-113.

[166] 周叔莲, 王伟光. 科技创新与产业结构优化升级 [J]. 管理世界, 2001 (5): 70-78, 89-216.

[167] 周小亮, 李婷. 技术创新与制度创新协同演化下促进经济增长的条件研究 [J]. 东南学术, 2017, 257 (1): 189-197.

[168] 朱东波. 环境规制、技术创新与中国工业结构绿色转型 [J]. 工业技术经济, 2020, 39 (10): 57-64.

[169] 朱金生, 李蝶. 技术创新是实现环境保护与就业增长"双重红利"的有效途径吗?——基于中国34个工业细分行业中介效应模型的实证检验 [J]. 中国软科学, 2019 (8): 1-13.

[170] 诸大建, 张帅. 基于生态足迹的中国福利水平及其影响因素研究 [J]. 城市与环境研究, 2014, 1 (1): 18-33.

[171] 诸大建, 张帅. 生态福利绩效及其与经济增长的关系研究 [J]. 中国人口·资源与环境, 2014, 24 (9): 59-67.

[172] 诸大建, 张帅. 生态福利绩效与深化可持续发展的研究 [J]. 同济大学学报 (社会科学版), 2014, 25 (5): 106-115.

[173] 诸大建. 生态经济学: 可持续发展的经济学和管理学 [J]. 中国科学院院刊, 2008 (6): 520-530.

[174] 诸大建. 作为可持续发展的科学与管理的生态经济学——与主流经济学的区别和对中国科学发展的意义 [J]. 经济学动态, 2009 (11): 47-53.

[175] 庄之乔, 晏维龙. 中国能源利用结构优化的技术创新能力贡献: 理论与实证 [J]. 南京社会科学, 2017 (10): 24-31.

[176] 邹新月,罗发友,李汉通. 技术创新内涵的科学理解及其结论 [J]. 技术经济, 2001 (5): 13-14.

[177] Abramovay R. Decarbonizing the Growth Model of Brazil: Addressing both Carbon and Energy Intensity [J]. The Journal of Environ Ment & Development, 2010, 19 (3): 358-374.

[178] Acemoglu D, Aghion P, Bursztyn L. The Environment and Directed Technical Change. American Economic Review, 2012, 102 (1): 131-166.

[179] D Acemoglu, P Restrepo. "The Race between Man and Machine: Implications of Technology for Growth, Factor Shares, and Employment." American Economic Review, 2018, 108 (6): 1488-1542.

[180] Acharya V, Xu Z. Financial Dependence and Innovation: The Case of Public Versus Private Firms [J]. Journal of Financial Economics, 2017 (2): 223-243.

[181] Aghion P, Van Reenen J, Zingales L. Innovation and Institutional Ownership [J]. American Economic Review, 2013 (1): 277-304.

[182] Amabile T M. How to Kill Creativity [M]. Boston, MA: Harvard Business School Publishing, 1998.

[183] Anderson D. Technical Progress and Pollution Abatement: An Economic View of Selected Technologies and Practices [J]. Environ ment and Development Economics, 2001, 6 (3): 283-311.

[184] Anderson P, Tushman M L. Technological Discontinuities and Dominant Designs: A Cyclical Model of Technological Change. A dministrative Science Quarterly, 1990, 80 (4).

[185] Andreonij, Levinson A. The Simple Analytics of the Environmental Kutnets Curve. Journal of Public Economics, 2001, 80 (2): 269-286.

[186] Arico S. The Contribution of the Sciences, Technology and Innovation to Sustainable Development: The Application of Sustainability Science from the Perspective of Unesco's Experience [J]. Sustainability Science, 2014 (9): 453-462.

[187] Arow K J. The Economic Implications of Learning by Doing [J]. Review of Economic Studies, 1962, 29 (3): 155 – 173.

[188] Binder M. Innovativeness and Subjective Well-being [J]. Social Indicators Research, 2013, 111 (2): 561 – 578.

[189] Braun E, Wield D. Regulation as a Means for the Social Control of Technology [J]. Technology Analysis and Strategic Management, 1994, 6 (3): 259 – 272.

[190] Brown J R, Martinsson G, and Petersen B C. Do Financing Constraints Matter for R&D? [J]. Social Science Electronic Publishing, 2012, 56 (8): 1512 – 1529.

[191] Bruce E Hansen. Threshold Effects in Non-dynamic Panels: Estimation, Testingand Inference [J]. Journal of Econometrics, 1999, 93 (2): 345 – 368.

[192] Bullock J G, D P Green and S E Ha. Yes, But What's the Mechanism? (Don't Expect an Easy Answer) [J]. Journal of Personality an d Social Psychology, 2010, 98 (4): 550 – 558.

[193] Chen Y, Lee CC. Does Technological Innovation Reduce CO_2 Emissions Cross-country Evidence [J]. Journal of Cleaner Production, 2020, 263 (8): 1 – 11.

[194] Cobb C W, Cobb J B. The Green National Product: A Proposed Index of Sustainable Economic Welfare. Lanham: University Press of American, 1994.

[195] Common M. Measuring National Economic Performance without Using Prices [J]. Ecological Economics, 2007, 64 (3): 92 – 102.

[196] Cooke P, Heidenreich M, Braczyk H J. Regional Innovation Systems [M]. London: Routledge, 1997.

[197] Copeland Brian R and Taylor M Scott. North-South Trade and the Environment [J]. Quarterly Journal of Economics, 1994, 109 (3): 75 – 89.

[198] Costanza R, Daly L, Fioramonti L, et al. Modeling and Measuring Sustainable Well-being in Connection with the UN Sustainable Development Goals [J]. Ecological Economics, 2016, 130: 350 – 355.

［199］Costanza R. Could Cimate Change Capitalism? ［J］. Nature, 2009, 45 (3): 1107－1108.

［200］Cutler D and A Lleras-Muney. "Understanding Diferences in Health Behaviors by Education". Journal of Health Economics, 2010, 29 (1): 1－28.

［201］Czarnitzki D, Lopes-Bento C. Innovation Subsidies: Does the Funding Source Matter for Innovation Intensity and Performance? Empirical Evidence from Germany ［J］. Industry and Innovation, 2014 (5): 380－409.

［202］Czarnitzki D, Lopes-Bento C. Value for money? New Microeconometric Evidence on Public R&D Grants in Flanders ［J］. Research Policy, 2013, 42 (1), 76－89.

［203］Daly H E. Economics in a Full World ［J］. Scientific American, 2005, 293 (3): 100－107.

［204］Daly H E. Georgescu-Roegen Versus Solow/Stiglitz ［J］. Ecological Economics, 1997, 22 (3): 261－266.

［205］Daly H E. The World Dynamics of Economic Growth: The Economics of the Steady State ［J］. American Economic Reviexw, 1974, 64 (2): 15－23.

［206］Daly H E, J B Cobb. For the Common Good: Redirecting the Economy Towards Community, the Environment and a Sustainable Future ［M］. Boston: Beacon Press, 1989.

［207］Daly H E. A Further Critique of Growth Economics ［J］. Ecological Economics, 2013, 88 (5): 20－24.

［208］Damanpour F. Organizational Innovation: A Meta-Analysis of Effects of Determinants and Moderators ［J］. Academy of Management Journal, 1991, 34 (3): 555－590.

［209］Dietz T, E A Rosa and R York. Environmentally Efficient Well-being: Is There a Kuznets Curve? ［J］. Applied Geography, 2012, 32 (1): 21－28.

［210］Dodds S. Towards a "Science of Sustainability": Improving the Way Ecological Economics Understands Human Well-being ［J］. Ecological Economic, 1997, 23 (2): 95－111.

[211] Engelbrecht H J. A General Model of the Innovation-Subjective Well-being Nexus [J]. Journal of Evolutionary Economics, 2014, 24 (2): 377 – 397.

[212] Enos J L. Invention and Innovation in the Petroleum Refining Industry [J]. Nber Chapters, 1962, 27 (8): 786 – 790.

[213] Erik Hille, Patrick Mobius. Do Energy Prices Affect Employment? Decomposed International Evidence [J]. Journal of Environmental Economics and Management, 2019, 96 (1): 1 – 21.

[214] Esty D C. Revitalizing Environmental Federalism [J]. Michigan Law Review, 1996, 95 (3): 570 – 653.

[215] Feng T, Du H, Lin Z and Zuo J. Spatial Spillover Effects of Environmental Regulations on Air Pollution: Evidence from Urban Agglom Erations in China [J]. Journal of Environmental Management, 2020, 272: 1110 – 1128.

[216] Fernandezy F, Lopez M F, Blanco B O. Innovation for Sustainability: The Impact of R&D Spending on CO_2 Emissions [J]. Journal of Cleaner Production, 2018, 172: 3459 – 3467.

[217] Freeman C. Networks of Innovators: A Synthesis of Research Issues [J]. Research Policy, 1991, 20 (5): 499 – 514.

[218] Freeman C. Technology Policy and Economic Performance: Lessons from Japan [M]. London: Pinter, 1987.

[219] Gerlagh R, "Measuring the Value of Induced Technological Change" [J]. Energy Policy, 2007, 35 (11): 5287 – 5297.

[220] Grossman G M, Krueger A B. Economic Growth and the Environment [J]. Quarterly Journal of Economics, 1995, 110 (2): 353 – 377.

[221] Gupta V K, Guo C, Canever M, et al. Institutional Environment for Entrepreneurship in Rapidly Emerging Major Economies: The Case of Brazil, China, India, and Korea [J]. International Entrepreneurship and Management Journal, 2014, 10 (2): 367 – 384.

[222] Hall B H, Harhoff D. Recent Research on the Economics of Patents [J]. Research Policy, 2012 (1): 541 – 565.

[223] Hellstrom T. Dimensions of Environmentally Sustainable Innovation: the Structure of Ecoinnovation Concepts [J]. Sustainable Development, 2007, 15 (3): 148-159.

[224] Jaffe A B, Newell R G, Stavins R N, "Environmental Policy and Technological Change" [J]. Environmental and Resource Economics, 2002, 22 (2): 41-47.

[225] James LeSage, R Kelly Pace. Introduction to Spatial Econometrics [M]. Boca Raton, Florida: CRC Press, 2009.

[226] Kalt g, Kranzll. Assessing the Economic Efficiency of Bioenergy Technologies in Climate Mitigation and Fossil Fuel Repla Cement in Austria Using a Techno-Economic Approach [J]. Applied Energy, 2011, 88 (11): 3665-3684.

[227] Knight K W, E A Rosa. The Environmental Efficiency of Well-being: A Cross-national Analysis [J]. Social Science Research, 2011, 40 (3): 931-949.

[228] Kunce M, Shogren J F. Efficient Decentralized Fiscal and Environmental Policy: A Dual Purpose Henry George Tax [J]. Ecological Economics, 2008, 65 (3): 569-573.

[229] La Porta R, Lopez-De-Silanes F, Shleifer A, et al. Law and Finance [J]. Journal of Political Economy, 1998, 106 (6): 1113-1155.

[230] Larson A L. Sustainable Innovation Through an Entrepreneur-Ship Lens [J]. Business Strategy and the Environment, 2000, 9 (5): 304-317.

[231] Levchenko A A. Institutional Quality and International Trade [J]. Review of Economic Studies, 2007, 74 (3): 791-819.

[232] Liu Y L, Li Z H, Yin X M. Environmental Regulation, Technological Innovation and Energy Consumption—A Cross-region Analysis in China [J]. Journal of Cleaner Production, 2018, 2031 (12): 885-897.

[233] Lorek S, Spangenberg J H. Sustainable Consumption within a Sustainable Economy: Beyond Green Growth and Green Economies [J]. Journal of Cleaner Production, 2014, 63 (2): 33-44.

［234］Lydia Greunz. Geographically and Technologically Mediaged Knowledge Spillovers between European Regions ［J］. The Annals of Regional Science, 2003, 37 (4): 657-680.

［235］Manyika J, Chui M, Bughin J, et al. Disruptive Technologies: Advances that will Transform Life, Business, and the Global Economy ［M］. San Francisco, CA: McKinsey Global Institute, 2013.

［236］Mark N, Simms A, Thompson S, et al. The Unhappy Planet Index: An Index of Human Well-Being and Environmental Impact ［M］. London: New Economics Foundation, 2006.

［237］Nataraja, Gujab. Green Economy: Policy Framework for Sustainable Development ［J］. Current Science, 2011, 100 (7): 961-962.

［238］North D C. Institutions, Institutional Change and Economic Performance ［J］. Journal of Economic Perspectives, 1990, 5 (1): 97-112.

［239］OECD (Organisation for Economic Cooperation and Development), 1981. The Measurement of Scientific and Technical Activities. Frascati Manual 1980, Paris.

［240］Peneder, M. "Industrial Structure and Aggregate Growth" ［J］. Structural Change and Economic Dynamics, 2003, 14 (4): 427-448.

［241］Popp D C. The Effect of New Technology on Energy Consumption ［J］. Resource and Energy Economics, 2001 (23): 215-239.

［242］Porter M, Linde C. Toward a New Conception of the Environment-Competitiveness Relationship ［J］. Journal of Economic Perspectives, 1995, 9 (4): 97-118.

［243］Poutanen P, Soliman W, Stahle P. The Complexity of Innovation: An Assessment and Review of the Complexity Perspective ［J］. European Journal of Innovation Management, 2016, 19 (2): 189-213.

［244］Rees W E. Ecological Footprints and Appropriated Carrying Capacity: What Urban Economics Leaves Out ［J］. Environment and Urbanization, 1992, 4 (2): 121-130.

［245］Rees W E. Economic Development and Environmental Protection: An Ecological Economics Perspective［J］. Environmental Monitoring and Assessment, 2003, 86 (2): 29-45.

［246］Romer, Paul M. Increasing Returns and Long-Run Growth［J］. Journal of Political Economy, 1986, 94 (5): 1002-1037.

［247］Sagar A D. and Van der Z B. Technological Innovation in the Energy Sector: R&D, Deployment, and Learning-by-Doing［J］. Energy Policy, 2006, 34 (17): 2601-2608.

［248］Samuelson P A. Welfare Economics. In: Foundations of economic analysis［J］. Cambridge: Harvard University Press, 1947, 90 (1): 10-13.

［249］Saunders H D. A View from the Macro Side: Rebound, Backfire, and Khazzoom-Brookes［J］. Energy Policy, 2000, 28 (7): 439-44

［250］Schubert C. How to Evaluate Creative Destruction: Reconstructing Schumpeter's Approach［J］. Cambridge Journal of Economics, 2013, 37 (2): 227-250.

［251］Schumpeter: The Theory of Economic Development, 1934: 66.

［252］Sen A. Capability and Well-being［J］. Quality of Life, 1993 (9): 30-54.

［253］Smith D M. Human Geography of a Welfare Approach［M］. London: Edward Arnold, 1977.

［254］Solow R M. Innovation in the Capitalist Process: A Critique of the Schumpeterian Theory［J］. The Quarterly Journal of Economics, 1951, 65 (3): 417-428.

［255］Solow R M. Technical Change and the Aggregate Production Function［J］. Review of Economics and Statistics, 1957, 39 (3): 312-320.

［256］Sun H. Institutional Environment, Factors Distortion and the Innovation Technical Progress［J］. Science and Technology Management Research, 2016, 36 (21): 251-257.

［257］Swann G M P. The Economics of Innovation: An Introduction［M］.

Cheltenham: Edward Elgar Publishing, 2009.

[258] Tansley A G. The Use and Abuse of Vegetational Concepts and Terms [J]. Ecology, 1935, 16 (3): 284 –307.

[259] Taylor M Z. Political Decentralization and Technological Innovation: Testing the Innovative Advantages of Decentralized States [J]. Review of Policy Research, 2007, 24 (3): 231 –257.

[260] Tidd J. Innovation Management in Context: Environment, Organization and Performance [J]. International Journal of Management Reviews, 2001, 3 (3): 169 –183.

[261] Tokimatsu K, Konishi S, Ishihara K, et al. Role of Innovative Technologies under the Global Zero Emissions Scenarios [J]. Applied Energy, 2016, 162 (2): 1483 –1493.

[262] UNDP (United Nations Development Program). China Human Development Report 2005: Development with Equity [R]. Beijing: UNDP, 2005.

[263] Wackernagel M, W E Rees. Our Ecological Footprint: Reducing Human Impact on the Earth [M]. Gabriola Island: New Society Publishers, 2013.

[264] Wang H P, Wang M X. Effects of Technological Innovation on Energy Efficiency in China: Evidence from Dynamic Panel of 284 Cities [J]. Science of The Total Environment, 2020, 709 (3): 1 –13.

[265] Wang M, Pang S, Hmani I, et al. Towards Sustainable Development: How Does Technological Innovation Drive the Increase in Green Total Factor Productivity? [J]. Sustainable Development, 2007, 70 (3): 10 –13.

[266] Wang Y and N Shen. "Environmental Regulation and Environmental Productivity: The Case of China" [J]. Renewable and Sustainable Energy Reviews, 2016, 62 (2): 758 –766.

[267] Wu H, Hao Y, Ren S. How Do Environmental Regulation and Environmental Decentralization Affect Green Total Factor Energy Efficiency: Evidence from China [J]. Energy Economics, 2020, 91: 104880.

附 录

表 A-1　2001~2020年各地区总污染生态足迹

单位：万公顷

地区	2001年	2003年	2005年	2007年	2009年	2011年	2013年	2015年	2017年	2019年	2020年
北京	95.1564	87.9424	91.8186	76.9284	67.7040	59.7080	55.8875	49.8864	42.3442	34.6020	26.9247
天津	117.0664	113.3331	117.4418	108.7125	105.7308	103.1229	96.4440	82.8864	65.9880	50.1370	35.5072
河北	557.3568	613.9483	648.7897	648.4762	552.1690	623.3984	572.1080	498.7255	424.5357	347.7749	269.4504
山西	15535.7832	13698.4190	12429.6040	13576.4109	11057.5582	12052.0270	12125.4035	11742.5511	11385.3870	11017.2985	10669.9770
内蒙古	274.0531	539.9518	611.5635	610.8935	588.4452	594.0350	567.1050	510.4480	455.9442	399.9240	345.5514
辽宁	12122.3376	13627.7700	16414.6248	15059.7622	15948.8340	18771.4593	16268.7915	15717.4416	15175.2216	14607.6658	14090.4325
吉林	533.8944	519.1680	2058.1848	1615.3410	1498.5275	1438.5275	1165.3824	1112.6154	1047.7848	988.5024	942.3272
黑龙江	948.9390	974.3510	2965.8480	2451.9488	2445.9618	1722.7010	1348.3548	1246.7957	1151.5812	1055.5965	982.3758
上海	242.5272	232.4056	259.1190	256.3488	208.6240	149.8416	141.9840	120.4420	98.6400	76.9110	54.7360
江苏	621.8355	660.7788	727.6892	668.0395	609.1800	620.9802	587.3664	551.2845	512.9607	470.0295	424.6977
浙江	315.8972	377.3889	433.7179	410.8535	372.4856	370.9620	352.8240	337.5540	319.6060	300.9000	275.5368

续表

地区	2001年	2003年	2005年	2007年	2009年	2011年	2013年	2015年	2017年	2019年	2020年
安徽	216.3184	245.2874	294.9840	301.6174	298.5797	303.3776	292.2144	280.7137	270.1422	258.9100	246.6420
福建	131.9435	180.0028	251.4799	248.8668	241.5894	243.3112	226.1070	217.1280	206.5020	194.8527	180.5874
江西	172.8735	231.4176	307.3743	317.5536	295.1712	312.7326	301.6824	286.5915	272.4644	256.9604	241.3146
山东	782.0465	831.2875	901.6800	835.5364	746.2360	855.3525	783.5784	743.8964	706.3232	660.9324	613.9660
河南	440.4855	499.7839	743.8340	723.5280	645.1160	661.3239	625.1169	583.0301	539.6121	492.0797	442.3745
湖北	294.7818	325.7505	373.4340	371.0049	350.6360	365.7600	338.0234	322.3350	306.4176	288.6449	261.3975
湖南	401.0368	441.0906	474.4500	466.4570	428.5614	376.4332	359.0400	337.3650	315.7308	293.4880	271.1160
广东	552.8103	598.7284	699.6634	669.4380	613.8780	547.4804	535.3250	514.9998	494.1387	465.8397	427.9536
广西	367.2396	445.3869	516.3280	500.1632	462.2912	298.3855	279.6021	256.9074	234.0639	209.2440	182.1897
海南	19.5705	21.0860	21.5280	23.5755	21.8592	26.3440	26.4040	27.4995	28.6740	29.7505	30.6636
重庆	327.0567	347.0114	377.7300	372.5568	342.5082	277.0304	263.1614	242.5300	221.9664	198.2936	172.6442
四川	534.9951	566.5968	610.9728	558.3249	542.6655	450.7776	420.0462	387.6708	354.7692	319.8433	282.9398
贵州	583.5264	560.7630	574.4200	582.9360	503.3151	485.3750	450.7312	403.8012	356.3411	302.0680	244.2114
云南	182.6432	221.8632	251.8700	258.2008	244.5485	330.3300	317.9085	285.8419	253.8913	221.0866	187.4634
陕西	270.3220	331.9488	399.6270	404.5428	356.6739	409.2555	370.5096	349.6014	329.4976	307.2376	282.3870
甘肃	179.8899	232.3892	260.3535	243.3340	234.2935	285.8240	257.5055	257.8506	259.5138	259.9324	260.8543
青海	18.0470	28.6224	56.8521	61.7136	63.8879	74.4648	76.2856	74.4330	72.8984	70.6820	68.3136
宁夏	99.6510	138.4460	160.0260	170.3730	147.8750	190.5120	182.2842	168.6060	154.6065	137.7357	118.8929
新疆	133.7588	147.7576	227.5320	254.3330	262.1026	339.3125	381.8235	371.8215	358.8560	341.6265	316.7570

表 A-2 2001~2020 年各地区总消费生态足迹

单位：万公顷

地区	2001 年	2003 年	2005 年	2007 年	2009 年	2011 年	2013 年	2015 年	2017 年	2019 年	2020 年
北京	227.2949	232.8144	268.9962	293.4676	307.0860	292.2656	220.5750	304.5696	383.0724	459.9000	537.1806
天津	224.9964	231.1146	266.5908	291.4610	304.6668	287.1081	208.5390	279.0221	338.2590	395.9715	460.3453
河北	705.4047	882.0007	1272.9158	1502.4652	1673.3886	2022.0672	2053.0296	1911.9035	1770.0101	1619.7225	1463.6904
山西	786.9160	1084.3408	1267.8545	1451.8647	1412.9521	1659.5358	1753.7135	1785.8925	1821.3390	1854.4591	1890.5330
内蒙古	314.2920	450.4768	707.2029	959.4550	1245.9602	1712.4510	1719.9730	1769.0000	1823.2902	1868.7270	1918.0746
辽宁	775.0512	871.4700	1098.7263	1276.5060	1355.2602	1581.2569	1564.8525	1560.8124	1557.0632	1549.9848	1547.5435
吉林	9987.1083	10781.6592	11732.5768	10507.4970	9808.9260	13444.8775	10217.3728	10015.1064	9689.7360	9398.3616	9217.9176
黑龙江	18487.9232	19183.3460	19759.7140	18376.6144	19812.5584	25414.6618	19264.4634	19046.3659	18828.0807	18493.2825	18466.9527
上海	395.8164	452.9790	513.1350	524.6688	550.0690	621.2772	648.2304	575.4178	501.5844	428.4687	353.2960
江苏	560.0199	686.8818	1072.9432	1268.1166	1371.4360	1786.7221	1908.7360	1916.6075	1920.4440	1909.7595	1890.3710
浙江	388.2509	500.2710	684.7652	865.0090	920.1344	1065.5410	1082.1864	1101.8385	1117.3870	1135.3875	1132.5468
安徽	346.8448	348.2095	446.7600	534.1014	675.0231	777.5544	862.2720	887.8247	917.0298	944.8692	969.4740
福建	154.3360	213.6220	308.0362	378.8988	466.6818	600.5208	591.2970	705.1680	820.3170	937.4442	1046.0754
江西	160.7347	197.3856	263.8332	314.9328	335.5024	429.9514	461.0280	471.8220	484.4814	494.9536	505.2242
山东	693.4447	91.2500	1574.9344	1966.1333	2213.1390	2575.7225	2625.5724	2884.8184	3164.4082	3419.8704	3673.6310
河南	510.2370	570.3530	968.0160	1213.9920	1286.4372	1539.3047	1439.7792	1460.0005	1480.2474	1492.0807	1499.1028
湖北	371.7306	442.8615	540.7370	661.6539	712.7120	931.9680	805.3422	817.8300	830.6928	839.2632	818.6625
湖南	248.6692	301.1676	511.1408	599.9120	626.5068	742.9949	697.6200	689.0406	709.8852	698.8486	699.2581
广东	568.5300	688.3584	881.7046	1065.4980	1189.2620	1473.5720	1496.6560	1386.4967	1452.2416	1445.1314	1427.9565

续表

地区	2001年	2003年	2005年	2007年	2009年	2011年	2013年	2015年	2017年	2019年	2020年
广西	128.7972	157.8525	233.0000	292.7552	323.8952	480.3960	522.3024	442.1979	481.6321	482.0441	468.6247
海南	12.3310	48.5789	35.9352	95.5695	108.3456	141.6880	139.6560	129.8965	137.0802	135.5442	134.1736
重庆	153.3432	151.0817	204.2540	242.7392	324.7824	411.8656	356.2013	364.2831	377.4500	365.9781	369.2371
四川	295.5909	428.4224	487.7928	607.8996	759.5680	788.6592	840.0924	796.1065	808.2860	814.8283	806.4070
贵州	256.0526	339.0120	427.4580	527.3664	537.6240	606.8070	699.1600	614.5303	640.1658	651.2854	635.3272
云南	179.2133	271.3120	395.6050	455.9140	513.7804	561.3300	574.0917	549.7340	561.7186	561.8481	557.7669
陕西	35.0688	38.5560	46.1250	54.5076	67.0860	85.0890	108.4140	86.8630	93.4553	96.2441	92.1875
甘肃	211.9320	273.9960	397.0200	530.2388	647.9480	846.4984	1021.6499	838.6988	902.2824	920.8770	887.2860
青海	44.1496	50.5164	56.6892	77.1144	95.5255	112.3504	124.8206	110.8988	116.0233	117.2476	114.7232
宁夏	131.2916	156.9480	168.1912	209.2300	253.0625	403.5744	462.2040	372.9470	412.9085	416.0198	400.6251
新疆	310.1028	343.8652	425.9190	508.6660	635.1778	814.5725	1062.5250	837.4251	904.8409	934.9303	892.3988

表A-3 2001~2020年各地区总水资源生态足迹

单位：万公顷

地区	2001年	2003年	2005年	2007年	2009年	2011年	2013年	2015年	2017年	2019年	2020年
北京	5.8174	5.9696	5.9982	6.0336	6.1380	6.2744	6.3750	6.7828	7.0208	7.2270	7.4426
天津	3.8152	3.9429	4.0677	4.0140	4.0524	4.0230	3.9480	4.1731	4.2300	4.2935	4.4384
河北	35.5047	35.1988	34.9401	35.4093	33.7632	33.9904	32.7960	32.3180	31.8587	31.2774	30.6024
山西	8.1800	8.9478	9.7295	10.1790	9.5956	12.8232	12.3725	12.3165	12.2850	12.2395	12.2150
内蒙古	30.0006	30.3022	30.7584	31.5770	31.7082	32.3570	31.6695	31.7200	31.8723	31.8780	31.9599

续表

地区	2001年	2003年	2005年	2007年	2009年	2011年	2013年	2015年	2017年	2019年	2020年
辽宁	170.6958	17.2610	17.7282	22.3496	19.9686	20.5813	20.5155	19.9548	19.4040	18.8188	18.2965
吉林	263.7180	310.9600	409.3012	471.4710	500.0500	633.0175	586.4264	568.0662	543.0900	520.4448	504.2698
黑龙江	407.3959	452.0775	558.1020	634.0192	702.0710	807.4570	768.0270	759.4408	750.8391	737.5830	736.6233
上海	0.0767	0.0618	0.0926	0.1032	0.1061	0.1131	0.1004	0.0909	0.0814	0.0719	0.0622
江苏	0.1619	0.1417	0.2352	0.2935	0.3202	0.4252	0.4424	0.4573	0.4717	0.4827	0.4917
浙江	0.0804	0.0729	0.1198	0.1547	0.1741	0.2005	0.2024	0.2274	0.2530	0.2805	0.3040
安徽	0.1287	0.1294	0.1652	0.2264	0.3188	0.4240	0.4431	0.4749	0.5088	0.5422	0.5739
福建	0.1998	0.1086	0.1458	0.1842	0.2420	0.1778	0.3341	0.2072	0.0732	0.0897	0.2247
江西	0.1632	0.2212	0.2587	0.2883	0.3280	0.4161	0.4207	0.3902	0.3609	0.3297	0.2983
山东	0.2531	0.2464	0.3699	0.4590	0.5398	0.7345	0.6920	0.7597	0.8327	0.8994	0.9657
河南	0.1624	0.1643	0.2439	0.3463	0.4079	0.5487	0.6222	0.5724	0.5209	0.4653	0.4076
湖北	0.1132	0.1137	0.1656	0.1938	0.2231	0.2995	0.3189	0.3101	0.3011	0.2904	0.2700
湖南	0.0989	0.0999	0.1392	0.1843	0.1986	0.3225	0.2970	0.2712	0.2454	0.2191	0.1927
广东	0.1135	0.0896	0.1655	0.2029	0.2431	0.2904	0.3043	0.3036	0.3035	0.2997	0.2904
广西	0.1053	0.1166	0.1305	0.1716	0.2137	0.2746	0.2886	0.2646	0.2404	0.2142	0.1857
海南	0.0048	0.0032	0.0075	0.0085	0.0104	0.0196	0.0202	0.0217	0.0233	0.0249	0.0263
重庆	0.0538	0.0477	0.0727	0.0817	0.1001	0.1295	0.1265	0.1197	0.1132	0.1052	0.0963
四川	0.1791	0.1880	0.2546	0.3657	0.3274	0.4758	0.5271	0.4672	0.4062	0.3424	0.2762
贵州	0.0874	0.1355	0.1790	0.2216	0.2688	0.2859	0.3124	0.2744	0.2358	0.1924	0.1466

续表

地区	2001年	2003年	2005年	2007年	2009年	2011年	2013年	2015年	2017年	2019年	2020年
云南	0.1200	0.1225	0.1736	0.2618	0.3200	0.6283	0.5801	0.5083	0.4364	0.3630	0.2880
陕西	0.0950	0.1065	0.1771	0.2076	0.2124	0.2711	0.2853	0.3577	0.4333	0.5088	0.5814
甘肃	0.0505	0.0761	0.0916	0.1172	0.1226	0.2424	0.2182	0.2119	0.2068	0.2007	0.1951
青海	0.0141	0.0139	0.0250	0.0425	0.0512	0.4334	0.4408	0.5256	0.6153	0.7015	0.7875
宁夏	0.0169	0.0215	0.0292	0.0415	0.0525	0.1257	0.1232	0.1306	0.1389	0.1456	0.1507
新疆	0.0338	0.0406	0.0583	0.0880	0.1252	0.2003	0.3473	0.2767	0.1984	0.1126	0.0207

表 A-4　2001~2020年各地区总生产生态消费足迹

单位：万公顷

地区	2001年	2003年	2005年	2007年	2009年	2011年	2013年	2015年	2017年	2019年	2020年
北京	4151.006	4971.075	3867.147	2424.166	2131.002	2131.677	2000.688	1832.450	1609.299	1378.605	1150.320
天津	3221.736	3696.317	3439.084	2443.969	2421.616	2480.180	2264.601	2168.141	1984.293	1811.442	1676.190
河北	34647.898	36258.825	37966.872	30942.868	28780.314	31232.115	27651.401	30991.493	34412.582	37756.290	41016.919
山西	6656.884	6598.505	6129.921	4967.352	5277.580	6443.302	5691.704	5715.560	5750.433	5778.443	5816.085
内蒙古	18179.173	23916.310	33944.778	34644.341	36041.162	37284.650	32799.782	32155.296	31620.241	30946.776	30355.657
辽宁	398.849	391.109	549.574	566.906	490.099	522.415	479.277	457.659	436.374	414.441	394.013
吉林	139.932	144.123	194.737	202.020	191.800	215.548	199.566	190.749	179.851	169.891	162.172
黑龙江	184.452	214.022	281.152	287.182	282.741	304.451	285.948	263.969	243.368	222.642	206.749
上海	2455.963	1796.022	1093.176	796.910	87.958	1079.990	883.483	825.642	766.679	709.318	649.119
江苏	16919.077	16054.091	13909.563	11254.728	11340.120	15178.714	11721.114	11588.616	11426.642	11174.846	10870.905
浙江	7865.273	7373.412	6529.725	5448.835	5302.380	5963.242	4804.190	4322.966	3788.380	3223.838	2570.383

续表

地区	2001年	2003年	2005年	2007年	2009年	2011年	2013年	2015年	2017年	2019年	2020年
安徽	17045.032	17013.578	16613.964	14675.247	14143.604	17112.169	14252.638	14205.195	14210.933	14189.486	14115.981
福建	11235.868	11181.886	13009.016	10894.876	10124.026	9534.545	9437.442	9779.923	10082.826	10367.322	10533.988
江西	12848.313	13378.830	16242.555	15650.107	14708.478	18032.904	14090.000	13851.026	13662.466	13408.456	13148.031
山东	37684.696	38521.188	37316.605	31508.715	31322.972	35919.006	31724.205	31251.542	30902.643	30243.216	29530.342
河南	41263.268	41780.774	43132.054	37590.696	39648.070	47674.925	40308.074	40176.692	40027.620	39636.673	39109.882
湖北	14014.300	18302.858	19186.171	20804.200	22634.612	25805.952	20955.132	19754.280	18535.018	17200.154	15308.127
湖南	24843.834	25506.630	32284.108	24780.687	26796.298	27459.881	24356.640	23205.420	22058.705	20870.848	19674.516
广东	14346.868	13438.226	14003.381	12359.970	12681.747	14819.617	13815.893	15757.125	17880.051	19933.693	21706.968
广西	21956.810	20815.159	23518.554	24435.046	25250.229	27507.792	27759.143	28531.154	29409.123	30171.988	30711.763
海南	12663.963	12182.680	11499.678	11250.330	12044.938	12273.634	12279.700	11388.762	10454.540	9412.501	8261.867
重庆	8315.614	7577.350	7495.003	6517.069	6260.638	7279.334	10564.094	6377.311	8422.462	10458.234	12457.659
四川	23965.663	25942.448	23299.086	22319.993	21533.917	23866.214	19994.361	19997.420	20010.475	19944.693	19776.488
贵州	14389.472	13109.625	12516.015	10980.626	10729.490	12633.517	12620.110	18653.094	25047.699	31330.801	37414.498
云南	21358.541	21459.466	24319.695	24293.897	27095.974	27892.788	26182.666	26754.429	27377.085	27952.134	28452.883
陕西	12505.315	11612.700	10832.733	10456.931	12020.693	12358.613	13189.990	12626.033	12096.154	11492.422	10794.777
甘肃	5849.576	5823.430	5915.598	5868.044	6021.880	6830.683	6196.115	6135.684	6107.023	6049.450	6004.151
青海	3845.308	3356.938	3015.985	3322.985	2691.313	2958.428	3011.340	2948.124	2897.770	2820.554	2737.407
宁夏	3034.626	3221.204	3274.305	3180.113	3467.188	4174.157	4220.309	4649.558	5117.172	5534.666	5897.780
新疆	17585.061	17301.177	18852.192	17657.498	14148.143	15946.130	15363.198	15926.553	16447.608	16854.598	16940.413

表 B-1　2001～2020 年各地区平均受教育年限

地区	2001 年	2003 年	2005 年	2007 年	2009 年	2011 年	2013 年	2015 年	2017 年	2019 年	2020 年
北京	9.5856	10.2591	10.5586	10.9501	10.9696	11.0092	11.8363	11.8542	12.3891	12.6754	12.7820
天津	8.5582	9.1501	9.6449	9.7292	9.8775	9.7318	10.5117	10.5044	10.6906	10.9863	11.0169
河北	7.2601	8.0327	8.3802	8.1301	8.3579	8.1680	8.7099	8.8676	8.9204	9.0941	9.1991
山西	7.3443	8.2457	8.3834	8.6965	8.8106	8.6560	9.3815	9.2966	9.6383	9.7713	9.7784
内蒙古	7.2595	7.8781	8.1698	8.1922	8.3693	8.5030	9.2304	8.9952	9.5942	9.6050	9.7699
辽宁	7.9673	8.4398	8.8388	8.9224	9.0784	9.0529	9.8980	9.9095	9.9172	9.8899	9.8942
吉林	7.8250	8.6137	8.7992	8.6597	8.8902	8.8361	9.2547	9.3721	9.4652	9.4181	9.4218
黑龙江	7.8043	8.2990	8.4919	8.5320	8.7009	8.7516	9.2096	9.3542	9.3191	9.4724	9.5022
上海	8.9609	9.5950	10.1126	10.4382	10.5454	10.1217	10.6543	10.8156	11.0096	11.1940	11.1043
江苏	7.4377	7.5885	7.8077	8.2527	8.4430	8.5983	9.2614	9.3498	9.4405	9.3023	9.5591
浙江	6.9988	7.6756	7.9507	8.0602	8.2382	8.1507	9.2112	9.0575	9.0564	9.1728	9.2825
安徽	6.4732	6.9880	7.4873	7.3373	7.4403	7.4625	8.5163	8.7282	8.5178	8.8107	8.7805
福建	7.0797	7.4567	7.4918	7.7263	7.8039	8.2007	8.5639	8.7926	8.6750	8.9203	8.7211
江西	6.9142	7.4791	7.9831	7.7120	8.2555	7.7761	8.8665	8.8752	8.7045	8.8793	9.1684
山东	7.1186	8.0795	7.9439	8.0937	8.2751	8.1720	8.7795	8.9824	8.9721	8.9443	8.9464
河南	7.1686	8.0763	8.2192	8.0540	8.3358	7.8770	8.6631	8.9999	8.7660	8.9267	9.0707
湖北	7.3480	7.3421	8.0962	8.2580	8.4855	8.4553	9.2016	9.1109	9.2443	9.4704	9.4477
湖南	7.3120	7.9100	8.1572	8.1688	8.4328	8.2302	8.7214	9.0200	9.2990	9.3161	9.4735
广东	7.4060	8.0944	8.1301	8.4378	8.7729	8.6024	9.3478	9.2826	9.5501	9.5631	9.6410
广西	6.9698	7.6216	8.0158	8.0339	7.9832	7.6698	8.4239	8.7494	8.7186	8.7028	8.9659

续表

地区	2001 年	2003 年	2005 年	2007 年	2009 年	2011 年	2013 年	2015 年	2017 年	2019 年	2020 年
海南	6.9951	7.9428	8.4061	8.1690	8.3453	8.1237	9.1472	9.0984	9.0668	9.7324	9.4840
重庆	6.7302	7.4384	7.2466	7.5734	7.7870	7.9641	8.6356	8.9555	9.0053	9.1905	9.2692
四川	6.5255	7.2867	7.4544	7.2423	7.5147	7.6354	8.4783	8.3476	8.2546	8.6124	8.7642
贵州	5.4383	6.7324	6.9816	6.5940	7.0456	6.7639	7.6309	8.0921	7.7302	8.0302	7.9032
云南	5.7068	6.1192	6.8157	6.6626	6.9018	7.0061	7.8496	7.7866	7.9544	8.2053	8.3350
陕西	7.1884	7.4304	8.2624	8.2988	8.5124	8.5990	9.1352	9.1396	9.2076	9.4728	9.4499
甘肃	5.9776	6.7805	7.2359	6.7774	7.1663	7.4850	8.2790	8.3212	8.3984	8.3985	8.4117
青海	5.5856	6.3484	6.8018	6.9927	7.2559	7.0294	7.6094	8.0414	7.7463	8.2195	8.1585
宁夏	6.3105	7.3921	7.7026	7.6251	8.1280	7.7769	8.3667	8.5484	9.0804	8.6569	8.7983
新疆	7.0278	8.3664	8.4851	8.2954	8.5558	8.1446	9.0499	9.1801	9.0294	9.3091	9.0933

表 B-2 2001~2020 年各地区预期受教育年限

地区	2001 年	2003 年	2005 年	2007 年	2009 年	2011 年	2013 年	2015 年	2017 年	2019 年	2020 年
北京	11.8779	11.9002	12.2348	12.6357	12.6779	12.9508	13.4551	13.5531	13.9638	14.2313	13.6128
天津	10.3730	10.8087	11.0148	11.3327	11.4904	11.7678	11.8933	11.9200	12.5022	12.4778	12.1853
河北	9.2238	9.8578	9.6524	9.5799	9.7716	9.9382	10.1901	10.3802	10.4875	10.5625	10.5597
山西	9.5424	9.7351	9.7659	10.0656	10.2027	10.4155	10.5639	10.9491	11.1809	11.1000	11.2401
内蒙古	9.7203	9.7441	10.1155	9.9890	10.1180	10.6464	10.4255	10.9419	11.1956	11.3913	11.1619
辽宁	9.6556	10.2773	10.1047	10.3011	10.5444	10.6943	11.3790	11.0811	11.2180	11.1674	11.2359
吉林	9.8075	9.9706	9.9033	10.1345	10.2231	10.2876	10.6433	10.6696	10.9474	10.6970	11.0825
黑龙江	9.7142	9.7767	9.9254	10.0228	10.1018	10.3356	10.7177	10.6648	10.7225	10.8557	10.8791

续表

地区	2001年	2003年	2005年	2007年	2009年	2011年	2013年	2015年	2017年	2019年	2020年
上海	11.2578	11.8061	11.6705	12.0218	12.2083	11.8467	12.0992	12.4584	12.9138	12.6360	12.9314
江苏	9.5711	9.7082	9.9671	10.0858	10.1032	10.6488	10.8264	11.0582	11.1793	11.1869	11.2431
浙江	9.1908	9.7017	9.4873	9.8653	10.0531	10.3874	10.9159	10.5642	10.7512	10.8705	10.9127
安徽	9.1289	9.5316	9.2869	9.3721	9.5490	9.8652	10.1289	10.3763	10.1941	10.4657	10.5589
福建	9.3717	9.4454	9.4269	9.5235	10.0096	10.2436	10.1022	10.4911	10.6960	10.3748	10.0536
江西	9.2568	9.8187	9.1474	9.7172	9.8834	10.0317	10.4920	10.2578	10.1154	10.5096	10.4639
山东	9.7126	9.8392	9.6762	9.8403	9.8877	10.2642	10.4103	10.6613	10.7090	10.7068	10.8057
河南	9.5099	9.5081	9.6378	9.7261	9.8985	10.1508	10.2021	10.2978	10.3837	10.5777	10.5702
湖北	9.6180	9.6728	9.6617	10.1099	10.1322	10.5893	10.8676	10.9242	10.9938	11.0104	10.9940
湖南	9.3155	9.5698	9.5647	9.7964	9.8478	10.1464	10.2286	10.6270	10.7885	10.8111	10.6670
广东	9.1940	9.4388	9.7757	9.9594	10.1317	10.6274	10.4870	10.8197	11.1029	11.0925	11.1521
广西	9.0432	9.2938	9.1639	9.3595	9.4058	9.9290	9.8542	10.0364	10.0610	10.3032	10.2870
海南	9.2829	9.8151	9.7623	9.9215	10.0090	10.2939	10.6239	10.6616	10.8797	10.9861	10.9465
重庆	8.9906	9.1397	9.1129	9.1692	9.3831	10.2080	10.0662	10.4191	10.4923	10.7117	10.6913
四川	9.0575	9.1236	8.8360	9.0800	9.3187	9.7468	9.9796	10.1159	10.1522	10.4379	10.3780
贵州	8.7295	9.1166	8.6736	8.7667	8.8456	9.3997	9.8284	9.7328	9.9367	9.7348	10.0420
云南	8.3002	8.1656	8.5539	8.7078	8.7201	9.2562	9.4139	9.7598	9.7922	9.9428	9.9661
陕西	9.4383	9.9478	9.8017	10.0848	10.1747	10.4534	10.7145	11.0971	10.9024	10.9211	11.2555
甘肃	9.1722	9.3771	9.2564	9.3777	9.4354	9.9621	9.9442	10.4376	10.5286	10.3995	10.5616
青海	8.9484	9.3845	9.6092	9.4787	9.5081	9.7316	10.1338	9.9066	9.8578	10.2453	10.4024
宁夏	9.4888	9.5268	9.6774	9.7861	9.9721	10.0378	10.3713	10.7211	10.9056	10.6839	10.9586
新疆	9.5658	9.8608	9.8166	9.8137	9.9090	10.5096	10.3098	10.5240	10.9069	10.5679	10.7602